湖南省农业综合开发问题研究

匡远配　龚次元　胡秀琴　著

中国农业出版社

图书在版编目（CIP）数据

湖南省农业综合开发问题研究 / 匡远配，龚次元，胡秀琴著. —北京：中国农业出版社，2010.8
ISBN 978-7-109-14831-4

Ⅰ.①湖… Ⅱ.①匡…②龚…③胡… Ⅲ.①农业综合发展-研究-湖南省 Ⅳ.①F327.64

中国版本图书馆 CIP 数据核字（2010）第 143466 号

中国农业出版社出版
（北京市朝阳区农展馆北路 2 号）
（邮政编码 100125）
责任编辑 张 欣

北京通州皇家印刷厂印刷 新华书店北京发行所发行
2010 年 8 月第 1 版 2010 年 8 月北京第 1 次印刷

开本：850mm×1168mm 1/32 印张：8.25
字数：205 千字 印数：1～1 000 册
定价：28.00 元

说　　明

《湖南省农业综合开发问题研究》是湖南农业大学匡远配副教授和湖南省财政厅农业综合开发办公室龚次元先生共同主持的省财政厅资助课题。课题组成员还有湖南农业大学经济学院的胡秀琴和王玥。课题组衷心感谢国家农业综合开发办公室朱铁辉处长和湖南省财政厅农业综合开发办公室各位领导的悉心指导！

该专著出版得到湖南省农业经济重点学科、湖南省农村发展研究所、湖南省“三农”问题研究中心和湖南省青年骨干教师培养计划的资助，在此一并表示感谢！

序

在转轨经济和公共财政普照农村的指导思想下，经济社会发展、“两型社会”建设、发展现代农业和建设社会主义新农村，对农业综合开发提出了更高的要求。农业综合开发作为财政支农的一个重要组成部分，在新时期将发挥更加重要的作用，其地位将更加突出。随着中国的“三农”政策在不断实践科学发展观，农业综合开发的思路在进行不断的调整，政策在不断丰富化。作为粮食大省的湖南省，一直坚持完善农村公共财政，贯彻落实国家的支农惠农政策。通过20年农业综合开发项目的实施，湖南省不断地加大对农业综合开发资金的投入，优化投入结构，加强项目和资金管理，积极提高农业综合开发资金的支出绩效。同时，农业综合开发的制度化建设也取得斐然成绩，特别是《湖南省农业综合开发条例》使得农业综合开发工作步入了法制化、规范化轨道。尽管如此，湖南省在农业综合开发资金的使用及管理上还存在着很多问题。影响“三农”问题和农业综合开发工作的因素已经或者正在发生变化，特别是建设“两型农业”生产体系以来，农业综合开发如何围绕“两型社会”建设目标，为“两型农业”发展做出应有的贡献值得研究。因此，适应新形势，按照市场机制和公共财政的准则，领悟贯彻国家财政支农精神和国家农业综合开发办公室的要求，分析研究湖南省农业综合开发中存在的问题，追溯湖南省农业综合开发的结构与功能演变，在SWOT分析的基础上找准湖南省农业综合开发位置，明确新时期湖南省农业综合开发的主体，提出新时期湖南省农业综合开发的总体政策框架就显得十分重要。

课题组撰写的专著共分十一章：第一章主要介绍农业综合开发的基本内涵；第二章用公共财政理论、制度创新理论、经济学增长理论、生态经济学理论等来说明其必要性；第三章主要回顾湖南省农业综合开发的历史发展过程，并总结经验，分析湖南省农业综合开发结构变化以及其功能演变；第四章分析湖南农业综合开发的优势和劣势；第五章主要分析《湖南省农业综合开发条例》出台以后给湖南省农业综合开发带来的绩效；第六章运用多元回归模型定量分析了湖南省农业综合开发增产增收的绩效；第七章介绍农业综合开发在“两型农业”中的作用；第八章分析湖南省农业综合开发扶持茶油产业的理由和政策建议；第九章主要借鉴国内外农业综合开发的经验；第十章分析农业综合开发的主体是什么；第十一章则是有针对性提出有湖南省特色的推进农业综合开发事业的思路和政策建议。

匡远配博士领衔的课题组在科研上默默耕耘，勤奋探索，秉承服务“三农”的宗旨，直接服务湖南省地方经济建设。匡远配博士是我的学生，也是我的助手之一。在他们的专著《湖南省农业综合开发问题研究》出版之际，嘱我作序，我欣然执笔，希望他们继续在“三农”问题研究中继续努力，取得丰硕的成果。

湖南农业大学副校长
博士生导师
湖南省农业经济重点学科领衔人　曾福生　教授
湖南省农村发展研究所首席专家
湖南省“三农”问题研究中心首席专家

目　　录

第一章　绪　　论

一、研究背景、目标和意义

（一）研究背景

随着社会主义市场经济体制的逐步完善，中国农业运行的经济背景在不断发生变化：农业发展新阶段农业和农村发展的内涵发生了重大变化；我国农业与世界农业的关联程度越来越密切；传统农业向现代农业的转变过程中，农业生产和发展面临着结构调整转型的问题，面临着城市化、工业化的压力，面临着农业基础设施建设薄弱和生态环境恶化的问题。这些都是农业可持续发展战略下的公共财政要解决的问题。

在转轨经济和公共财政普照农村的思想指导下，经济社会发展、“两型社会”建设、发展现代农业和建设社会主义新农村，对农业综合开发提出了更高的要求。农业综合开发作为财政支农的一个重要组成部分，在新时期将发挥更加重要的作用。作为粮食大省的湖南省，通过 20 年农业综合开发项目的实施，不断加大对农业综合开发资金的投入，积极地提高农业综合开发资金的支出绩效。同时，农业综合开发的制度化建设也取得斐然成绩，特别是《湖南省农业综合开发条例》使得农业综合开发工作步入了法制化、规范化轨道。尽管如此，湖南省在农业综合开发资金的使用及管理上还存在着很多问题。特别是发展“两型农业”生产体系以来，影响“三农”问题和农业综合开发工作的因素已经或正在发生变化。因此，适应新形势，按照市场机制和公共财政的准则，按照国家财政支农精神和国家农业综合开发办公室的要求，分析研究新形势下湖南省农业综合开发问题，找准农业综合开发的位置，探讨农业综合开发的新思路与政策，就显得十分重要。

（二）研究目的和意义

农业综合开发是国家公共财政支持和保护农业的一个有效手段，是巩固和加强农业基础地位的一条重要途径，是提高农业综合生产能力的一项关键措施，是促进农业可持续发展的一个重要推动力。农业综合开发是加强“三农”工作的一支重要力量，在发展现代农业、推进新农村建设、构建社会主义和谐社会中具有重要作用。我们知道，粮食安全历来是社会和谐的重要基础。我国人口众多，粮食安全既是重大的经济问题，也是不可忽视的政治问题。我国 1.22 亿公顷耕地中，高产稳产、旱涝保收的高标准农田不足 0.43 亿公顷，农业抗灾能力不强，农业综合生产能力不高与不稳定的问题并存，国情决定我们只能基本立足国内解决粮食问题。湖南省也不例外，湖南省尚有近 166.67 万公顷的中低产田需要改造。农业综合能力总体上还不强，其与粮食大省的地位及应有的贡献不相称。农业综合开发通过加强中低产田改造和中型灌区节水配套改造，改善农业生产条件，提高农业综合生产能力，为保障国家粮食安全、促进城乡社会稳定作出了重要贡献。

农业新的发展阶段，传统农业向现代农业的转变过程中，农业生产和发展面临着宏观环境变化和结构调整转型的问题。在社会转型时期，农业生产和发展面临着城市化、工业化的压力，面临着农业基础设施建设薄弱和生态环境恶化的问题。这些都是农业可持续发展战略下的公共财政要解决的问题。

本研究试图回答的问题包括：农业综合开发实施的理论依据是什么，湖南省农业综合开发投资的变化趋势及其绩效如何，湖南省农业综合开发的战略重点是什么，在评价现行的政策的基础上，探讨投资策略的选择。因此，本著作的研究有利于回顾湖南省农业综合开发走过的历程，总结其经验和教训；有利于对农业综合开发绩效进行客观评价，并推进与发挥农业综合开发在“两型社会”建设中的作用；有利于促进湖南省农业现代化、新农村建设和“三农”问题的解决，有利于促进全省国民经济又快又好发展。关键是，对探索转型经济中政府公共财政对农业支持和保护的有效途径，重塑农业综合开发在公共财政支农框架中的地位，并有效发挥农业综合开发的支农作用，实现农业可持续发展具有重要意义。

二、国内外研究现状及其述评

（一）国外关于农业综合开发的研究与实践

1. 农业综合开发的基本问题研究。

（1）开发目标。第二次世界大战结束之后，很多地区摆脱了殖民统治，建立了独立国家。它们为了发展自己的民族经济，改变殖民统治时期留下的单一经济结构和农业产业结构，开始了大规模的农村建设和农业开发活动。与此同时，经济发达的国家也同样掀起了一场旷日持久的农业开发活动。因为这些发达国家也存在着地区发展不平衡的问题，迫切需要开发落后地区的农业和经济，以便促进全国农业和经济比较均衡地发展。第二次世界大战以后，农业开发已不再搞单项措施开发，而是进行综合开发。发达国家为了从经济上获得稳定的国外原料和农产品市场，常向发展中国家“输出”带有援助性的政府性农业开发项目。

（2）政策工具。发达国家采取了法律保证、规划和计划、财政投资、投资补贴、贷款贴息、专项信贷等政策手段，进行农业开发。

（3）政府对农业进行投入的理论研究。国外学术界对农业综合开发投资的研究非常少，大多是集中在对农业投资上。亚当·斯密提出了资本在各个部门的投放顺序。刘易斯、拉尼斯和费景汉认为一国在经济发展的初期，为避免经济发展陷入低水平均衡陷阱，应该对农业进行追加投资。西奥多·W. 舒尔茨（1964）提出要对传统的农业进行改造。简·A. 莫利特和盖尔·克拉梅研究了农业投资与农业增长的关系。

2. 关于农业综合开发实践的研究。

（1）流域农业综合开发在一些国家取得了成功经验。印度开展了恒河上游水土保持和低产田改造工程。埃及对尼罗河三角洲的盐渍地区进行了大规模治理。埃塞俄比亚流域农业综合开发规划旨在依据其农业十年计划要求，以解决粮食问题为重点，实行山、水、田、林、路综合治理，实现资源的合理开发利用，逐步提高农业综合生产能力，改善农民生产、生活环境，达到流域经济的可持续发展。最突出的典型是美国田纳西流域综合开发规划。1993 年，美国国会通过《田纳西河流域管理局法》，设立了一个既有政府权力又有企业灵活性的公司——田纳西河流域管理局（简称 TVA），负责对田纳西河流域的开发和改造进行规划和管理。以上国际经验可以为我国土地治理项目的流域治理和区域开发提供借鉴。

（2）国家层面的农业综合开发研究。直到“二战”以前，日本农业财政基本上是采取掠夺农业的财政政策。在“二战”结束以后，政府越来越重视农业的增长，农业预算急剧上升，基本建设以农田水利建设和土地综合改良为主，着重提高土地的产出效率和综合生产能力，并开展了影响深远的土地改良运动。日本政府在 1949 年就制定了《土地改良法》，1961 年颁布了《农业基本法》，以后又相继颁布了《水资源开发公团法》、《农用地整备公团法》及有关预算法规。1971 年韩国政府投资 20 亿韩元，启动了“新村运动”的农村地区综合开发。新村运动经过奠基阶段、农业增产和农户增收阶段、农业生产技术的改进阶段（李秉东，1994）。新村运动进入新阶段，财政支农资金比例大幅提高，政府将每年总投资的 10%以上用于农业的投资，主要投资在农田水利设施建设和农业技术研究和推广，等等，注重用科技提升农业，尤其注意支持农产品流通体系建设，强化市场基础设施建设，扶持专业生产者组织，完善农业产业化服务组织。国外公共财政支农围绕着支持农业基础设施及生态环境建设的重点在不同时期适时调整。

（3）世界银行开发银行对贫困国家和地区的扶植和开发。麦克拉克（1973）发表了一篇关于扶贫开发的重要讲话，在全球掀起了一个农村综合开发的浪潮。目前，世界银行的农业开发已经形成了一套科学的项目管理体系。

3. 农业综合开发投资效益评价方法的研究。农业公共投资作为公共财政支出的主要项目，国际对其绩效及评价比较关注。KUNIMITSU Yoji，SHIODA Katuro，etal 以泰国 OFC 项目为例研究了在日本技术合作支持下的农业公共投资问题，应用成本一收益法评价了 OFC 项目，实证结果表明该项目总收益大于总成本，土地生产效益构成了项目收益的大部分，说明在泰国提高农户的收入比节省劳动力成本更迫切。Osun State of Nigeria 地方政府将参与农业特别项目作为改善农村发展的战略取得一定成就，Adeolu B. Ayanwale（2004）以此为案例考察了地方政府公共投资在农业和农村发展中的绩效，研究发现农业投资回报率可以高达 52.7%，这对提高地方财政积累有很大的潜力；如果提高公共投资用于农业的比例，可以预期从农业项目获得比较好的绩效。

（二）国内关于农业综合开发的研究与实践

1. 对农业综合开发内涵和主要研究问题的认识。雷海章（1991）、毛东凡（1997）、连镜清（1997）、高英（2000）、缪瑞林（2000）等从不同角度定义了农业综合开发。这些定义涵盖了资源开发、基础设施建设、生产能力和生态环境改善等方面的内容。通过以上文献对农业综合开发内涵的综述，可以发现农业综合开发的本质内涵包括以下两个核心要点：①以改造中低产田、提高土地生产力为重点，对影响农业生产的各种障碍性因素进行有计划、有步骤地改造，改善农业生产的基本条件包括农业生态环境。②以增强农业综合生产能力为目标，合理开发利用农业资源、改土治水、保持水土、农林牧副渔综合发展，提高粮、棉、油、肉、糖等主要农产品的综合生产能力，增强农业的发展后劲。

关于农业综合开发意义的研究。雷海章（1991）认为，农业综合开发是振兴我国农业的一项宏伟事业。王向明（1999）认为，农业综合开发是实现农业现代化的重要途径；张佑才（2000）指出农业综合开发在我国国民经济发展中发挥了重要作用。黄季焜、夏耕和张超超等（2001）认为农业综合开发改善了农业生产基本条件，增强了我国农业综合生产能力。林仁金，王松良，林文雄（1999）认为，农业综合开发宗旨体现了农业可持续发展思想的精髓。张殿德（2002）指出，农业综合开发属“绿箱”政策，将是今后国家支持农业和农村经济发展的重要途径。姜长云（2001）认为农业综合开发是转轨经济中政府对农业的支持和保护，探索了一种行之有效的方式较好地解决了转轨经济中如何强化农业基础的问题；顺应了不同层次“准公共物品”的形成规律，较好地解决了农业发展中公共物品的供给问题；以政府财政部门或政府综合部门为总体协调机构，为我国初步探索出了一条适合国情的成功道路；在提高我国农业竞争力，促进传统农业向现代农业的转变，推动农业专业化、社会化和现代化健康发展过程中发挥了示范作用；为我国找到了一条适合发展中国家特点的农业可持续发展道路。

关于农业综合开发存在问题的研究。王金安（2003）认为制约农业综合开发的首要障碍是筹资不足。张超超，蒋和平和黄仁（1999）指出的主要问题是农业投入成本高，比较效益低开发区域面积较广和项目过于分散地方财政配套资金到位不够好项目管理与资金管理脱节选项不准，建设标准不高，重建轻管的问题严重。刘丙申（2002）指出农业综合开发投资的结构性问题投资主体结构与农业综合开发的公共物品特性不符中央财政资金总量不足地方财政配套不足。朱铁辉（2003）采用博弈论的方法，分析地方财政配套资金不到位的原因是中央政府与地方政府在农业综合开发的投资行为上是非合作博弈。农业综合开发投资主要解决的问题主要包括：一是农业基础设施建设，改善农业生产条件；二是提高农业综合生产能力；三是加强生态环境建设，保护生态环境。其总目标是在坚持不放松粮食生产、稳步推进中低产田改造、增强农业综合生产能力的基础上，促进农业结构的调整和优化，保护和改善生态环境，实现农业增效和农民增收（张秀芳，2005）。农业综合开发的基本特征是：①财政、农林、水利、土地、金融等部门综合参与开发；②方式上实行山、水、田、林、路综合治理；③投入资金来源上中央和地方财政资金、信贷资金、农民自筹资金、社会其他资金综合投入；④治理措施上有针对性地采取工程、生物和技术等综合措施；⑤效益上期望取得经济、社会、生态方面的综合效果（高英，2000；姜长云，2001）。这些都是农业可持续发展战略下农业公共投资的目标和任务，是农业公共投资供给的公共物品或服务。

2. 关于转型期农业综合开发的定位研究。农业综合开发是政府财政支农的一项重要政策，其定位问题的讨论主要有以下几种代表性观点：①“农业保护论”认为农业综合开发是一种间接保护，在农业保护过程中优化财政支农资金的投入结构和使用重点，大力支持农业基础设施建设，改善农业生产条件，进行农业综合开发（武晓歆，2000；谭征宇，2001）；农业保护论一般又把财政支农和农业综合开发看作是一项具体保护措施（周小常，唐启国等，2000；谭征宇，2001；熊刚初，陶建平，2002）。②农业弱质论认为农业生产具有特殊性，具有自然和市场双重风险，这使得农业经济领域经常存在市场失灵，这是政府财政支持农业综合开发的理论依据（农业投入总课题组，1997；杨丹芳，

2000；张应强，2002)。③公共物品论是研究农业综合开发定位问题的基点，王金安（2005)，姜长云（2001）认为农业综合开发应界定为公共物品或确切地应界定为准公共物品。农业基础设施和生态环境建设具有公共物品性和外部性，需要政府来提供（张佑才，2000；杨丹芳，2000；王金安，2000)，许多人认为农业综合开发较好地解决了农村公共物品的供给问题（张佑才，2000；王金安，2000)。农业综合开发“民办公助”的筹资思路，从一开始就把“切入点”放在农业准公共物品的提供上。

3. 关于公共投资与农业综合开发问题的研究。农业综合开发就是国家对农业支持和保护的一个有效途径和重要政策（张佑才，2000；姜长云，2001；王向明，2001；黄季焜，夏耕等，2001)，它体现政府行为，属于公共财政的支持范围，是公共投资分配于农业、用于增加农业基础设施建设等公共物品供给的一个重要方面（王金安，2000；刘文意，2004)。国家公共投资如何分配用于支农，农业公共投资如何在不同公共用途之间分配等问题已引起了越来越多的关注（王红林、张林秀，2002；钱克明，2003)。农业科技、教育与基础设施改善，主要需要公共投资来完成（曹明宏，2000；王红林、张林秀，2002)。调查研究得出，公共投资实际分配的优先序与理论研究的理想优先序正好相反。

农业综合开发作为国家改革旧的农业投融资的一种尝试，已经取得了巨大成绩，但是现行的农业综合开发融资也存在一些问题，如银行信贷资金作为农业综合开发间接融资手段如何与财政资金配套的问题，如何利用直接融资手段拓宽农业综合开发融资渠道等问题，已经引起了实际工作部门和研究人员的注意（许建斌，谷晓梅，1996；王金安，2005)。农业综合开发投资最好是财政政策和金融政策、财政资金和信贷资金合理搭配使用。“国家引导、地方配套、群众自筹、银行贷款、集中投入、滚动开发”的农业综合开发投资本身就是多元化投入机制（王金安，

2004)。农业综合开发投资运作离不开基层政府、项目区、农村集体经济组织和农户，会产生委托—代理问题，出现代理人滥用开发资金等现象（姜长云，2001）。

4. 农业综合开发投资效益评价方法的研究。目前国内对农业综合开发投资进行效益评价的方法研究主要是层次分析法。李湘阁、阕庆文等（1997）根据南京市农业资源开发的有关资料，拟定了农业资源开发效益评估的指标体系，利用层次分析法确定了其权重，利用隶属度函数量化处理评估指标，分别对农业资源开发后的经济效益、生态效益、社会效益及综合效益进行了评估，结果表明目前农业资源开发效益中，经济效益所占比重偏大，今后应对生态效益给予更多的重视。这种方法给农业综合开发投资策略选择提供了依据，但距离国际上对农业公共投资研究的成果水平还有一定距离。农业综合开发投资策略选择在微观上主要是项目择优。彭国富、张玲芝（1999）在农业综合开发投资项目选择的方法上做了相关研究，将模糊综合评价优选法用于农业综合开发产业化经营及龙头项目的优选。且认为我国农业综合开发投资策略选择在宏观上主要是投资方向和重点的确定。这些是动态变化的。

5. 我国农业综合开发的经验和模式。张超超，蒋和平和黄仁（1998）总结了我国农业综合开发取得显著成效。逐步扩大了耕地面积，开发利用了现有耕地资源强化了农业的基础设施建设，改善了农业的基本生产条件保护和改善了农业生态环境开展了贸工农一体化经营，推动了农产品的系列开发丰富了国内农产品市场，提高了农业综合效益完善了农村社会化服务体系建设，逐步提高农业生产的科技水平增强了农业综合生产能力，加快了农村小康建设的进程。农业综合开发的基本做法建立农业综合开发资金投入机制，多方筹集集中使用资金坚持按项目进行管理，科学组织农业综合开发工作突出增强农业综合生产能力坚持走农业综合开发产业化道路。林仁金，游建章和张文棋（2002）从国内的实践和形势发展趋势、政府行为与市场机制有机结合、农业投融资等角度深入地阐述了农业综合开发财政资金和信贷资金配套投入的重要性、必要性、客观性和紧迫性。提出农业综合开发财政资金与信贷资金配套投入的政策主张。雷海章（1991）归纳出基本组织形式有：基地型、双层经营型、农场型、庭院经济型和农工商综合开发型。霍学喜（2002）认为我国应选择和建立一种“三位一体”的农业综合开发投资目标模式。

（三）研究述评

纵观国内外相关研究，对农业综合开发的研究尚处在起步阶段：①在公共财政框架下将农业综合开发投资纳入公共投资范畴的研究成果比较少。②定性分析多，定量分析少。目前对公共财政支出绩效评价问题的研究成果比较多，但没有具体和系统的论述。并且大多是对财政支出“效益”而不是对“绩效”的研究，没有把绩效理论有效地运用到公共支出管理上来。研究农业综合开发公共投资对农业增长的影响和农业综合开发投资绩效等方面成果更是不多见。③系统地回顾农业综合开发投资的历史过程，在总结农业综合开发的成就和经验基础上，在全国宏观背景下，在时空变化上把握农业综合开发的核心，并以农业综合开发的典型地区——湖南省为例具体分析农业综合开发变化趋势，探讨农业综合开发投融资问题，分析在农业综合开发投资项目类型上的投入变化趋势，以及农业综合开发投资区域变化特征。④当前建设社会主义新农村和“两型社会”建设为农业综合开发创新提供了新的机遇，为我们提供了新的政策研究课题。农业综合开发向农村综合开发转变，实现农业综合开发体制和机制创新的重要方向。

三、研究思路、研究内容和研究方法

（一）研究思路

本研究紧紧围绕农业综合开发这一核心，从粮食和资源压力、发展现状、发展价值取向及政府职能等角度阐释进行农业综合开发的必要性和紧迫性。充分借鉴国内外发展经验，通过理论集成和创新研究，构建农业综合开发的理论体系。重点运用SWOT方法分析湖南省农业综合开发的制约因素，运用博弈论分析其发展主体动力，运用综合评价体系和多元回归模型评价农业综合开发的绩效和水平，基于统筹思想和产业协同视角提出农业综合开发的思路和对策。

（二）研究内容

本专著共有十一部分：第一部分主要介绍农业综合开发的基本内涵；第二部分用公共财政理论、制度创新理论、经济学增长理论、生态经济学理论等来说明其必要性；第三部分主要回顾农业综合开发的历史发展过程，并总结经验，分析湖南省农业综合开发结构变化以及其功能演变；第四部分分析湖南农业综合开发的机遇和挑战，优势和劣势；第五部分主要分析《湖南省农业综合开发条例》出台以后给湖南省农业综合开发带来的影响；第六部分运用多元回归模型定量分析了湖南省农业综合开发增产增收的绩效；第七部分介绍农业综合开发在“两型农业”中的作用；第八部分主要分析湖南省农业综合开发扶持茶油产业的理由和政策建议；第九部分主要借鉴国内外农业综合开发的经验；第十部分分析农业综合开发的主体是什么；第十一部分则是有针对性提出有湖南省特色的推进农业综合开发事业的思路和政策建议。

（三）研究方法

1. 比较研究方法。比较分析不同国家、区域农业综合开发情况以及模式和实现机制不同，吸收和借鉴有益经验。运用比较研究方法，将农业综合开发与财政支农资金比较，将湖南省农业综合开发资金与全国农业综合开发资金比较，发现农业综合开发的地位以及湖南省农业综合开发在全国农业综合开发中的位置。

2. 规范分析和实证分析相结合的方法。探讨农业综合开发的框架及其理论框架。通过案例调查和数据分析，描述农业综合开发的形式，总结归纳其实践模式，评价其水平。

3. 定量分析方法。第一，多元回归分析方法。将湖南农业综合开发财政资金变量引入C－D函数，建立了一个C－D函数的扩展模型。并运用该扩展模型来分析湖南省农业综合开发的增产增收效应。第二，运用博弈分析。建立各相关主体在农业综合开发过程中的博弈行为。建立相应的博弈模型，求得纳什均衡。第三，供求均衡分析。在湖南省农业综合开发支持油菜产业的理由论述中，是从油料市场的均衡以及茶油市场的供求状况来进行定量分析的。

4. 个案研究方法和系统研究方法。以湖南省或者特定区域为个案进行调查和研究。将湖南省作为全国农业综合开发的一个成功个案并介绍。把农业综合开发放在“两型社会”建设整个框架体系中，系统研究农业综合开发对湖南省“两型农业”建设的贡献。

第二章　农业开发诠释：内涵、特征与意义

一、农业综合开发的内涵界定与特征描述

（一）农业综合开发的内涵界定

农业综合开发无论是实践还是理论上，都是动态演变的。开始，我国的农业综合开发是定义在狭窄的范围内，即是以农业自然资源为开发对象的一种投入产出活动，是生产性建设活动。随着农业综合开发活动和实践的日益广泛和丰富，人们越来越接受广义的观点，认为农业综合开发不仅包括农业资源的开发，还包括农产品加工；不仅包括农业生产领域的开发，还包括农产品流通领域的市场建设和农民增收。因此，我们可以把农业综合开发界定为：国家和省人民政府为支持农业发展，改善农业基本生产条件，提高农业综合生产能力和综合效益，发展地区农村经济，在一定的时间里和确定的区域内，利用财政专项资金和其他资金，以粮食主产区为重点，对农业资源进行全面开发和利用的综合性活动。

农业综合开发的内涵包括三个方面：①深度开发，即对现有的中低产田进行改造，达到更加合理、充分利用现有资源，提高农业生产率和单位面积产量；②广度开发，仅靠现有资源是不够的，还必须开发利用新的农业资源，开垦宜农荒地，复垦废弃地；③综合开发，对项目区实行山、水、林、田、路综合治理，

又要对农、林、牧、副、渔等资源进行全面利用，同时要对农业综合开发的各种服务设施进行配套建设，又要采取产业化系统开发。因此，农业综合开发是深度开发与广度开发相结合的立体式综合经济活动。

农业综合开发到底是一项什么工作？农业综合开发是政府支持农业保护农业、发展农业的一种特定新形式。它是通过各级政府的资金，吸引农民群众投入资金共同搞好开发，具有信贷、财政调控的双重职能。是国家增加农业投入，提高农业综合生产能力的重大举措。我们可以从三个层面来理解农业综合开发的属性：①从宏观层面考察，它是政府为实现其农业宏观调控目标而采取的一种农业政策工具，是国家支持和保护农业的一项制度安排；②从中观层面审视，它是国家财政的一种支农方式；③从微观层面探究，它是农民及农业生产经营单位的一种资源配置形式、一个扩大再生产过程。总之，农业综合开发是农业基础的基础，即是整个农业中最基础的工作。

（二）农业综合开发的特征描述

公共产品投资是其本质特征，“综合性”是其显著特点。市场化取向和产业化取向是其重要特点之一，还有开发范围区域性，开发内容重点性，开发进程阶段性，开发功能示范导向性等特征。

1. 综合性。农业综合开发的“综合”具有多重含义。主要表现为如下六个方面：

（1）项目规划综合。结合国力、财力、民力和地区资源禀赋，统一规划，确定开发的深度和广度以及规模和投资计划；要打破地域、行政和行业界线，走区域综合开发的道路，把农业综合开发与江河整治、水土保持和生态农业建设有机结合起来。

（2）开发方式的综合。即对山水田林路实行综合开发与治理，农林牧副渔协调发展，是遵循生态经济学原理的复杂的农业系统工程。把整个农村的生态环境建设与改善农业生产环境、农民生活环境有机结合起来；把农村的土地整理项目与农村的基础设施建设有机结合起来；把农业技术推广与提高农民文化、培育农民素养有机结合起来。

（3）开发对象的整合。它是资源开发、项目开发、区域开发、经济开发的有机统一体；也包括资金来源的综合，即实行财政资金、银行贷款、自筹资金和社会资金综合投入。

（4）治理措施的综合。它是通过人力、物力、财力“一揽子”配套投入，是对农业生产对象和劳动手段实行最佳配置和农业自然资源深度、广度和高度的有效开发利用。它是集农、林、水、科技、生态、产业化等措施于一体的农业综合生产活动。包含投资、建设、经营三个基本过程。即资金投入、项目建设、经营管理。

（5）部门的综合。即农业综合开发需要各有关部门协调行动，成立由财政、农业、林业、水利、银行、审计等部门参与的农业综合开发领导小组。打破了按行业开发、按专业治理、分散、零星搞开发的传统做法，实行以“块块”为主，在“块块”里集中发挥行业、专业的作用，发挥农业投入的规模效益和整体效能。

（6）治理效益的综合。农业综合开发追求的是经济、社会和生态综合效益。

2. 强烈的公共财政投资色彩和市场取向性并存。

（1）土地整理表现出强烈的社会公益性、强烈的政府目的性，是有组织的政府行为。宗旨就是改造中低产田，改善农业生产基本条件，提高农业综合生产能力，增加农民收入。

（2）产业化项目具有产业化取向性。开发计划和市场需求相适应，生产要素的优化组合与大市场的发育相适应，生产什么，生产多少，都以市场为导向，根据国际和国内市场的供需变化，组织安排生产。以市场为导向，科技为依托，按照资源比较优势和区位优势，走产业化经营之路。

3. 资金和项目管理的严格性和统一性。农业综合开发采用世行贷款项目的管理模式，实行项目和资金统一管理，资金直接到项目，不搞层层分配。从评估论证、申报审批，到资金拨付、检查验收、建后管护，严格按照项目进行管理。借鉴工业项目管理模式，按照项目投放资金，资金跟着项目走，不分条切块，不按部门、行业或田亩分钱。

4. 功能上具有示范导向性。农业综合开发符合 WTO“绿箱”政策，它同时也是支持我国农业参与国际竞争的有效措施。农业综合开发的内容、方向和方式等对非项目区的农业发展具有典型示范和辐射的带动作用。项目应符合国家有关环境保护、可持续发展的政策和规定。任何有潜在风险的不可持续性的资源使用，或者会对环境产生破坏、引发社会问题的项目，都是不能接受的。

5. 在开发范围上具有区域性和开发的重点性。农业综合开发一般都是对具有相同自然属性的特定区域进行开发。具有边界和范围确定性特征。国家立项的项目区是明确的，项目区及项目都有明确的边界和范围，一经批准，不能随意变更。部门项目按照统筹规划、突出重点的原则，根据各类项目的特点，确定各自的重点扶持区域和范围，并符合部门行业发展规划，与国家农业综合开发总体规划相衔接。

（1）扶持重点。土地治理项目以中低产田改造为重点，结合优势农产品产业带建设，建设旱涝保收、稳产高产基本农田。坚持山水田林路综合治理，农业、林业、水利措施综合配套，实现经济、社会、生态效益的统一；产业化经营项目参照国家制定的优势农产品区域布局规划，根据当地资源优势和经济发展状况，确定重点扶持的优势农产品产业。

（2）瞄准对象。土地治理项目以农民为重点扶持对象；产业化经营项目扶持的对象包括国家级和省级农业产业化龙头企业（含省级农发机构审定的龙头企业）以及农民专业合作组织等。

农业综合开发部门项目的扶持对象还包括基层专业技术推广组织以及农业科研单位。

6. 在开发进程中具有阶段性。正如前面所述，农业综合开发在不同发展阶段可以不断赋予新的内涵，拓展开发的外延。影响农业生产的各种障碍性因素是不断变化的，进行有计划、有步骤地改造活动也就是相应变化的。内涵挖潜是指在原有农业综合开发行业挖掘资金、措施手段和效益等潜力，这是一个较高层次的开发。例如：产业化项目投入潜力，农业机械化装备潜力，科技支撑潜力。外延扩大是指在原有农业综合开发领域、范畴进一步拓宽和延伸，这是一种开放性和创新性的综合开发。服务于新农村建设，服务于农民合作经济组织，服务于生态农业建设，推进现代农业发展。

7. 农业综合开发具有目标明确性。农业综合开发的行为目标是改田、增粮、创收。它的最终目标是合理配置、科学利用农业生产要素，加强农业基础设施建设和生态环境建设，提高农业综合生产能力和市场竞争力，保证国家粮食安全；着力推进农业和农村经济结构的战略性调整，推进农业产业化经营，推动传统农业向现代农业转变，促进农民增收。

8. 管理组织系统完整稳定性特征。农业综合开发作为一项长期事业，已建立了从中央到省再到项目地市、项目县一整套比较完整稳定的行政组织管理体系，亦即工作管理体系农业综合开发办公室（简称农发办）。农发项目管理借鉴世界银行项目管理经验模式，将基建项目的管理方法引入农业投资管理，提高了项目在选择、决策上的科学性。农业综合开发按不同层次建立项目管理体系，实行分级管理的办法。国家农发办负责全国农发项目管理工作，相应地，省、地、县级农发办分别负责自己行政辖区内的农发项目管理工作。

（三）农业综合开发的扶持范围、建设内容和项目分类

1. 扶持重点。农业综合开发主要扶持农业主产区，重点扶

持粮食主产区。农业主产区按主要农产品产量和商品量以省为单位确定。非农业主产区的省应确定本地区重点扶持的农业主产县。土地治理项目以中低产田改造为重点，扶持对象应以农民为重点。产业化经营项目重点扶持优势农产品产业，扶持的对象包括国家级和省级农业产业化龙头企业（含省级农发机构审定的龙头企业）以及农民专业合作组织等。例如，涟源市农业综合开发扶持发展肉牛产业；常德市打造精品工程，建设高标准农田；永州市在农业开发中不断加强烤烟区基础设施建设；农业综合开发扶持洞口县发展生猪产业。对农业综合开发县按照“总量控制、适度进出、奖优罚劣、分级管理”的原则进行管理。

2. 建设内容。狭义的农业综合开发在内容上主要包括小型水库、拦河坝、排灌站、机电井、灌排渠系、改良土壤、机耕路、农牧机械、草场围栏、农田防护林、完善农业支持服务体系、农产品加工生产厂房与设备，等等。

3. 项目分类。农业综合开发项目分为三大类：一是土地开发治理项目，包括中低产田改造，中型灌区节水配套、草场改良、生态综合治理项目；二是多种经营项目和产业化龙头项目，包括种植业，养殖业，农产品储运、保鲜、加工和批发市场建设等内容；三是示范项目，包括高新科技示范项目、科技推广综合示范项目、农业现代化示范项目等。另外，国家还安排了一些部门项目，如水利骨干工程项目、太行山绿化项目、名特优经济林项目、良种科研推广项目、秸秆养畜项目、育草基金项目、土地复垦项目等。

二、农业综合开发的必要性分析

实施农业综合开发是我国的基本国情决定的，也是湖南省省情决定的。农业综合开发工作是贯彻落实以人为本、统筹协调、可持续发展的科学发展观的最新探索。是强化农业基础设施建设的重要手段，是财政支农的内容之一，是巩固和完善现行农村经济组织经营体制的需要。符合我国社会主义市场经济体制的目标。从社会意义上看，它是促进种粮农民持续增收、改变“产粮大县、财政穷县”的兴粮之道。从实施效果上看，它为近年来我国粮食持续增产、农民稳定增收，以及保障国家粮食安全提供了重大份额的贡献。从供求理论的角度，农业综合开发工作是增产商品粮、加强国家粮食安全的有效途径，农业综合开发不仅必需，而且可以实现。可以从农业综合开发所处国内外环境、农业发展新阶段、农业市场经济发展和农业财税体制改革等方面阐述农业综合开发的所负担的历史使命和创新的必要性。需要引用公共财政理论、制度创新理论、农业投资理论和比较优势理论来说明农业综合开发的必要性。

（一）农业综合开发的理论依据

1. 生态经济学理论。

（1）生态位均质性原理。农业生态系统中各种生态因子占据生态位越饱和，即生态位重叠程度越高，意味着资源利用率越高。环境资源的匮乏或不足，往往导致系统的动态脆弱性。敏感资源往往成为一个农业生态系统整体生产功能提高的限制因子，形成“木桶效应”的短板。有效途径就是通过农业综合开发消除限制因子来保证生态的均质性。通过综合开发和治理，使农业生态系统的生态因子在数量组合、时空分布中配置合理，农业生态系统高效稳定，整体功能良好，从而拉长生态系统的短板。

（2）农业生产要素组合论。农业生物对环境条件具有特定的生产要素需求结构，只有当环境中的生产要素组合与需求结构最大程度地贴近时，才能获得最大的生物生产功能。在农业生产过程中，一定的生产要素组合，具有相应的生产力。高产是各生产要素综合作用的结果，它们共同制约着农业生产力，只有采用综合技术、综合措施和综合开发手段，方能获得突破。

（3）农业生产潜力论。只有把环境资源、经济条件和农业技术等在科学管理下达到最佳配置时，农业生产的最大能力。农业综合开发就是一个对农业生产潜力不断开发的动态过程。农业生产潜力是一个金字塔结构。研究表明：尽管我国粮食单产水平已高居世界前列，但未挖掘的潜力一般相当于现有单产水平的2～3倍。因此，开发农业生产潜力，必须要进行资源的综合开发，才能使农业生产再上台阶。

（4）农业等衡调控论。农业系统的等衡调控的原理就是取大概率乘积定理，即在一定技术条件或投入限量下，应力求使各个子系统的功能均衡地发展到一定水平，此时系统功能最佳。农业综合开发实质上是等衡调控机理在农业上的具体体现。农业综合开发讲求“综合”效益，就是从系统整体上有效而合理地开发，从农业系统的生态、经济、管理、技术等因素的融合上，调控农林牧副各子系统的协调性和有序性，从政策、技术、自然资源的综合配置上，寻求系统各组成成分的最佳配置和协调发展。因此，农业综合开发项目往往体现出了各子系统等衡调控后的“综合效益”。

（5）农业可持续发展论。农业需要可持续发展，既要满足社会需要，不断发展而又不破坏环境。农业综合开发也正是农业可持续发展理论的综合体现。农业综合开发从农业资源的增产潜力出发，以改造中低产田为重点，配套进行各种农业基础设施建设和乡村其他建设，实行区域性的山、水、林、田、路的综合开发和治理，强调经济、生态、社会三效益的统一，把农业增产和农民增收两个目标有机结合起来以及注重资源的综合利用和合理保护。因此，可以说，中国的农业综合开发是具有中国特色，符合中国国情的一条农业持续发展的道路。

2. 农村公共财政与公共产品供给理论。

（1）政府是公共物品的主要提供者。家庭成为农业生产的基本经营单位时，对于农村基础设施，经济交往方式、思维活动空间是内敛的农民根本不愿投或投不起。为农民提供农村基础设施，政府应责无旁贷。

（2）政府是提升农业产业的责任者。农业是个特殊产业，具有外部性。农业问题事关全局，政府必须支持。根据发展经济学理论，农业对工业有四大贡献。农产品安全特别是粮食安全是国家安全的需要和基础。农业对社会政治稳定仍起着关键的作用。增加农民收入已成为当前重要的政治问题。农业综合开发政策是一种典型的引导政策，它具有某种程度的前瞻性和导向性。政府必须承担农业资源综合开发的责任，加大对农业的投入，提升农业产业。

（3）工业化进程的加快使得农业需要政府加强支持和保护。在市场配置资源的条件下，随着工业化的推进，各种生产要素必然优先进入收益率较高的生产领域，或是从收益率较低的生产领域退出。但是，政府不能退出也不会退出农业。相反，政府加大对农业的支持力度也是天经地义的。目前，我国农业财政支出占国家财政总支出的比例，与农业在国民经济中的地位与作用不相称。从今后发展趋势看，发达的农业仍是中国立国之基。国家在宏观调控中需要保护农业，加大财政投入。而作为政府支持和保护农业的重要举措，农业综合开发投入必将逐步增加。

（二）农业综合开发的经济学分析：基于供求均衡的视角

1. 农业综合开发：需求分析。农业发展新阶段，从粮食和资源压力、发展现状、发展价值取向及政府职能等角度阐释进行农业综合开发的必要性和紧迫性。

（1）为了解决粮食问题，农业综合开发应运而生。有规模、有计划、大范围组织农业综合开发项目是在20世纪80年代以后开始的。农业综合开发是顺应改革开放的时代洪流而产生的。党的十一届三中全会以后，家庭联产承包责任制的实施和农业生产市场调节范围的扩大，极大地调动了农民的生产积极性，解放和发展了农村生产力。1985年以后，由于种粮效益的下降和农业基础设施的脆弱，农业生产特别是粮食生产徘徊不前（表2.1）。

加之，人口增加与耕地减少的矛盾突出，许多地区农业基础设施老化失修，农业生产条件恶化，耕地资源减少，农业发展后劲严重不足。农业问题特别是粮食问题深深牵动着党中央、国务院领导的心。1986 年 6 月，邓小平同志深刻指出："农业，主要是粮食问题。农业如果有一个曲折，三五年转不过来。"并就解决粮食问题作出了重要指示。时任国务院副总理的田纪云多次强调解决粮食问题的重要性，并一直在探索解决粮食问题的突破口和战略举措。1988 年，田纪云同志和陈俊生同志的推动和组织下。农业发展基金（后改为农业综合开发资金）和国家土地开发建设基金领导小组（国家农业综合开发办公室）。自此，农业综合开发应运而生，农业综合开发事业蓬勃兴起。

表 2.1　1985—1988 年粮食生产徘徊情况

年　份	全国粮食产量（亿千克）	人均粮食占有量（千克）	备　注
1978	2 924	393	接近世界平均水平
1984	4 073	390	
1985	3 791	361	
1986	3 915	367	
1987	4 030	372	
1988	3 941	358	比 1984 年减少 32 千克

（2）粮食安全问题强化农业综合开发工作继续走下去。粮食安全是社会和谐的重要基础。在中国，粮食安全既是重大的经济问题，也是不可忽视的政治问题。一是与经济社会发展的要求相比，农业基础还很薄弱。我国 1.22 亿公顷耕地中，高标准农田不足 0.43 亿公顷，农业抗灾能力不强，农业综合生产能力不高与不稳定的问题并存。农业发展方式仍显粗放，农业物质技术装备水平还很低，耕地、水源、能源等要素资源对农业粮食生产的约束性进一步加大，农业靠天吃饭的状况尚没有根本改变，迫切

需要进一步加大农业投入力度，切实提高农业综合生产能力。二是影响粮食安全的因素很多。市场粮食价格偏低、生产资料价格更快上扬，影响种粮农民增收；在多成分、多渠道的激烈竞争条件下，很难发挥国有粮食企业主渠道作用；进一步改善农村地区、弱势群体的食物结构与营养状况的难度进一步加大。特别是尽快解决农村还处于贫困线以下的15万左右人口的温饱问题、并进而转向小康生活的艰巨性进一步加大。三是从国际视野看，在两个市场和两种资源相互结合的条件下，我们只能基本立足国内解决粮食问题。同时，我们需要寻求应对全球农产品、特别是粮食价格起伏波动、保障国家粮食安全和民生的武器。金融海啸对世界粮食安全带来了负面影响，对我国粮食生产和市场流通带来的不确定性和市场约束性进一步加大；受全球气候变暖的影响，严重的自然灾难对农业粮食生产的危害进一步加大；在外资全面进入粮食流通领域的背景下，确保国家粮食主动权的必要性和迫切性进一步加大。鉴于上述分析，我国确保国家粮食安全的形势不容乐观（丁声俊，2009）。农业综合开发通过加强中低产田改造和中型灌区节水配套改造，改善农业生产条件，提高农业综合生产能力。继续大力推进农业综合开发工作，显得尤为重要。

（3）转型期农业生产和发展面临的问题使得农业综合开发不能放松只能加强。我国经济处于经济体制、经济增长方式两个根本性转变的关键时期，农业和农村经济正处在统筹城乡经济社会发展、建设现代农业、发展农村经济、增加农民收入和推进农村小康建设的新阶段。农业生产和发展受到市场缺陷和计划经济体制积弊的“双重挤压”（姜长云，2001）。农业综合开发对于确保农业综合生产能力和粮食生产安全具有重要意义。①面临着宏观环境变化和结构调整转型的问题。农业生产正在从单纯追求产出的增长转向追求效益的提高，从外延式扩大再生产为主转向内涵式扩大再生产为主。20世纪90年代后期，主要农产品供求基本平衡、丰年有余，总量出现一定程度的阶段性、结构性过剩（张佑才，2000）。2004 年以后，由于耕地面积、播种面积连年减少，再加上 2000 年以后粮食连续 4 年减产的累积效应，我国粮食生产供求发生了变化，由阶段性供大于求转变为供应趋紧，在今后一个较长时期将处于“紧平衡”状态。②农业资源的配置面临“市场失灵和政府失灵”的双重困境（温铁军，2001）。面临着城市化、工业化的压力以及比较利益、市场机制的作用，农村土地事实上不断减少，并随人口增长而成为高度稀缺资源。农外资金不愿意农业领域，而且农业资金每年净流出几千个亿；正规金融从农业和农村领域“退出”，导致农业资源大量外流和非农化。③农业生产和发展面临着公共物品供给不足。在推行家庭联产承包责任制后，原有的公共提供机制已不复存在，而新的提供机制又未相应确立，农业公共产品的“短缺”。这是制约农业和农村经济深度发展的大问题，成了我国农业现代化进程中的“瓶颈”。④农业生产和发展面临着资源环境退化和自然灾害频繁的严重问题。

农业综合开发调整了我国传统的支农制度的政策目标定位、决策机制、监督机制、投入机制及导向机制，找到了市场经济下政府利益与农民利益关系的“连接点”和纽带，充分发挥了政府在农业现代化进程中的领导、组织和推动作用，必将极大地推动我国农业现代化进程。

2. 农业综合开发：供给分析。农业综合开发供给问题其实就是其定位的问题。

（1）学术界将农业综合开发界定为农业准公共产品的范围。农业公共产品是指那些个体农户所不愿干、不能干、干不了，但又是社会和经济发展所必不可少的事务，是全体居民共同利益的体现，是私人产品社会中的公共经济部分。就中低产田改造来说，它以流域水利措施为中心，实现林田路综合治理，这些是单个农户想做而无力做、做不到的，因此，笼统地说应当属于公共产品的范围。准公共产品的特征是符合农业综合开发实际的。农业综合开发具有效益外溢性。例如，农业科技示范项目的受益人不仅是个体农户，它还起到了带动周围农户、向他们提供农业科技知识和技术的作用，搞好了一个项目往往带动了一大片。因此，它既使农户得益，又使政府和社会得益。农业综合开发具有一定的受益排他性。随着国家开发范围的扩大，所需的资金也相应增大，具有一定程度消费上的竞争性。由于公共性不同，因此，政府与受益人间的成本分摊在理论上也应当不同。而目前我国农业综合开发基本上也是按此来筹措资金的。

（2）农业综合开发属于准公共产品，其本质来说属于社会工程，适宜由政府提供。目前的理论与实践表明，费用却应当由政府和受益人共同分摊，而不能由政府无偿提供。农业综合开发已在一定程度上弥补了我国农业准公共产品的短缺。随着公共财政制度的完善，农业综合开发的公共特性是会发生演变的。

（3）在农业综合开发方面，究竟应当以地方政府为主还是以中央政府为主。按照多级政府的分工理论，中央政府应主要提供纯公共产品，地方政府提供准公共产品。根据准公共产品地方直接受益范围，以地方政府为主的农业综合开发思路是符合公共产品供给规律的。但是，在农业综合开发初期实行以中央政府为主的方针是必要的，但农业综合开发进入正常运行阶段，特别是中央在明确将农业综合开发作为农业现代化的重要途径之后，以中央为主的方针必须调整为以地方政府为主，确立地方政府的开发主体地位。因此，农业综合开发应当扩大地方政府的自主权，中央则负责宏观调控和协调。

（4）农民群众是农业综合开发的直接受益者，也是农业综合开发的主体。充分依靠和发动农民群众，是搞好农业综合开发的基本出发点。各地区在农业综合开发中，制定“谁开发、谁利用、谁受益”、“多筹资多扶持、少筹资少扶持、不筹资不扶持”以及农业税减免等优惠政策，调动农民投资投劳的积极性。

(5) 农村公共财政的建立和完善，为农业综合开发奠定了基础。2003—2008年，中央财政安排用于“三农”各项支出的年均增幅超过了20%。全国共投入农业综合开发资金1 894.2亿元，其中中央财政资金637.60亿元、地方财政配套资金428.08亿元；2008年，中央财政用于“三农”的支出达到5 955.5亿元，比2007年增长了37.9%。中央财政用于农业综合开发的资金数量可观而且逐年增加，是支持农业基础设施建设的一笔实实在在的投入，多年来能够在公共财政支农体系中处于影响力大、代表性强的位置。

总之，农业综合开发是一项庞大的系统工程，不是哪个部门所能独立胜任的，无论哪个环节出现问题，都会影响农业综合开发的进度和质量。

(三) 农业综合开发的经济学分析：基于农业综合开发的地位的分析

农业综合开发的地位如何呢？农业综合开发是公共财政支持和保护农业的一个有效手段，是巩固和加强农业基础地位的一条重要途径，是提高农业综合生产能力的一项关键措施，是促进农业可持续发展的一个重要推动力。农业综合开发是加强“三农”工作的一支重要力量。我们可以用一句话来概括：农业综合开发是农业基础的基础，即是整个农业中最基础的工作。

1. 农业是国民经济的基础。农业关系到13亿人口的食品保障问题，关系到农村和整个社会的稳定问题，关系到实现全面建设小康社会目标问题。在农业生产中，粮食又是关系中国社会稳定的重要产品。历史经验告诉我们，粮食生产受制约的因素较多。人口与自然资源之间的紧张状态今后还将加剧。农业生产不可预见的困难较多。正如邓小平所说的：“农业上如果有一个曲折，三五年转不过来”。所以，政府支持和保护“三农”的政策功能将逐步加强。

2. 土地是我国人民赖以生存和发展的物质基础。人地矛盾是我国最基本的矛盾。实质上是生产力和生产关系的矛盾。农业综合开发就是要解决人地矛盾这个根本问题。农业综合开发初期，我们将开垦宜农荒地、扩大耕地面积同改造中低产田，提高单位粮食产量作为主攻目标，从数量和质量两个方面为化解这个社会基本矛盾做出了贡献。目前，农业综合开发新发展阶段，但坚持改造中低产田的根本宗旨始终没有改变，以土地为中心改善农业基本生产条件一直是农业综合开发的首要任务。所以，农业综合开发工作是农业中最基础的工作。

3. 农业综合开发，改田改土是加强工农联盟政治基础的重要措施。不改造中低产田，没有土地产出率的提高，没有农业的增效和农民的增收，就不可能实现农村的城市化。没有农村城市化和工业化，也就不能实现全面现代化。因此，从政治上讲，农业综合开发是加强工农联盟政治基础的重要措施，是逐步消除城乡二元经济结构的有效途径。目前，我国已进入以工补农阶段，农业综合开发任重道远，必须坚持长期不懈的努力。

4. 农业综合开发既是农业经济发展的需要，也是农村生产关系调整的需要。要提高土地的产出率，必须走集约化经营和规模化路子。农业综合开发统筹规划，集中投入，连片开发，进行山水田林路综合治理，改善基本生产条件，保证和促进生产能力的提高，不断推进农村人口向城市转移。农业综合开发在尊重农民意愿的基础上，把分散的土地集中连片开发后，再分配给农户进行经营，解决了在土地承包条件下一家一户办不了，而提高土地产出率又必须做的事情，走出了一条采取集约化开发方式，提高土地产出率的路子。

5. 农业综合开发是农业生产力的一次飞跃。新中国成立以来，我国农业生产力实现了三次大的飞跃。第一次是实行土地改革，第二次是建立家庭联产承包责任制，第三次是农业综合开发。这三次飞跃，尽管方式不同，但都既解放了生产力，又发展了生产力，成为我国农业经济发展史上的三大里程碑，具有划时代的意义。成功地开辟了一条具有中国特色的农业现代化建设的新路子。

（四）农业综合开发的经济学分析：基于农业综合开发的多功能分析

农业综合开发的最终目标是合理配置农业生产要素，提高农业综合生产能力和市场竞争能力，推动传统农业向现代农业转变。

1. 农业综合开发在强基础、稳粮食方面发挥支撑作用。我国农业基础薄弱，抗灾能力不强，很大程度上还是“靠天吃饭”。通过合理开发和科学利用农业资源，突破耕地和淡水短缺的约束，提高资源产出率；通过加强农田基础设施建设，提高抗灾减灾能力，实现高产稳产。这两条固本强基的措施，始终是稳定发展粮食生产、确保农产品有效供给的治本之策。农业综合开发对于稳定发展农业具有基础性的支撑作用。建设粮食核心产区，是农业综合开发的一个重要新命题，也是持续稳定振兴农业粮食产业的新战略举措。在新形势下，农业综合开发集中较大财力和物力，有针对性、有重点地建设基础设施好、综合能力强、生产稳定性大的可持续发展的现代农业粮食基地，能够发挥“藏粮于田”的支撑作用。

2. 农业综合开发在兴产业、促增收方面发挥带动作用。在新形势下，农业综合开发能够发挥多渠道、多层次增加农民收入的带动作用。①能够降低农业生产成本，实现农业节本增效，是保障农民持续增收的重要措施；②扶持农业产业化经营，大力发展优势主导产业，扶强龙头企业，扩大基地规模，培育市场体系，充分开发利用农业资源，把资源优势转化为产品优势和经济优势，实现农业增产增效和农民增收。农业综合开发区的经济效益高于非开发区。据统计，全国农业综合开发项目区农民人均年纯收入平均比非项目区高 260 元以上，多的达到 500～1 000 元。因此，农业综合开发是提高农业生产力、促进农业现代化的重要途径。

3. 农业综合开发在发展现代农业、建设新农村方面发挥示范作用。发展现代农业是社会主义新农村建设的首要任务。建设现代农业的过程，就是改造传统农业、不断发展农村生产力的过程。通过农业综合开发，是发展现代农业的重要举措。回良玉（2007）充分肯定："各地农业综合开发项目区，已经成为现代农业建设的亮点"。"现在我们到农村看，真正在提高农业综合生产能力、在发展现代农业，农业综合开发是一道景观"。"农业综合开发要在发展现代农业、建设新农村方面，发挥示范作用"。①在构建现代农业产业体系中具有促进作用。农业综合开发落实中央"一号文件"提出的"六用三提高"目标上发挥了重要作用。②成为我国农业现代化的雏形。目前，许多农业综合开发项目区已经建设成为农业现代化的先行区和高科技的示范区。③农业综合开发所做的工作就是新农村建设要做的事，而且是新农村建设的核心内容。开发项目既能紧扣新农村建设的中心任务，又能够发挥综合治理和综合开发的优势，取得经济、社会和生态方面的综合效益。农业综合开发在新农村建设中具有先锋队和生力军作用，农业综合开发走出的路子，可供许多地方新农村建设参考。

4. 农业综合开发在支持和保护农业发展方面发挥引领作用。农业综合开发通过机制创新，吸引更多资金投向农业，加快农业农村发展，引导示范。仅仅依靠国家财政的投入，是远远不能适应当前农业农村发展需要的。农业综合开发通过扶持龙头企业，带动农民增收，鼓励农民自觉自愿增加投入来改善农业生产条件，真正成为投入主体、建设主体。创立"财政资金为引导、农民为主体、龙头企业为重要渠道、社会各界广泛参与、不断增加资金总量"的多元投入机制，使财政资金发挥了"四两拨千斤"的作用。在长期工作实践中，农业综合开发在支持和保住农业方面积累了一套有效做法和成功经验，能够起到引领作用。

5. 农业综合开发要在推动规模化生产、集约化经营方面发

挥促进作用。农业综合开发具有综合性、区域性和按项目进行管理的特点与优势，具备探索发展多种形式的适度规模经营的条件。①实行深度开发，促进生产过程规模化，提高土地利用集约化水平和农业生产的组织化程度；②农业综合开发有力地促进了土地有序流转，为推动农业适度规模经营做出了重要贡献。重新把千家万户的小生产联合起来，解决了一家一户想办办不到、不办又不行的事情，稳定和完善了农村承包责任制和双层经营管理体制。

6. 农业综合开发在农业可持续发展中具有保障作用。农业综合开发宗旨体现了农业可持续发展思想的精髓，两者有着共同的理论基础和依据。其建设重点，体现了农业可持续发展的主题。其有效的投入机制为农业可持续发展战略的实施提供了可靠的保证。农业综合开发追求经济、生态和社会三效益的统一，较好地实现了农业可持续发展的综合目的。农业综合开发的“综合”思路，把农业可持续发展战略内涵具体化、可操作化。以“综合”性的开发方式，既着力加强农业基础建设，提高农业的物质装备水平，又注重加强生态环境建设，促进了人与自然和谐；既提高资源利用率，又严格保护和改善自然资源，确保资源的可持续利用。有力地推动农业增长方式的转变，促进农业的可持续发展。因此，农业综合开发为农业可持续发展作出巨大的贡献。

7. 推动科技进步，提高农民素质，为培育新型农民作出示范。农业综合开发有一个全面应用科学技术的手段。各地在农业综合开发中，十分重视科技投入，提高科技含量。在项目设计上，实行全面规划，科学布局，按照田园化、林网化的要求和质量高、投资省、施工易、效益好的标准进行优化设计。在项目工程建设上，引进、推广、革新工程技术，努力提高工程建设标准和质量。在农业生产上，加大科技推广力度，加强对农民的科技培训，发挥能人大户示范效应。引导农民转变观念，使其现代农业意识、农业科技意识和市场经济意识明显增强。建立连片示范田和示范工程，完善了科学规范的示范管理体制。

8. 农业综合开发有利于实现“三农”要素的集聚整合。目前财政支农资金使用比较分散，目标多元化、管理多部门，难于形成合力。其结果是大事难办成，小事重复做。因此，必须要大力推进支农资金整合。但是，资金整合的关键是缺乏主导力量和整合平台。农业综合开发借鉴了世界银行项目管理办法，建立了一套环环相扣的管理制度，有利于实现资金、劳力和技术等要素的综合投入和有机结合，集中投入。通过综合开发机制、组装配套机制和合力助推机制，农业综合开发有一个能够充分发挥部门优势形成的强大合力。各部门紧紧围绕农业综合开发的总目标，充分发挥本部门的职能和优势，各司其职，各负其责，形成强大合力，共同搞好农业综合开发工作。农业综合开发既有区域经济综合功能，又有稳定的资金投入，更有比较完备的项目管理体制，以农业综合开发为平台整合资金是完全可行的。实践表明，农业综合开发能够在县域范畴内集中资金办大事，为其他支农资金发挥作用提供项目平台和产业平台。农业综合开发搭平台，其他资金来唱戏，既可以有效地协调整合支农资金，从而把有限的支农资金花好、花出效益来；又可以治理一片，扶持一个产业，富裕一方农民，提高财政资金支持新农村建设的总体效果。农业综合开发资金有利于推进水利、农业、林业、交通和财政等相关资金的整合。2007年新农村试点项目计划总投资为5.59亿元，其中：投入中央财政农业综合开发资金2.35亿元，吸引地方财政配套资金1.22亿元，引导农民筹资投劳1.47亿元，整合水利、林业、卫生、农机、交通等支农资金0.55亿元。从各地反馈的情况看，资金整合的力度更大，效果更加理想。

9. 加强农业综合开发助推城乡统筹发展。实现城乡统筹发展的关键和核心问题是发展。统筹城乡发展最为关键的是统筹城乡基础设施建设，要让公共财政的阳光普照城乡。农业综合开发是加强农业基础建设，发展现代农业、建设新农村的一笔实实在在的且逐年增加的财政投入。农业综合开发对扩大农业再生产、促进农村经济发展具有支撑作用。对提高农民素质、改善农村民生具有促进作用。

10. 农业综合开发在经济宏观调控中的作用。农业综合开发治理战略，是运用系统工程理论与方法，以国民经济社会发展计划和中长期规模为蓝图。加强农业基础建设、确保农产品供给，对防止经济增长由偏快转为过热、防止价格由结构性上涨演变为明显通货膨胀意义重大。从调控的角度来说，农业开发是通过高度科学的计划性来完成其对农业宏观调控职能的。农业综合开发实现了政府行为与市场导向的有机接轨，成功地探索了政府扶持、发展和调控农业的一种新形式，走出了一条具有中国特色的现代化农业建设的新路子。农业综合开发与科教兴农战略、扶贫战略、新技术革命、农村工业化城市化道路等有机地结合在一起，对农业生产的可持续发展、稳定发展起到促进作用。

（五）农业综合开发的经济学分析：基于比较优势分析

1. 农业综合开发政策目标定位优势：由传统的消费主导型转向生产主导型，符合我国农业现代化建设的需要。传统的支农属于典型的消费主导型扶贫政策。农业综合开发不是扶贫工程，而是一项创优工程。其目的是为农业现代化发展提供必须的公共产品。有效地向社会提供公共产品，成为财政必须要解决的一个重要问题。公共产品依赖于政府的提供。随着市场化程度的深化，农民对公共产品的依赖性就越大。政府提供的公共产品在农业发展中的作用就越大。可见，我国的农业要适应现代化的要求，就必须进一步提高农业生产力，而要使农业生产力获得大幅度的提高，就必须在农业中注入一个新的因素：农业准公共产品。在计划经济时期，由于政府财力极为有限，为农业所提供的公共产品规模非常有限。在推行家庭联产承包责任制后，出现了一段农业公共产品提供的近乎空白时期。这就造成了我国农业公共产品的严重“短缺”。农业公共产品的短缺成为我国农业现代化进程中的“瓶颈”。农业综合开发通过政府资金的导向，把社会的资金凝聚起来，并通过集中投资和连片开发，以提高农业的综合生产能力。

2. 农业综合开发制度符合 WTO 规则优势：是我国支农制度建设的方向，尚具较大政策生存和发展空间。WTO 规则要求农业综合开发战略定位必须与 WTO 农业支持规则相符。乌拉圭回合《农业协议》将政府补贴分为两类：即黄箱补贴和绿箱补贴。相对于正向现代化迈进的农业，黄箱补贴对资金的需求来说支持空间太小。绿箱政策涉及的范围很广泛。只有充分利用财政支农的“绿箱政策”，才能更好地支持和保护农业。我国农业综合开发定位于农业公共产品的提供，符合 WTO 的绿箱政策，这是农业综合开发政策在 WTO 下能继续延续和发展的一大制度优势。面对 WTO 的严峻形势，我国应充分用好用足 WTO 规则所给予的对农业的支持空间，充分发挥农业综合开发的制度优势，加大对农业的支持力度，尽快扭转负支持、负保护的局面，以推进我国农业现代化的进程。

3. 农业综合开发决策机制优势：更科学，能更好地体现农民的真实需求。传统的农村公共产品的决策程序是“自上而下”的决策程序。即公共产品的供给，主要不是由乡、村社区内部的需要决定，而是由社区外部的指令决定，如乡级以上政府和部门下达的各种收费任务，布置的各种达标、升级活动等。农村公共产品“自上而下”的决策程序，极易导致公共产品的供给脱离农民的实际需求。一方面，公共产品出现过剩，另一方面，农民真正需要的公共产品又供给不足。农业综合开发的决策程序，由传统的“自上而下”的决策程序，改变成了“自下而上”的决策程序。也就是说，首先是由社区根据农业发展需要和农民的意愿向上级农业综合开发部门提出立项申请，然后，农业综合开发部门根据具体情况，组织有关部门和专家进行考察论证，综合评估后，作出是否立项开发的决策。

4. 农业综合开发监督机制优势：监督更加规范和完善，使得公共资源能够更有效地利用。

（1）由于传统制度对公共资源使用过程缺乏有效的监督，常常造成公共资源使用低效率甚至无效率。具体表现在：部分公共资源用于维持公共产品生产机构的运转，用于人头费开支；部分公共资源被挥霍浪费、贪污挪用；部分公共资源用于与农民无关的事项。农民对这部分公共资源的使用效率均为零。在农业综合开发过程，其对资源的使用情况，一方面要接受上级和同级审计部门的审计监督，另一方面，由于农民成为农业综合开发的投资主体，对开发资源使用情况进行监督的积极性提高了。这种有效审计监督的必然结果是公共资源的使用效率大大提高。

（2）农业综合开发解决了长期以来财政对资金和物的管理相互脱节的问题。财政一般都只管资金进出，不管具体项目。但在农业综合开发过程中，财政不仅管资金的拨付，而且还对农业综合开发的整个过程进行监督和管理。这能够较好地保证农业综合开发资金的专款专用，使得农业综合开发资金都能用到农业综合开发项目建设上去，使其产生效益。总之，加强了对资金整个使用过程的监督和管理，必将大大提高农业综合开发资金的使用效果。

5. 农业综合开发投入机制优势：建立了一套全新的农业投入机制，使得农业现代化建设资金有了一种新的制度保证。

（1）要实现农业现代化，就必须提高资本的集约化程度，这是农业现代化进程中，投入劳动形态变化的客观规律。然而，我国农业投入的现实障碍是农业现有投入机制的缺陷，以及农业比较利益低下，致使本来稀缺的农业资源低效利用。这样，农业资金的聚集能力自然就相当有限，根本无法适应农业现代化对农业投入的资金需求。我国传统的支农制度，可以说是单一的财政支农制度。由于政府财政困难，对农业公共产品的投入又极为有限，使农村公共产品的供给极为短缺，因此，有许多本应亟待解决的问题，均因资金不足而最终无法解决。这严重制约了农业和农村经济的发展。

（2）农业综合开发创立的“民办公助”投入机制，拓展了农业公共产品的提供思路，是农业投入机制的创新。农业综合开发紧紧抓住了农业准公共产品的供给问题，为农业现代化注入了新的因素，将土地、资金、劳动和技术四大要素进行有效重组，因而在农业生产力提高方面就起到了“动力”的作用。农业综合开发建立了稳定的开发投入机制，呈现出资金投入的持续性和资金构成的多元性特点。1988—2007年，全国农业综合开发中央财政资金投入由5.03亿元增加到125亿元，增长了24倍。中央财政资金的增长，调动了地方财政配套资金成几何级数增长。我们有理由相信，随着国家财力的逐步增强，国家将进一步增加对农业综合开发的投入。依据市场经济“谁投资、谁受益”的原则，设计制定了“国家引导，配套投入，民办公助，滚动开发”和“国家投入为导向，农民投入为主体”的投入机制。从上到下，多层次、多渠道筹集资金，使资金投入有可靠的保障。中央财政的投资额和农业银行的专项贷款额逐年都在增加；各地区及时足额落实财政配套资金；启发农村集体和农民群众自觉自愿投入搞开发；用于农业综合开发的中央财政资金的一半实行有偿使用、按期回收、滚动周转。它大大加强了农业综合开发资金的投入力度，有效地保证了农业开发目标的实现。农业综合开发投资管理体制是一个条块结合、部门配合、明确职责、综合配套的管理体制。

6. 农业综合开发科技导向优势：坚持以科技为先导，大大加快我国科技兴农的步伐。人地资源比较关系和生态环境日趋恶化，要生存下去，今后农业增长只能主要依靠科技进步。然而，我国传统的财政支农方式，是一种简单的给钱给物的支农方式，是一种典型的“授人鱼”的方式。一方面造成了农民对政府的过分依赖，形成了“政府出钱，农民种田”，甚至走入“越补越穷，越穷越补”的怪圈，其状态仍旧没有什么实质性的改变。农业综合开发的一个重要环节就是科学技术。农业综合开发改变了以往财政支农救济式做法，坚持以科技为先导的开发机制，力图将农民培养成为真正的开发主体。促进了农村干部和农民群众接受现代农业、商品农业的教育，掌握了多项农业科学技术，提高了科学业务水平，加快了科技兴农的步伐。并且，设法将大部分开发资金引导到改善农业基础条件上来，以增强农业的自身发展能力。如进行中低产田改造要依靠适用的农业技术来解决，并且改变生产条件本身也要不断应用新技术。开发新资源潜力尤其需要科学技术。建立农业科技示范区，运用高新技术改造传统农业，试验示范和辐射推广，加速科技成果的转化。可以说，农业综合开发是一种市场经济条件下“授人渔”的做法。

7. 农业综合开发的农业管理制度创新优势：进一步加大农业资金的整合力度。从总体情况看，我国的农业管理体制最大的特点是机构设置分散、业务分割、职能重叠，缺乏高效权威的协调机构。

（1）支农资金的管理仍然延续计划经济的管理模式，存在着严重的条块分割现象。涉农管理部门多，资金难以形成合力。目前，从中央部门来看，直接分配与管理支农投资的有发改委、财政、科技、水利、农业、林业、气象、国土、扶贫办、国家防汛抗旱办等十多个部门，如果加上交通、电力、教育、卫生、文化、民政等安排涉农专项投资的部门，则有十六七个部门之多。在各部门内部又分别由多个业务司负责分配和管理支农投资。由于支农资金分属多个部门管理，各部门对政策的具体理解、执行和资金使用要求各不相同，政策之间难以有机协调，基本上难以形成合力。

（2）部门职能交叉、多头管理，容易造成重复投资。按照现行统计口径和预算收支功能分类科目，政府支农资金包括基本建设投资（含国债资金）、支援农村生产支出、农业综合开发支出、支援不发达地区支出、农产品政策性补贴支出、农业生产资料价格补贴等 16 大类。但是，各部门支农资金在使用方向、项目布局、建设内容等方面都不同程度地存在着交叉安排和重复投资现象，影响了支农资金的使用效益和政策效应。例如，农田水利建设项目在农业综合开发和水利、扶贫、以工代赈等方面存在重复；水土保持项目在水利、林业两个部门均有安排；基础设施建设项目在交通部门的"村村通"工程和扶贫办的扶贫移民搬迁、以工代赈等方面都有建设内容；农业产业化龙头企业和基地建设项目在财政部门的农业财政、农业综合开发以及农业部和扶贫办以及发改委等部门之间存在多头安排的现象；科技成果转化项目在科技和财政部门的农业财政、经济建设方面都有项目资金投放。这种交叉重复造成了支农投资极大的浪费，地方往往在不同部门之间重复申报项目，"以此充彼"的现象时有发生。

（3）支农投资运行成本高，中间损耗大。首先，政府层级多，项目的申报审批、资金的传输和项目的检查验收都花费时间长，增加了成本；加上财政体制和行政体制改革滞后，导致责权模糊，降低了财政支农效率。其次，由于资金和项目大都掌握在上级有关部门，而各支农资金主管部门对投资的前期准备工作要求各不相同，地方政府争取资金，使行政运行成本增加。再次，现行农业生产经营方式使得财政支农成本高。在我国，政策实施的对象主体为大量的分散化的小农户，导致支农政策执行成本高昂，小农经济的分散经营成为财政支农政策中主要的体制障碍。

（4）缺乏一个权威的农业管理机构，农业管理职能分散在各个部委且没有明确的界定。农业部只负责生产，而且只是种植业、畜牧业和水产业的生产。而产前和产后的环节在商务部，财政和金融手段又在财政金融部门，林业和水利又分设于林业部和水利部。农业部的管理的手段，如投资、税收、价格政策、市场管理、信贷、储备、补贴等手段均不健全。各个部委之间缺乏有效的沟通，对农业的管理没有统一的目标，计划实施中追求部门利益现象严重，而且各项实现农业目标的农业计划之间缺乏统一规划、连续性不强，资金分散，难以形成合力。因此，这种分散管理的体制注定了调控农业、管理农业效率的低下和浪费，而业务分割、职能重复、调控资源和权力分散、部门利益、地方利益严重等问题其实都是体制不顺的必然结果。

农业综合开发不受部门格局影响，有利于实现农业管理制度创新。

（1）开发机制的科学性和政策的严谨性。借鉴世界银行先进的项目管理办法，吸取了其他项目管理的先进经验，具有科学化、规范化、程序化、制度化的特点，适应了市场经济的需要。具体体现在：①用工业化思维谋划农业项目的成功尝试；实行了项目区和项目县管理模式；资金项目管理的有机统一。②农业综合开发按照项目投放资金，资金跟着项目走，以资金定项目，避免了“半拉子”工程和“胡子”工程，提高了资金项目的建设成效。③各部门协同配合，群众参与管理，组织管理形式是创新多样化。④农业综合开发政策非常严谨。从项目评估论证、申报审批，到资金拨付、检查验收和建后管护，均有一套严格的程序和制度。推行项目法人制、招投标制、工程监理制、资金和项目公示制、财政无偿资金县级报账制，而且全面推行“一票否决”制。财务管理上实行财政渠道、资金拨付、招投标、财政报账、委托放款等原则。⑤组织领导的联席性。国家建立了国务院分管领导主持，财政、农业、林业、水利、国土、金融等部门参加的全国农业综合开发联席会议制度，负责全国农业综合开发的重大战略决策。地方也建立了相应的制度。

（2）开发方式的综合性和内容的补遗性。农业综合开发综合性在前文已经论述。在开发的内容上，它既有其他农业项目建设的内容，也有其他项目没有建设或者因重点不同而无法顾及的内容，以少量的投资，发挥了最大的效益。

（3）农业综合开发是一个高效、精干、有权威的机构，代表政府进行管理。农业综合开发管理工作主要包含农业综合开发项目和资金管理。二者的关系犹如行走中的双腿，缺一不可。只有协同一致，才能相互促进，高效运转。综合开发改变了在生产经营、管理方法等方面的单一性、自足性、分散性特点，选择了一条利用一切现有的和将要发现的农业生产资源的途径。农业综合开发管理体制更加符合市场经济要求。

（4）从管理机构设置来看，农业综合开发办公室作为一个投资机构，全面负责项目的规划和计划的审批。而同时它也是一个项目管理机构。没有把项目管理单位和具体实施项目单位分开来，县级农业综合开发办就综合了管理权，分配权，组织权，预算决算权，项目竣工验收权，资金使用权等等权利为一身，从管理的职能来看，一个单位既管资金又管项目，这本身就是不科学的。但这是历史形成的，也只有以实践来检验。有利于实行机制创新。

（六）农业综合开发的经济学分析：基于经济增长视角的分析

1. 农业综合开发保障粮食等主要农产品有效供给，为从容应对金融危机做出了贡献。从国家利益全局看，粮食是当今世界重要的战略资源。目前国际粮食贸易量大体保持在 2 400 亿千克，不到我国年度粮食总产量一半。我国进口 1%的国内粮食需求量，就相当于国际粮食贸易量的 2%，如果我国大量进口粮食，不仅会拉动国际粮价大幅上扬，而且会引发严重的国际政治冲突。明显的“大国效应”，决定了中国的粮食安全问题实质就是国家安全问题。在全国安排改造中低产田 167.87 万公顷，每年可新增粮食生产能力 25 亿多千克，棉花、糖料、油料生产能力也得到较大提升。为保持粮、棉、油等大宗农产品的有效供给，防止物价剧烈波动，稳定和增强城乡居民战胜经济困难的信心提供了物质保障；为政府从容制定、实施并不断丰富完善应对国际金融危机的一揽子计划及相关政策措施，提供了政策操作空间。从一个13亿人口大国的粮食安全就是对世界粮食安全的最大贡献看，中国粮食的连年丰收，有效地避免了“金融危机”和“全球性粮荒”的双重打击。

2. 发挥带动投资的乘数效应，通过扩大投资、启动需求拉动了经济增长。积极财政政策，就是要通过增加中央政府投资，引导地方政府增加投资，同时拉动社会投资。用于农业综合开发的中央财政资金具有较强乘数效应，可以成倍带动各方面的资金投入农业，这是其他投入难以比拟的。平均中央财政增加1元投入，能直接带动其他投资1.85元；安排1元中央财政贴息资金扶持农业产业化经营，能间接“撬动”银行贷款28.8元。发挥了显著的投资乘数效应。①启动大量基础设施建设，通过增加实物工程量扩大农业建设领域对建材等物资的需求。加强以农田水利为重点的农业综合开发建设，是扩大内需的有效途径之一。2009年，通过实施农业综合开发政策，进一步加大农业基础设施投入力度，最终形成大约300亿元的实物工程设施，与农村沼气、饮水安全和农村公路、病险水库除险加固等工程建设一样，既能增加机械、钢材、水泥、沥青等的需求，拉动当前经济增长，又能改善农业生产条件，增强农业发展的后劲。②有效促进农民增加收入，提高农村居民消费能力。通过支持农业产业化经营，建设优质高效农业种植基地，扶持农产品加工及农业生产服务项目，显著增加了项目区农民收入，农村居民消费能力增强。有利于实施家电、农机、汽车、摩托车下乡财政补贴等刺激农村消费的政策措施。

3. 实现资源配置，促进经济增长。农业准公共产品有利于按优化资源配置的原则对要素进行重新组合，农业经济越发达，其重要性就越突出。通过综合开发方式把有关部门组合起来，在一定程度上优化了农业资源配置。促进农业从传统的小农经营方式向高度商品化的现代农业经营方式转变。农业综合开发要正确引导土地规模化经营，把土地资源转变为土地资本，引导富余劳动力向城镇转移。加强信息网络建设，为农民无偿提供信息服务。农业综合开发已在县域经济发展中发挥了重要作用。

4. 发展现代农业，促进了经济增长。发挥农业综合开发作用，促进现代农业产业体系构建。

（1）加强农业基础设施建设，为发展现代农业强基固本。发挥农业综合开发资金集中投入、措施综合配套的优势，集中资金重点扶持优质粮生产的基础设施建设、土壤改良和良种与技术推广。通过运用现代物质条件装备农业、用现代科技改造农业，生产条件明显改善，抵御自然灾害的能力明显增强。建设“旱能灌、涝能排、田成方、树成行、渠相连、路相通”的规范化高产稳产农田，农民增收有了坚实基础。

（2）大力扶持产业化，提升现代农业水平。农业综合开发围绕优势农产品，进一步优化农业综合开发布局。重点扶持辐射带动作用强的国家级、省级产业化龙头企业，也包含一些正在成长上升、能带动农民增收、规模较小的龙头企业与农民专业合作组织。通过培育优势主导产业，实行市场牵龙头、龙头带基地、基地连农户，促进农业经济增长。

（3）推广先进实用技术，为现代农业提供科技支撑。积极吸引农业科研、教学、推广单位的科技人员到项目区推广各种农业增产综合配套技术、优良品种、优势农产品生产技术规程以及农产品质量标准。通过以项目引导科技，让科技人员和科技成果成为项目建设要素，实现项目区科技与基地的有效对接，提高了农民的科技意识和整体素质，实现集约化、专业化、产业化生产经营。有利于提高农业效率和农业经济增长。

（4）坚持多元投入，为发展现代农业提供财力保障。按照国家引导、配套投入、民办公助、滚动开发的原则，坚持多元化投入机制，靠投入促进农业经济增长。

5. 吸纳返乡农民工，通过增加农业领域就业稳定和改善了

农村民生。农业是吸纳农民就业的重要产业，农村民生工程和基础设施建设是安置农民工的重要领域。农业综合开发可以通过以工代赈安置部分返乡农民工。同时，通过大力发展农业产业化经营，能够吸纳一定数量的返乡农民工从事农产品加工、储运和销售，发展特色农业、生态农业，拓展农村二三产业的就业增收空间。

6. 与农业补贴政策互为补充，通过丰富的财政政策完善支持保护农业制度。实施积极财政政策，要进一步调整优化财政支出结构，加大对"三农"投入。中央财政补贴政策有效调动了广大农民发展农业生产的积极性。农业综合开发主要是提高土地产出率、资源利用率和农业劳动生产率，提高农业整体素质、效益和竞争力。农业综合开发与补贴政策，都是公共财政政策在"三农"工作中的重要体现，两者相辅相成、相互促进。加强农业综合开发，是综合运用投资、补贴、贴息等积极财政政策组合工具，完善政府支持和保护农业制度的有效途径。

（七）农业综合开发的经济学分析：基于国外经验借鉴的分析

西方发达国家的经验已经表明，将传统农业改造为现代农业必须有强大的、发达的现代农业基础设施与之相配套。在农业发展新阶段中，应该重点支持以增强农业发展后劲、实现农业可持续发展为目标的农业基础设施建设。为此，国家在财政支农和公共投资政策方面做了一系列调整。加入 WTO 后农业更需要政府加以支持和保护。各国政府为了各自的政治目标，都对本国农业采取了种种保护措施。我国农业面临着机遇和挑战。如果不采取措施，中国农业面临的冲击将在一定程度上抵消中国现行增加农民收入各项政策的效应。农业综合开发是政府财政支农的一种重要形式，是最符合世贸组织要求的"绿箱政策"。所以，通过农业综合开发对农业的扶持和保护，是最科学的，也是效率很高的。

（八）总结

总之，农业综合开发在稳定增加农业投入中具有引导作用，在确保粮食安全和主要农产品供给中具有支撑作用，在构建现代农业产业体系中具有促进作用，在农业可持续发展中具有保障作用。在发展现代农业、建设社会主义新农村的进程中，农业综合开发有着举足轻重的重要地位、不可替代的关键作用和日益广泛的深刻影响。因此，农业综合开发工作不仅不能削弱，还要继续加强，农业综合开发投入不仅不能减少，还要继续增加。我们必须深化认识，更加自觉地把农业综合开发摆上农业农村工作的重要位置，认真谋划，狠抓落实。要牢牢把握国家强农惠农政策力度加大的重要机遇，充分利用全社会关注“三农”的良好氛围，紧紧抓住国家支农资金增长的有利条件，认真研究加强农业综合开发的重大举措，切实解决农业综合开发存在的问题，努力把农业综合开发工作提高到一个新水平。

第三章　农业综合开发：历史回顾、结构演变和功能定位

一、农业综合开发的历史回顾：基于全国和湖南省两个层面的分析

实施农业综合开发以来，湖南省综合排名一直居全国先进行列。在开发模式、运行机制、资金管理等方面，全省农业综合开发系统不断完善，屡有创新，县级报账、规模开发和精细化管理等“湖南经验”多次在全国普遍推广。系统地回顾农业综合开发发展的历史过程，在总结农业综合开发的成就和经验基础上，反映公共财政支农、农业综合开发投资的变化趋势；试图在全国宏观背景下，在时空变化上把握农业综合开发的核心，并具体分析湖南省农业综合开发概况及投入的变化趋势；探讨农业综合开发的功能演变，在新的历史条件下，如何不断改革、不断创新，将农业综合开发工作与湖南省省情、现代农业、新农村建设、国民经济和全面小康进程有机结合。

（一）农业综合开发的发展历程：基于国家层面的分析

1. 农业综合开发的历史背景。农业综合开发，是我国农村经济体制改革和社会发展特定历史阶段的产物，它的产生与发展有其历史必然性。改革开放催生了农业综合开发。1978—1984年期间，联产承包责任制极大地解放了农业生产力。与此同时，政府大幅度提高了投入，人民公社时期建设的农业基础设施仍在

发挥作用，政府宏观调控向农业倾斜，国内粮食产量大幅度上升。1985 年，粮食产量大幅度下降或者停滞不前，一直在 4 000 亿千克左右徘徊，人均占有粮食由 1984 年的 394 千克降至 1987 年的 362 千克，减少了 32 千克。如何寻找一条符合国情的粮食增产路径？1987 年，中国科学院组织专家考察调研，主张进行中低产田治理，提高农业综合生产能力，保证粮食供给安全。当时，全国约有中低产田 0.67 亿公顷左右。如果通过综合治理，加大科技投入，就可能较快提高粮食生产能力。当时，在黄淮海平原地区的盐碱地、沙荒地和涝洼地等中低产田就多达 0.14 亿公顷。如果对这些中低产田进行综合治理，不仅可为粮食再上新台阶做出历史性的贡献，而且对促进区域经济发展具有战略意义。为此，发改委支持 1 000 万元专项资金给予启动。当时，国务院副总理田纪云同志指出："政府将支持中低产田治理工作，但不能采取过去单纯靠国家拨款的办法，经费必须滚动使用。"国务院在 1988 年将上交中央的耕地占用税作为土地建设基金，全部用于中低产田治理，并设立国家土地开发建设基金并成立基金领导小组；建立土地开发建设基金有偿使用周转机制，实行项目管理。当年，中央财政预算安排近 9 亿元，开发区域也扩大到三江平原等地。当时任国务委员的陈俊生同志亲赴山东禹城考察调研，撰写了《从禹城实践看黄淮海平原开发的路子》，对禹城综合治理经验给予充分肯定，提出了八个方面的具体建议。随后，时任国务院总理的李鹏同志也对禹城进行了考察，并指出："禹城的经验不仅适用于黄淮海平原，而且适用于全国其他情况相似的地方"。并在 1989 年 11 月召开的"全国农业综合开发经验交流会"上提出，以中低产田治理为主要内容的农业开发"今后统称为农业综合开发"，原国家土地开发建设基金管理领导小组"今后也统称为国家农业综合开发领导小组"。因其投入为中央财政资金，领导小组办公室就挂靠在财政部。1993 年国务院机构改革保留国家农业综合开发办公室，挂靠财政部，同时建立国家农业综合开发联席会议制度。在全国进行有组织、有计划、大规模的农业综合开发。从此，中国农业综合开发的帷幕正式拉开。

2. 中国农业综合开发的阶段划分。我国真正大规模的农业综合开发是从1988年开始的。根据其在不同时期的重点任务和目标不同，可以划分为四个阶段：

（1）增产目标的重点区域开发阶段：1988—1993年。这一阶段农业综合开发的指导思想和目标任务是以粮棉油增产为中心，农林牧渔全面发展，实行山水田林路综合治理，把经济、社会和生态效益密切结合起来，提倡实现规模经营，集中连片，统一规划、统一施工，坚持高标准，进行区域开发，鼓励调动农民和科技人员的积极性。开发的主要内容是，以重点区域开发为特征，重点进行中低产田改造、提高粮食产量为主要内容，同时适当开垦农荒地，实现农林牧渔全面发展（张佑才，2000；黄季焜等，2001）。这一时期，改造的中低产田，从1988年的49.2万公顷（738万亩）增加到1993年的171.53万公顷（2 573万亩），6年共计改造中低产田924.4万公顷（13 866万亩），年均增幅28.4%；新增粮食产量从1988年119万吨发展到1993年的535万吨，6年累计增加粮食产量2 517万吨，年均增幅35%。该时期是农业综合开发投资政策的制订与探索阶段，制度获得建立和完善：从一开始就实行国家引导、配套投入的投资运行机制，实行项目管理，初步建立了项目资金安排的申报审批制度，资金使用的分期拨付和跟踪问效制度，项目竣工验收制度和资金核算制度。

（2）增产增收“双目标”的全面开发阶段：1994—1998年。随着粮棉油等主要农产品供求矛盾的趋缓，保持增产和农民增收成为各级政府关注的重点。在中央财政投入有限的情况下，为充分调动各级政府和农民的积极性，切实抓好“菜篮子”和“米袋子”，狠抓落实扶持农业发展的各项政策措施，全面发展农村经济。经过5年的农业综合开发，农业开发地区已遍布全国。这一时期开发的主要内容为：在坚持以改造中低产田为重点、提高农业综合生产能力的同时，积极发展多种经营及龙头项目，加大对优质高效经济作物的扶持力度，把农业增产和农民增收有机结合起来。从 1994 年起，国家规定每年 30％的农业综合开发财政资金和 70％的专项贷款要用于发展产业化经营项目和农产品的系列开发，重点是发展以经济作物为主的种植业、以畜牧业为主的养殖业和农产品加工业。在增产、增收和增效方面取得了巨大的成就。切实粮棉增产而农民不增收或少增收的问题（韩连贵，1998；张佑才，2000；黄季焜等，2001）。“十五大”以后，重新确定了农业开发目标和任务：粮食生产要达到一个新水平，农业生态建设要取得新成效，农民收入要明显高于非项目区，农业开发项目区要成为现代化农业的示范区。这一时期，为适应分税制改革和农业综合开发投资范围扩大的需要，财政部决定把农业综合开发资金纳入各级财政的年度预算。财政部配套出台了财政有偿资金管理暂行规定。进一步完善了项目资金管理办法和资金管理配套措施，建立了“三专”管理制度，为农业综合开发投入提供了政策保障。

（3）以支持和促进农业结构调整为主要目标的转型阶段——优质高产高效“三目标”阶段：1999—2003 年。农业发展新的阶段，农产品供求进入了总量基本平衡、丰年有余的时期，许多农产品出现了阶段性、结构性过剩。但是，农业基础设施、科技教育、市场信息体系和农产品加工业都不适应农业新阶段发展的需要，农产品质量不高，生态环境恶化等问题比较突出。加入 WTO 和实施西部大开发战略，为农业发展带来了新的挑战和机遇。①指导思想和总体要求：坚持“一个前提”，实现“两个转变”。面对新形势，我国基本国情决定了农业综合开发无论怎样调整，都要确保粮食等主要农产品综合生产能力稳步提高。在 1999 年中低产田改造和开垦宜农荒地的投资比例仍维持在 50％的水平。因此，该阶段的投资重点在：以加强农业基础设施建设为核心。保证中低产田的农业投资规模。以科技开发为先导。②投入机制选择。考虑到现行财政体制和地方财力状况以及农村税费改革和农村劳动力转移状况、农民自身积累的现实状况，农业综合开发在坚持地方财政配套政策基本不变的情况下，适当调整地方财政配套比例，降低农民投资投劳比例，重新建“国家引导、政府协调、配套投入、多方参与”的新的投入机制。该期间，财政部进一步修订了农业综合开发项目与资金管理制度。建立了按“综合因素法”分配中央资金的制度，把加大农业主产区特别是粮食主产区的投资力度放到了重要位置。在资金构成上，要由有偿资金占一定比重逐步变有偿投入为无偿投入。③省农业综合开发职能在省级机构改革中，划归省财政厅，实现了领导格局的重大调整，农业综合开发步入新的发展阶段。

（4）以提高农业综合生产能力和综合效益为目标的稳定发展阶段：公共财政框架下的农业综合开发（2004 年至今）。2004 年以来，中央高度重视“三农”问题，进一步完善和强化各项支农政策，切实加强农业综合生产能力建设，继续调整农业和农村经济结构，进一步深化农村改革，努力实现粮食稳定增产、农民持续增收，促进农村经济社会全面发展。连续出台的 6 个中央“一号文件”中，都对搞好农业综合开发提出了明确要求。党和国家领导人多次到农业综合开发项目区视察，并就新形势下继续推进农业综合开发做了重要指示。这一时期，农业综合开发以“三个代表”重要思想和十六大精神为指导，紧紧围绕全面建设小康社会的目标，结合中央“三农”工作的重心，农业综合开发确定了以农业主产区为重点，着力加强农业基础设施和生态建设，推进农业和农村经济结构战略性调整，推进农业产业化经营的指导思想，为界定农业综合开发的公共财政框架打下了基础。2004 年起，进一步创新农业综合开发投入机制。财政部下发了关于调整农业综合开发资金若干投入比例的规定，从 2004 年起对产业化经营项目投资控制指标调整为指导性。2005 年出台农业综合开发中央财政贴息资金管理办法。这标志着农业综合开发管理工作逐步走向新的发展阶段，适应公共财政体制建设和农业农村发展新阶段的要求，不断加大投入。

3. 农业综合开发的历史贡献。农业综合开发是国家加强农业的重大决策，是国家支持和保护农业的重要举措，是进一步发展农村生产力的有效途径，是提高农业综合生产能力、实现农业持续稳定发展最直接、最有效、最快捷的一项措施。农业综合开发是主要是通过国家财政投入为引导，地方财政配套为补充，群众投入为主体，并积极吸纳社会资金，对农业资源进行有计划、有步骤地加以整合、改造、保护和利用，以实现农业的可持续发展、提高农业整体效益的一种实践活动和政府行为。

（1）农业综合开发为解决农民问题探索了一个有效方法。中国的问题是农民问题。现阶段，党和政府把增加农民收入当作事关全局的大事来抓。但是，农民增收不快，广大农村市场没有真正启动起来。必须加大投入力度，切实增加农民的收入。农业综合开发正是通过增加国家财政资金的投入，加强农业基础设施建设，积极调整农业结构，提高农业综合生产能力，把农业增效与农民增收紧紧结合起来。一是引导农民，走有中国特色社会主义市场经济道路。农民具有弱质性，需要引导他们并重塑他们的眼光与视野。在农业综合开发中，注重引导农民适应社会主义市场经济要求，加强对项目区农民的培训，改善农民接受知识、技能、经验和最新信息的外部条件。仅仅从1988—1998年的10年中，农业综合开发就培训农民8 355万人次，不但使项目区农民能掌握2～3项农业实用技术，还让农民从农业综合开发实践中提高了农民适应市场经济的能力，找到心理依归。二是组织农民，增强农民进入市场的能力。分散的农民远离组织资源和权力机构，缺乏社会影响力，犹如散装在口袋里的马铃薯。他们无法有效地表达自身的意见，争取自己应得的利益。同时，党在农村的经济方针政策也缺乏有效的经济组织辅以有效地贯彻执行。农业综合开发在实践中，注重在项目区建立健全各种农民经济组织，有的成立各种专业协会，有的成立各种经纪人队伍。不断提高农民组织能力。三是致富农民，让广大农民过上富裕的生活。通过农业综合开发，政府增加了对农业各种要素的投入，改善了农民生产条件和生活环境。农民群众在农业综合开发过程中，真正得到看得见、摸得着的实惠。

（2）农业综合开发为政府支持农业找到了一条有效路径。经济转轨过程中，农村率先破了题却未能取得预期目标。市场经济下，资本总是向高附加值产品转移，向高回报率产业转移，向经济发达地区转移。因此，各方面对农业的投入都很有限，弱质农业成为经济发展中的滞后区。从联产承包责任制、到统分结合的双层经营和合作经济，再到土地承包再延长 30 年，但农民种粮积极性还是不高。如何制定有效政策，支持“三农”呢？农业综合开发可谓是顺势而为，充分适应了生产力发展的需求，其决策的适时性和前瞻性突破了以往思维定式和政策瓶颈。农业综合开发抓住了提高农业综合生产能力的关键环节，初步实现了农业发展“瓶颈”的突破。

（3）农业综合开发为现代农业发展提供了一条有效的技术路线。①农业综合开发项目管理的科学性，为农业现代化建设提供了有效的模式。计划经济农业，资源配置不尽合理，管理模式陈旧，农业生产效率难以提高。农业综合开发借鉴国际发展经验，实行项目管理。在一定区域范围内，在有限的资源条件下，运用系统工程的理念和理论、方法，对每个项目都严格管理，形成了一套科学的项目管理机制，保证了农业综合开发项目管理特定目标的实现。做到了项目管理科学化、规范化和制度化，较好地克服了以往农业投入中的盲目性、随意性和不讲效益的倾向。②建设内容的前瞻性，为农业现代化建设提供了较好的示范。农业综合开发通过在项目区实行区域化布局、企业化管理、规模化经营、社会化服务，进行多种形式的产业化运作，较为科学地利用了农业资源和区域优势。还注重把多种经营项目与土地治理项目有机结合起来，使产业化运作贯穿农业综合开发的全过程、各方面。促进了农副产品的深度开发和多层次加工增值，有效地实现了农业增长方式的转变。

（二）农业综合开发的发展历程：基于湖南省层面的分析

1. 湖南省农业综合开发的主要阶段划分。湖南省从1989年开始实施农业综合开发。湖南省农业综合开发最早从湘南起步。第一期开发（1989—1991年）为湘南总项目，涉及衡阳、郴州、永州3市32个县（市、区、场），改造中低产田14.82万公顷。第二期开发（1992—1994年）涉及衡阳、郴州、永州、怀化4市44个县，改造中低产田14.37万公顷。第三期开发（1995—1997年），分为湘南和洞庭湖两个总项目，涉及13个地市72个县，改造中低产田24.3万公顷。这一时期的开发工作不仅解决山区的旱，也包含湖区的涝。着眼农业增产和农民增收。在坚持以改造中低产田为重点、提高农业综合生产能力的同时，加大对优质高效经济作物的扶持力度，提高农业种植效益。从1998年起，农业综合开发立项由过去3年一定改为1年一定，湖南省每年完成中低产田改造面积6.67多万公顷，但是在扶持农业产业化发展方面踌躇不前，这也是目前湖南省农业产业化发展滞后的原因之一。2004年后湖南农业综合开发赶上了国家公共财政和国家农业综合开发的快车道，进入发展新阶段。尽管这样进行阶段划分，但是，湖南省的农业综合开发具有类似国家农业开发的阶段性的特征。湖南省农业综合开发从总体上看滞后1年。第一期和第二期属于典型的以重点区域为特征、粮食增产为目标、土地治理为主要手段的农业综合开发路径。第三期才着眼农业增产和农民增收的有机结合。2004年以后，湖南省的农业综合开发一直走在全国前列。

2. 湖南省农业综合开发的主要成就。20年来，湖南省农业综合开发系统认真贯彻执行中央和省里关于农业综合开发的各项方针政策，全面落实科学发展观，努力增加投入，积极开拓创新，切实加强管理。农业综合开发的实施，对改善农业生产条件，提高农业综合生产能力，促进农业产业化经营，发展农村经济，增加农民收入，推进现代农业和促进新农村建设作出了积极贡献。农业综合开发规模不断扩大，范围不断拓展，管理日益规范，效益日益彰显。农业综合开发范围从1989年的3市32个开发县，扩大到目前覆盖全省14个市州105个开发县（其中：国家开发县90个，地方开发县15个）；年度总投资由1989年的2.2亿元，增加到2008年的25.1亿元，其中财政资金由1.2亿元增加到2008年的9.4亿元。中央财政资金由0.6亿元增加到6.1亿元。1989—2008年全省累计完成农业综合开发总投资159.1亿元，其中财政资金83.8亿元。中央财政资金48.6亿元，地方财政配套资金35.2亿元，带动农民及农业企业自筹资金52.3亿元，吸引银行信贷资金23亿元（图3.1）。湖南农业综合开发的20年，是解放农村生产力、发展农村生产力的20年，是确保国家粮食安全、为国家作出重大贡献的20年，是促进项目区农民群众连年增产增收的20年，更是在公共财政阳光沐浴“三农”的20年。概括起来，主要有以下六个方面的成就：

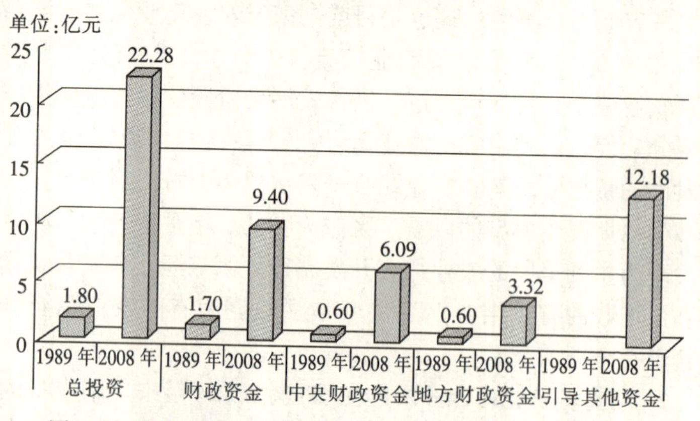

图3.1　湖南省农业综合开发投资1989年与2008年对比图

（1）大大改善了农业基础设施条件，显著提高了农业综合生产能力。20 年来，湖南省农业综合开发系统始终坚持以改造中低产田为重点，将农业综合开发财政资金的 70％以上投入到土地治理项目，共改造中低产田 151.2 万公顷，占全省中低产田面积的 40％，开垦宜农荒地 5.87 万公顷，改良草山 3.33 万公顷，并建成了一大批田成方、渠成网、路相通、工程配套形象好、综合治理成效大的农业综合开发项目区。共新建、维修和加固小型水库 2 345 座，新建和改造排灌站 5 962 座，新建、维修拦河坝 2 780 座，硬化衬砌灌排渠道 6.28 万千米，修建机耕道及村道 1.72 万千米，配套农电线路 1 998 千米，林业建设 24.73 万公顷，夯实了农业持续发展基础，提高了农业抗御自然灾害的能力，为项目区发展优质高产高效农业打下了良好的基础。将农业综合开发资金的 70％以上投入到粮食、棉花、油料等重点产区，特别是产粮大县；加强科技示范推广，推动农业科技进步，共投入科技推广资金 4.5 亿元，在项目区推广应用优良品种和先进适用技术 70.4 万公顷，培训农民 480 万人次，大大提高了湖南省主要农产品综合生产能力。

（2）加快促进了农业产业化经营。1995 年以来，湖南省农业综合开发系统坚持以市场为导向，以扶大扶强龙头企业为重点，以集中扶持和连续扶持为手段，将农业综合开发财政资金的 30％投入到农业产业化经营项目，共投入财政资金 19.5 亿元，立项扶持了 810 个（次）农业产业化经营项目，其中 146 次扶持了 78 家国家级和省级龙头企业。重点扶持了金雁米业、银光米业、舜华鸭业、伟鸿食品、华鹏食品、熙可食品、茶业公司、李文食品、金浩茶油、益华水产等国家级和省级龙头企业（案例 3.1）。始终围绕省委、省政府规划的 10 大优势产业带，把优势产业和特色产业作为扶持重点。发展壮大了一批地方优势特色产业，由于农业综合开发的大力扶持，各地优势农产品、特色农产品连片成带发展。如安化黑茶、隆回中药材、桃江竹制品、涟源湘中黑牛、武冈脐橙等，带动了农业结构调整，加快了农业产业化步伐。全省农业综合开发致力扶持农业产业化经营，就能促进县域发展，带活经济，致富农民。

案例 3.1： 湖南临武舜华鸭业公司 1999 年成立之初，企业规模较小，缺乏发展资金，困难重重。当年农业综合开发对公司的临武鸭产业化开发项目立项给予扶持，十年间先后 6 次立项，共投入农业综合开发财政资金 3 740 万元。借助农业综合开发的大力扶持，临武鸭养殖规模由 30 万羽发展到 750 万羽，产值由 1 200 万元发展到 4.6 亿元。目前，公司已建成种鸭场 3 个，养殖农场 169 个，现代化加工厂 2 座，带动临武鸭养殖农户 3 260 户、辣椒和油茶种植农户 2.3 万户，成长为中国最大的麻鸭养殖加工企业，成功跻身全国农业产业化龙头企业行列。

(3) 有力促进了农民增收。①农业综合开发通过扶持企业带动农民增收。凡是与农民利益联结机制不紧密的项目一律不予支持，农产品加工龙头企业不能直接从农户采购原料、对农民增收贡献少和位于产业末端的项目也不予扶持。自 1994 年以来，湖南省农业综合开发扶持建成的 810 个农业产业化经营项目，使 100 万农户直接受益。项目区农民年人均纯收入比非项目区高 200 元以上，多的达 600 余元。②一家一户农民许多想办但办不了、办不好的事情，通过农业综合开发得到了解决。中低产田改造后，平均每亩增产粮食 150 千克以上；龙头企业壮大、优势特色产业发展后，带动农民持续增收，项目区受益农民年人均纯收入比非项目区高 200 元以上；③农业综合开发促进了农业增效、农民增收，达到了经济、社会和生态效益的有机统一。

(4) 农业综合开发促进推广科学技术，提高了农民的科技素质。20 年来，湖南省农业综合开发加大科技投入力度，加强对农民的技术培训，在项目区大力推广应用优良品种和先进适用的农业技术。共投入科技示范推广经费近 4.2 亿元，农业技术示范推广面积达 66.33 万公顷，培训农民 465 万人次。同时，利用世界银行贷款2 000万美元，实施了邵阳市优质瓜果种业、涟源市肉牛、正虹生猪、茶陵油茶等一批农业科技项目。通过“点面结合”的科技示范推广措施，较好地促进了项目区种子、种苗、种畜良繁体系建设，加快了农业高新科技成果转化，推动了农业科技进步，提高了项目区科技含量和开发效益。农业综合开发项目区科技推广对农业增长的份额比非项目区高10个百分点。

（5）切实做到了规范管理，促进了管理民主进程。20年来，始终把严格、规范、科学管理放在突出位置，不断健全管理制度，完善管理机制，改进管理模式，提高管理水平。①不断健全规章制度。先后出台了《湖南省农业综合开发条例》、《湖南省农业综合开发项目县分类管理实施意见》、《农业综合开发资金财政报账制实施细则和报账操作规程》等一系列规章制度，有力地推动了农业综合开发工作步入法制化和规范化的轨道。②规范开发县管理。确定了90个国家农业综合开发县和15个地方农业综合开发县，彻底解决了开发县规范管理问题。③规范项目管理和资金管理。在项目管理上，积极推行项目立项和工程建设招投标制度、评审责任制度、工程监理制度、项目和资金公示制度；规范项目实施，严格按照设计组织施工、按照工程进度拨付资金；规范项目验收，严格项目计划批复及规定程序和标准开展农业综合开发项目竣工验收。在资金管理上，积极推行农业综合开发资金财政报账制度，严格实行农业综合开发资金专户储存、专人管理、转账核算、专款专用。充分保障农民群众的参与权、知情权和监督权。一事一议制度切实尊重农民意愿，考虑农民的承受能力，提高农民的民主管理意识和科学管理水平。④加强信息化建设。开发了“湖南省农业综合开发信息管理系统”，对项目建设和资金使用全程监控，提高工作效率，增强工作透明度，主动接受社会监督。

（6）大力加强了队伍建设。以理顺管理体制为重点，以作风建设为突破口，以能力建设为核心，切实加强农业综合开发系统的自身建设。①逐步理顺了全省农业综合开发管理体制。《湖南省农业综合开发条例》规范了农业综合开发机构设置。目前，全省14个市州、103个开发县农开办已全部归口财政管理。②加强队伍培训，提高了干部素质。通过举办培训班、召开现场经验交流会和抽调业务骨干参加专项检查等形式，大力加强农发干部队伍培训，进一步提高了干部队伍素质。同时，广泛宣传先进典型和他们的先进事迹。以“资金安全、项目安全、干部安全”为主线，加强政治思想教育，加强监督检查，不断推进党风廉政建设。③深入基层，搞好调查研究。深入农村、深入群众，认真开展调查研究，取得了一批调研成果。

(7) 加强综合治理，改善了项目区人居环境。农业综合开发坚持实行山水田林路综合治理，促进了田间道路、小型水利设施、防护林、生态林、农村沼气、人畜饮水工程、便民工程、改厨改厕改栏工程建设，建成了一大批田成方、渠成网、树成行、路相通、排灌畅、水源清的农业综合开发项目区，改善了村容村貌和农村人居环境。20年来，营造水土保持林24.2万公顷、发展经济林9.93万公顷，改良草场3.33万公顷。2002—2007年共投入财政资金3 908万元，建设沼气池3.83万口。近年来，每年安排水土保持示范项目财政资金2 500万元左右，治理水土流失面积250平方千米；每年安排林业生态示范项目财政资金1 500万元左右，进行人工造林和封山育林。

20年的实践证明，湖南农业综合开发是推动三湘大地农村生产力发展的有效手段，是实现农村生活宽裕的重要途径，是促进农村乡风文明、村容整洁、管理民主的重要推动力量。

3. 湖南省农业综合开发工作的基本经验。

(1) 领导重视、部门配合是搞好农业综合开发工作的重要保证。各级党委、政府对农业综合开发工作给予了高度重视，把它作为农业和农村工作的重要组成部分来抓，积极为农业综合开发工作创造良好环境。省委、省政府领导经常深入农业综合开发项目区视察，实地了解项目建设情况，并对农业综合开发工作提出新的更高要求。省人大出台了《湖南省农业综合开发条例》，并多次组织委员深入农业综合开发项目区视察指导工作，提出建议和意见。市、县和项目区所在地的党委、政府对农业综合开发的重大事项，协调矛盾，理顺关系，解决实际问题。农业、林业、水利、科技、审计、农发行等有关部门也密切配合、通力合作，给予了大力支持。

（2）明确思路、突出重点是搞好农业综合开发工作的重要前提。主动适应社会主义市场经济发展、公共财政体制建设和农村发展新阶段的要求，不断调整工作思路，突出开发重点。认真贯彻落实中央提出的农业综合开发“两个转变”、“两个着力、两个提高”的指导思想，把“改田、增产、增收”作为农业综合开发的根本任务和工作目标，做到了立足资源搞开发，面向市场搞开发，讲求效益搞开发，注重示范搞开发。在开发重点上，做到了“三个突出”：突出粮食主产区建设，突出中低产田改造，突出产业化龙头项目建设。

（3）整合资金、规模开发是提高农业综合开发效益的重要举措。农业综合开发的一个鲜明特点是“综合、整合、结合”。整合资金、规模开发的推行，达到了集中资金办大事、形成规模出效益的目的。农业综合开发是一个天然的支农资金整合的平台和载体。而且在实践中越来越推广这种以农业综合开发为载体的支农资金整合模式。

（4）“严”字当头、奖惩结合，是搞好农业综合开发工作的重要抓手。①项目管理严。按照申报、评估、选项、审批、实施、验收、管护的程序管理。坚持公开立项条件、公开申报项目、专家独立评审、竞争择优立项，并实行专家评审责任制；强调资金跟着项目走，项目按照计划建；严格项目竣工验收；加强对工程建后的管护。②资金管理严。实行县级财政报账制，坚持“三专”制度。③违规处罚严。对项目和资金管理中的违纪违规行为要进行严厉处罚，造成工作损失和恶劣影响的要视情节暂停直至取消开发县资格。

（5）大胆探索、创新机制是提升农业综合开发水平的重要途径。①建立开发县动态管理机制。按照“总量控制、适时退出、等量补充、公平竞争、规范有序”的原则，定期对农业综合开发绩效进行考核，根据测算和考核结果对开发县进行调整，形成了一种良性竞争机制。②创新项目运作模式和扶持农民方式。探索出了“公司＋技术服务站＋农户”、“公司＋农民合作经济组织＋农户”、“科研单位＋公司＋农户”等新的项目运作模式。③创新施工工艺和质量监管机制。摸索、总结并推广了渠道防渗清水现浇工艺和卡式压顶工艺；总结并推行了农业综合开发部门、专业监理公司、项目区乡镇干部、项目区群众代表四方参与监督的“四位一体”工程监理机制；在年度项目竣工验收时引入群众评判机制。④创新资金管理方式。1997 年在全国率先实行农业综合开发资金县级报账制度；率先全面推行农业综合开发资金财政报账制度。

（三）启示与借鉴

1. 农业综合开发功不可没。20 年来，始终把多产粮、多产优质粮，保障国家粮食安全，作为农业和农村工作的首要任务牢牢抓住不放。在国家大力支持下，多管齐下，多措并举，多策配合，搞好农业综合开发，夯实农业基础，着力打造粮食安全工程。在巩固基础，提高效益，创新机制上狠下功夫，投入越来越多，开发规模越来越大，效益越来越好，在农业和农村经济发展中的作用越来越突出。农业综合开发历程充分证明，农业综合开发已成为政府支持和保护农业的一种有效手段，已成为发展农业、繁荣农村、富裕农民的一项重大措施，已成为提高农业生产能力、促进农业现代化的一个重要途径。大量的事实证明，农业综合开发在湖南，已经成为全省农业基础设施建设的主战场，已经成为了全省农业结构调整和产业化建设的先行者，成为了推动项目区农业现代化的生力军。农业综合开发对全省农业和农村经济的发展，起到了重要的导向、辐射、示范和推动作用，为富裕农民做出了重要贡献。

2. 农业综合开发的指导思想与时俱进。从农业综合开发的历程来看：①农业综合开发政策体系经历了从单一政策向多元政策体系的转变，其政策体系的目标、职能、内容和手段日益呈现多元化、科学化。政策工具由过去以财政直接投资为主导，演变为投资、补贴、贴息，参股，捆绑贷款，引进外资和农民自筹资金及投工投劳等多元政策工具。②政策内容演变趋于丰富化、协调化。以完善家庭承包责任制为基点，体现农业保护原则，服务于农业结构战略性调整，以农业支持为主要特征。③开发内容变迁。建设内容由单一到多样，层次不断提高。从 1988 年开始，农业综合开发致力于改造农业基础设施建设和基本生产条件改善。从 1994 年开始扩大到农业产业结构战略性调整和农民增收范围。从 1999 年开始，再次扩大到科技示范和科技扶农的范围内。2000 年将改善农业生态环境作为重要的开发内容。④农业综合开发范围变迁的基本走向是由重点区域开发演变为全面开发。⑤开发模式变迁：从单一政府组织连片开发发展到多种模式共生发展的局面。⑥资金投入由少到多，逐步增加。

农业综合开发的演变是与时俱进的：①伴随着改革开放，农业综合开发始终坚持指导思想和工作思路的与时俱进，将开发目标紧扣农业农村经济发展的需要。从 1990—1998 年这八年间，农业和农村经济仍然表现为“短缺”的特征，全国性的粮棉油肉糖等主要农产品社会供给不足。因此，该时期的农业综合开发坚持以“改田改土、增粮增收”为目标，重点进行大面积的中低产田改造。②1998 年以后，农业和农村经济发展进入了崭新的阶段，主要农产品实现了由长期短缺到总量基本平衡、丰年有余的历史性转变（表 3.1）。③2004 年以来，深入贯彻落实科学发展观，提出了建设社会主义新农村的重大历史任务。农业综合开发围绕新农村建设的目标和要求，继续坚持“两个着力、两个提高”的指导思想，改善农业基础设施，推进农业结构调整，发展优势农产品，努力为新农村建设、发展现代农业、促进城乡统筹提供强有力的产业支撑。切实做到“两个聚焦”：资金安排要向高标准农田建设聚焦；项目布局要向粮食主产区聚焦。使农业综合开发步入了新的发展阶段。上述演变表明无论如何演变，农业综合开发投资于农业公共领域的方向始终没有变农业综合开发投资的基本性质是农业公共财政，基本对象是农业公共产品，投资重点也是农业公共领域。

3. 农业综合开发宗旨明确，重点突出。农业综合开发工作要始终把推进现代农业发展、带动农民增收作为全部工作的出发点和落脚点。坚定不移地以加强农业基础设施建设，提高农业综合生产能力为基本任务和立足之本。20 年来，在保障粮食安全方面，农业综合开发做到了“三个始终坚持”：始终坚持建设高标准农田，即藏粮于田。始终坚持加强粮食主产区生产能力建设，即藏粮于主产区。始终坚持调动种粮农民的积极性。在发展产业化经营方面，农业综合开发始终抓住了“三个关键环节”：围绕优势特色主导产业发展的需要搞开发；不断创新支持产业化龙头企业的扶持方式；大力扶持农民专业合作组织。

4. 农业综合开发的动因分析。当前，我国正处在全面建设小康社会、积极发展现代农业、扎实推进新农村建设的重要时期。农业农村正在发生前所未有的深刻变革：即农业多种功能开始日益凸显，农业生产经营方式明显转变，农村经济结构深入调整，农村社会结构快速变动，农民思想观念深刻变化。新时期农业综合开发日益体现综合、全面、协调，质量、结构、效益相统一，社会、经济、生态相结合的时代要求。只有适应农业农村经济发展新形势、新任务、新要求，及时研究解决新情况、新问题、新矛盾，不断调整工作思路，深入推进农业综合开发的理论、制度和科技创新，才能取得农业综合开发事业的不断进步。

农业综合开发的直接原因是国家粮食战略安全。人口、资源和环境的巨大压力是长期动因。与时俱进、不断创新是推动农业综合开发全面发展的基本动力和根本出路。

表 3.1　在不同阶段对农业综合开发的思想和工作重点

时间	会议	会议与文件精神	思想和工作重点
1998年	农业综合开发第一次联席会议	在增加农产品产量的基础上，不断提高农产品的质量，提高产出率，引导农民调整和优化农业和农村经济结构，发展高产优质高效农业	重视优化农业和农村经济结构从增产为目标转到将增产增收结合起来
1999年	农业综合开发第二次联席会议	由以改造中低产田和开垦宜农荒地相结合，转到以改造中低产田为主，尽量少开荒甚至不开荒；由以增加农产品产量为主，转到积极调整结构，依靠科技进步，发展高产优质高效农业上来	坚持两个转变；坚持改造中低产田；突出优质粮食基地，优质饲料粮基地、节水农业和坡改梯四个重点；加强农业科技进步和科学管理“两项保障”
2001年	农业综合开发第四次联席会议	着力加强农业基础建设和生态环境建设，提高农业综合生产能力；着力推进农业和农村经济结构的战略性调整，提高农业综合效益，增加农民收入	坚持两个着力、两个提高；以农业主产区为重点，推出了结构调整重点项目，推动了一批特色农产品基地的建设

5. 农业综合开发资金投资趋势。资金供给上不稳定性到稳定性方向发展。在投资方向和目标上，从单纯追求提高主要农产品产量发展为全面提高农业综合生产能力和增加农民收入。主要农产品产量为目标，把农业增产和农民增收结合起来，把提高农业综合生产能力与保护生态环境有机结合起来。投入比例上因地制宜区别对待。投入方式多元化。

6. 在农业综合开发实践中，积累了很多宝贵经验。概括起来是“五个坚持”：坚持“两个着力、两个提高”的指导思想；

坚持多元化的投入机制；坚持综合性的开发方式；坚持严格的资金和项目管理制度；坚持推进体制机制的创新。以上这些经验，是我国农业综合开发实践的伟大创造和群众智慧的结晶，也是今后农业综合开发工作必须遵循的基本准则。

二、湖南省农业综合开发投资结构与功能演变

近年来，为了解决“三农”问题和发展现代农业，国家加大了农业投入，尤其是加大了财政支农力度。而国家农业投入的加大和农业政策的调整，必然伴随着农业投入结构的调整，尤其是财政支农的投入结构的调整，因此，作为财政支农的一支重要力量的农业综合开发投资结构也将随之调整。基于此，本文对湖南省农业综合开发开发投资状况和投资结构进行定量地分析，然后，根据农业综合开发投资结构的变动趋势来推演和定位农业综合开发功能。

（一）湖南省农业综合开发投资的总体状况

从 1989—2007 年，湖南省农业综合开发投资累计 136.17 亿元（表 3.2）。1989 年，土地治理项目首次在湖南省设立，截止 2007 年，土地治理项目总投入 76.70 亿元；1995 年，湖南省农业综合开发项目又增设产业化经营项目，截止 2007 年，产业化经营项目总投入 51.94 亿元；1999 年从原土地治理项目措施中的科技推广措施单独列出，形成了农业综合开发的第三类项目，即科技示范项目，但 2004 年起，国家农业综合开发项目分为土地治理项目和产业化经营项目，不再单独设立科技示范项目，因此，1999—2005 年科技示范项目总投入 0.98 亿元；截至 2007 年，湖南省农业综合开发利用外资项目和国家部门项目投资累计 6.55 亿元（表 3.3、表 3.4、表 3.5 和表 3.6）。

1. 湖南省农业综合开发总投资呈上升趋势，财政投资呈平稳增长的趋势。湖南省农业综合开发总投资和财政投资的变化基

表 3.2　湖南省农业综合开发投资总体变化趋势

单位：万元

年份	总投资合计	财政投资合计	中央财政资金	地方财政配套资金	银行贷款	自筹资金
1989	22 412.30	12 000.00	6 000.00	6 000.00	6 000.00	4 412.30
1990	22 392.80	10 521.50	6 000.00	4 521.50	5 273.20	6 598.10
1991	24 085.39	13 609.11	6 000.00	7 609.11	6 346.29	4 129.99
1992	20 401.00	12 000.00	6 000.00	6 000.00	3 872.00	4 529.00
1993	21 888.34	12 000.00	6 000.00	6 000.00	5 769.30	4 119.04
1994	29 250.06	13 149.70	6 500.00	6 649.70	7 912.14	8 188.22
1995	31 809.60	21 571.00	8 270.00	13 301.00	2 581.10	7 657.50
1996	50 770.30	21 989.00	11 090.00	10 899.00	12 867.60	15 913.70
1997	50 007.00	25 810.00	12 457.00	13 353.00	9 932.20	14 264.80
1998	67 778.60	37 561.00	20 688.00	16 873.00	11 325.00	18 892.60
1999	79 825.00	42 155.00	19 409.00	22 746.00	18 100.00	19 570.00

（续）

年份	总投资合计	财政投资合计	中央财政资金	地方财政配套资金	银行贷款	自筹资金
2000	69 061.34	49 738.00	27 097.00	22 641.00	6 626.00	12 697.34
2001	76 003.12	54 694.00	29 997.00	24 697.00	7 430.00	13 879.12
2002	88 896.95	59 081.00	31 397.00	27 684.00	8 314.00	21 501.95
2003	105 905.98	63 077.30	36 936.50	26 140.80	16 079.20	26 749.48
2004	113 811.77	66 643.90	44 668.00	21 975.90	10 238.00	36 929.87
2005	128 825.62	68 063.00	45 580.00	22 483.00	14 350.00	46 412.62
2006	181 582.60	79 326.92	51 435.76	27 891.16	30 609.38	71 646.30
2007	176 906.49	84 584.41	57 198.66	27 385.75	19 562.70	72 759.38
合计	1 361 614.26	747 574.84	432 723.92	314 850.92	203 188.11	410 851.31

数据来源：《国家农业综合开发统计摘要（1988—2002）》、《中国农业综合开发年鉴（1988—2003）》、2004—2008 年《中国农业综合开发年鉴》。另外，本表中各指标的统计数据均为由地方组织实施的农业综合开发土地治理项目、产业化经营项目、科技示范项目和农业综合开发利用外资项目以及由中央农口有关部门组织实施的农业综合开发项目统计数据的合计数。

本同步：都呈上升的趋势（表 3.2 和图 3.2）。

（1）湖南省农业综合开发总投资变化趋势呈波动性（图 3.2）。具体如下：①1989—2000 年。湖南省农业综合开发总投资逐年增加（除 1990 年和 1992 年外），到 1996 年达到峰点，1997 有所下降。由于 1985 年后，粮食生产出现徘徊，湖南省农业综合开发投资主要投向改造中低产田，开垦宜农荒地的土地治理项目，以改善农业基本生产条件，提高农业综合生产能力，实现粮食增产。1996 年国家鉴于粮食安全的考虑，加大了基础设施建设和科技兴农投入，实现粮食增产。作为粮食大省的湖南，其农业综合开发也随之上升。由于 1998 年长江流域重大洪灾，国家加大了生态环境建设的投资力度，以及 1999 年是国家通过农村基础设施建设拉动内需力度较大的一年。农业综合开发投资继续上扬。②2001—2007 年。农业综合开发进入了新的发展阶段。继续加强农业基础设施，支持和促进农业结构的调整，积极推动农业科技进步，保护和改善生态环境，实现"两个转变"。2006 年湖南省农业综合开发总投资 181 582.60 万元，达到历史最高水平。

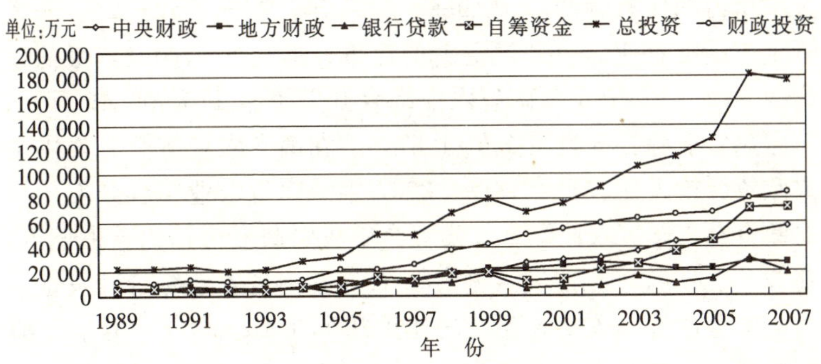

图 3.2　湖南省农业综合开发投资变化趋势

（2）财政投资呈现较平稳增长的趋势（图 3.2）。湖南省农业综合开发总投资和财政投资的变化基本同步，这说明了农业综合开发财政投资对农业投入发挥了引导作用，即引导银行贷款和农民自筹资金等社会资本对农业的投入，提高农业综合生产能力，确保粮食安全。

2. 相对而言，湖南省农业综合开发资金投入却不尽如人意。农业是弱质产业，是国家投资和保护的重点产业。“三农”属于公共财政的范围，需要公共财政投资来实现提高农业综合生产能力，保证国家粮食安全。目前，国家财政对农业综合开发的投资是很有限的。湖南省农业综合开发投入力度仍然不足，财政投资供给总量少。

（1）湖南财政支持农业资金投入总量相对少。湖南省财政支农资金占国家财政支农资金的比重明显偏低，但有增长的趋势。1989—2006 年湖南省财政支农资金占国家财政支农资金的比重在 1.75%～3.17%之间，但 2007 年其达到了 6.49%。从自身看，湖南省财政用于农业支出比较少。1989—2007 年湖南省财政支农支出占省财政总支出的比重基本上都在 10%以下，仅 1990 年、2004 年和 2007 年超过 10%。

（2）湖南省农业综合开发资金偏低。在国家农业综合开发资金中所占的比重偏低。从 1989—2007 年，湖南省农业综合开发资金占国家农业综合开发资金的比重，最高达 6.44%，最低仅为 3.04%，2007 年湖南省农业综合开发资金 176 906.49 万元，占国家农业综合开发资金的 4.87%。湖南省农业综合开发中央财政资金投入比较低。1989—2007 年湖南省农业综合开发中央财政资金占国家农业综合开发资金中央财政资金的比重也偏低，在 3.52%～5.95%之间（见表 3.3）。湖南省农业综合开发地方财政资金占省财政支农支出的比重几乎在 10%以下，且有下降的趋势。2007 年其比重仅为 1.24%（表 3.3）。

（二）湖南省农业综合开发投资结构

1. 湖南省农业综合开发投资来源结构。在农业综合开发资金的投入上，湖南省主要由中央财政、地方财政、银行贷款、农民自筹四大投资主体构成（表 3.3、表 3.4、图 3.2 和图 3.3）。1989 年，上述四类资金的比重分别为 26.77%、26.77%、26.77%、19.69%，到 2007 年，则为 32.33%、15.48%、11.06%、41.13%。

表 3.3　湖南省农业综合开发财政投资在财政支出中所占比重

单位：%

年份	湖南农业综合开发资金占国家农业综合开发资金的比重	湖南省财政支农资金占国家财政支农资金的比重	湖南农业综合开发中央财政资金占国家财政农业综合开发资金的比重	湖南财政支农支出占财政总支出的比重	湖南农业综合开发地方财政资金占省财政支农的比重
1989	6.44	2.60	5.95	9.31	8.68
1990	4.52	2.65	4.27	10.20	5.53
1991	4.25	2.53	3.93	9.95	8.64
1992	3.28	2.62	3.80	9.95	6.09
1993	3.04	2.93	3.29	9.76	4.65
1994	4.28	2.58	3.57	9.07	4.84
1995	3.65	2.83	3.52	9.35	8.18
1996	4.24	2.72	3.63	8.75	5.72
1997	3.87	2.63	4.25	8.73	6.63
1998	4.13	1.92	4.91	8.10	7.61
1999	4.23	2.09	4.11	7.24	10.04
2000	3.50	1.80	4.00	6.37	10.22
2001	3.68	1.75	4.23	5.92	9.67
2002	3.74	2.57	4.12	7.62	6.82
2003	4.45	2.06	4.26	6.31	7.22
2004	4.43	3.17	5.22	10.30	2.96
2005	4.20	2.93	4.48	8.23	3.13
2006	5.39	2.66	4.68	7.92	3.31
2007	4.87	6.49	4.72	16.28	1.24

数据来源：由 2008 年《湖南统计年鉴》和 2008 年《中国财政年鉴》中的数据计算而来。

（1）从总体变化情况上看，中央财政投资稳定增长，地方财政投资和银行贷款呈下降趋势，同时，农民自筹资金的投入比重持续增长。1989—2004 年中央财政投资基本上占据主体地位，但 2005 以来，农民自筹资金处于主体地位。

（2）从各种资金投入的增长幅度看，1989 年湖南省农业综合开发资金投入总额为 22 412.302.24 万元，到 2007 年达到 176 906.49 万元，年均增长 12.16%。其中：中央财政资金由 6 000.00 万元增加到 57 198.66 万元，年均增长 13.34%；地方财政配套资金由 6 000.00 万元增加到 27 385.75 万元，年均增长 8.80%；银行贷款资金由 6 000.00 万元增加到 19 562.70 万元，年均增长 6.79%；农民自筹资金由 4 412.30 万元增加到 72 759.38 万元，年均增长 16.85%，为涨幅之最。

（3）从财政投资比重变化看，财政投资占总投资的比重变化分为两个阶段（表 4.3 和图 4.2）：①1989—2005 年阶段。湖南省农业综合开发投资是以政府公共投资为主的，财政资金投入的比重，除个别年份外，一般都在 50%以上，尤其是 2000、2001 年分别达到了 72.02%和 71.96%。②从 2005 年以后，湖南省农业综合开发财政资金投入的比重在 50%以下。2006 年和 2007 年该比重分别为 43.69%和 47.8%。

（4）从中央、地方财政投资变化看，1991 年、1995 年、1997 年和 1999 年地方财政的投入占农业综合开发投入总量的比重超过中央财政资金；因为 1998 年的重大洪水灾害的影响，地方财政加大了对农业综合开发投资，以致 1998—2000 年地方财政投资比重处于上升阶段；2000 年之后又开始大幅度下降，且与中央财政资金差距逐渐拉大。

（5）财政资金和银行贷款与自筹资金具有互补性。财政资金高的时候，银行贷款与自筹资金就低，存在“剪刀差”形状。农民自筹资金在 1997—2000 年有一次大幅度的滑坡，之后开始逐步回升，一是因为 1998 年的重大洪水灾害的影响。也反应了农民投入农业综合开发的信心不足。银行贷款的资金始终处于低水平投入的状态，自1998年农业综合开发的贷款业务由农业发展银行划归农业银行之后，资金投入的比例更是大幅度下降，甚至到2004年，只占9.0%。湖南省农业综合开发投资在公共财政投资的驱动和引导下，自筹资金和银行贷款的变动趋势是反向的（图3.3）。由于配套政策造成当总投资量确定之后，贷款波动引起自筹资金的变化，自筹资金低，专项贷款的比重就高。这说明自筹资金和专项贷款之间在资金配套上是相互替代的。

从以上投资结构变动可以说明：①湖南省农业综合开发投资是以财政资金为主要资金来源的，农民自筹的投入紧随其后，甚至成为农业综合开发的主体。②农业综合开发投资的外部性，需要公共财政来投资来提高全国或区域农业产业竞争力和农业综合生产能力保证国家粮食战略安全、促进农业增产农民持续增收、加快农村可持续发展。③中央财政资金投入充分发挥了国家投入的导向、聚合作用，使国家有限的投入成为推动集体、农民自我投入的一个有力杠杆，吸引信贷资金及其他社会闲散资金的一个有效载体，形成“国家和地方财政共同引导、社会多方参与、多要素投入、综合使用、良性运行、持续开发”的投资格局。

表3.4 湖南省农业综合开发投资结构变化趋势

单位：%

年份	比重	财政投资比重	银行贷款＋自筹资金比重	中央财政资金比重	地方财政配套资金比重	银行贷款比重	自筹资金比重
1989	100.00	53.54	46.46	26.77	26.77	26.77	19.69
1990	100.00	46.99	53.01	26.79	20.19	23.55	29.47
1991	100.00	56.50	43.50	24.91	31.59	26.35	17.15
1992	100.00	58.82	41.18	29.41	29.41	18.98	22.20
1993	100.00	54.82	45.18	27.41	27.41	26.36	18.82
1994	100.00	44.96	55.04	22.22	22.73	27.05	27.99

（续）

年份	比重	财政投资比重	银行贷款＋自筹资金比重	中央财政资金比重	地方财政配套资金比重	银行贷款比重	自筹资金比重
1995	100.00	67.81	32.19	26.00	41.81	8.11	24.07
1996	100.00	43.31	56.69	21.84	21.47	25.34	31.34
1997	100.00	51.61	48.39	24.91	26.70	19.86	28.53
1998	100.00	55.42	44.58	30.52	24.89	16.71	27.87
1999	100.00	52.81	47.19	24.31	28.49	22.67	24.52
2000	100.00	72.02	27.98	39.24	32.78	9.59	18.39
2001	100.00	71.96	28.04	39.47	32.49	9.78	18.26
2002	100.00	66.46	33.54	35.32	31.14	9.35	24.19
2003	100.00	59.56	40.44	34.88	24.68	15.18	25.26
2004	100.00	58.56	41.44	39.25	19.31	9.00	32.45
2005	100.00	52.83	47.17	35.38	17.45	11.14	36.03
2006	100.00	43.69	56.31	28.33	15.36	16.86	39.46
2007	100.00	47.81	52.19	32.33	15.48	11.06	41.13

数据来源：由表 3.2 中的数据计算而来。

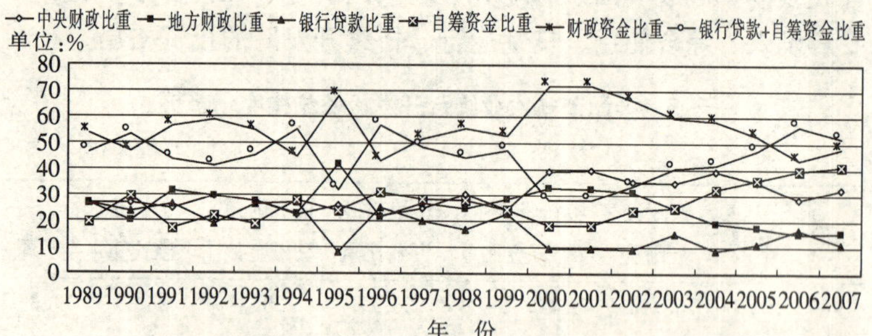

图 3.3 湖南省农业综合开发投资结构变化趋势

2. 湖南省农业综合开发资金投向结构。湖南省农业综合开发资金投向土地治理项目、产业化经营项目、科技示范项目（2004 起国家不在单独设立）、外资项目和国家部门项目。由于

表 3.5 湖南省农业综合开发分项目投资方向变化趋势

单位：%，万元

年份	合计		土地治理项目		产业化经营项目		科技示范项目	
	占比重	总投资金额	占比重	投资金额	占比重	投资金额	占比重	投资金额
1995	100.00	29 503.80	71.82	21 190.80	28.18	8 313.00	—	—
1996	100.00	53 895.18	63.31	34 122.73	36.69	19 772.45	—	—
1997	100.00	50 149.50	86.70	43 481.00	13.30	6 668.50	—	—
1998	100.00	62 594.70	64.29	40 241.70	35.71	22 353.00	—	—
1999	100.00	77 075.00	61.66	47 525.00	37.56	28 950.00	0.78	600.00
2000	100.00	61 694.98	60.32	37 214.28	38.87	23 980.70	0.81	500.00
2001	100.00	76 993.48	63.04	48 535.48	36.23	27 898.00	0.73	560.00
2002	100.00	86 543.62	57.94	50 139.22	40.51	35 058.00	1.56	1 346.40
2003	100.00	103 066.23	52.87	54 491.03	43.96	45 308.20	3.17	3 267.00
2004	100.00	101 865.65	56.89	57 956.25	41.61	42 382.40	1.50	1 527.00
2005	100.00	120 886.86	52.85	63 886.81	45.52	55 030.05	1.63	1 970.00
2006	100.00	168 347.27	37.31	62 816.12	62.69	105 531.15	—	—
2007	100.00	165 066.22	40.55	66 935.45	59.45	98 130.77	—	—
合计	100.00	1 296 161.01	59.18	767 014.39	40.07	519 376.22	0.75	9 770.40

数据来源：《国家农业综合开发统计摘要（1988—2002)》、《中国农业综合开发年鉴（1988—2003)》、2004—2008 年《中国农业综合开发年鉴》。注：①农业综合开发外资项目、由国家部门组织实施的农业综合开发项目，本表中未作统计。②湖南省农业综合开发分项目的比重是由本表中相关数据计算而来的。

外资项目和国家部门项目规模小，数据获取性较差，因此，本文主要是以土地治理项目、产业化经营项目和科技示范项目比较分析湖南省农业综合开发投资方向的变化趋势。

（1）从湖南省农业综合开发投资目标来看：其投资方向经历了从粮食增产到增产增收并重的调整（表 3.5、图 3.4）：①粮食增产阶段（1989—1994 年）。湖南省农业综合开发投资全部投向土地治理项目的建设上，主要包括改造中低产田、开垦宜农荒地和草原（场）建设，改善农业基本生产条件，着力提高粮、棉、油等主要农产品的综合生产能力，实现粮食增产。②农业增产与农民增收阶段（1995 至今）。随着农产品生产能力大幅度提高，但农民收入开始下降，低质农产品的大量生产造成增产不增收现象；农业面临入世挑战、科技贡献水平不高；以及大面积开荒造成新的水土流失。当时，湖南省农业综合开发拓展了投入领域，发展多种经营项目，把农业增产与农民增收有机结合起来。并且 1999—2005 年将原土地治理项目措施中的科技推广措施单独列出，形成了科技示范项目。

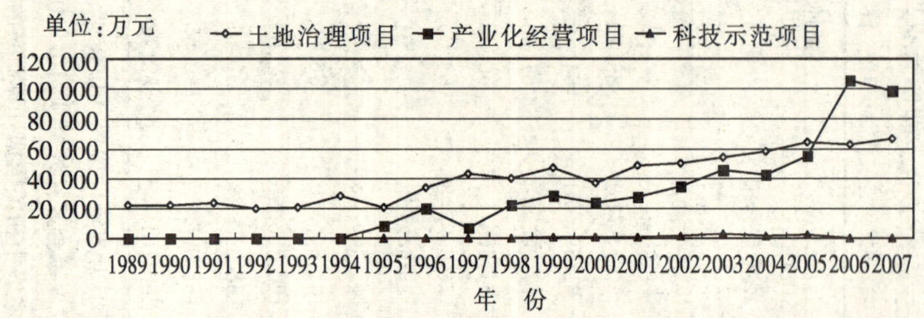

图 3.4　湖南省农业综合开发分项目投资方向变化趋势

（2）从总体投向结构比重来看（表 3.5 和图 3.5），湖南省农业综合开发的投资方向分为两个阶段：①1989—2005 年阶段。资金投向以土地治理项目为主，比重超过了 50%，重点加大对农业基础设施的建设，突出中低产田改造上，在多种经营项目和科技示范项目投入不足。②2006—2007 年阶段。资金主要投向产业化经营项目，比重基本超过了60%，以加快农业产业化的步伐，实现“两个转变”。

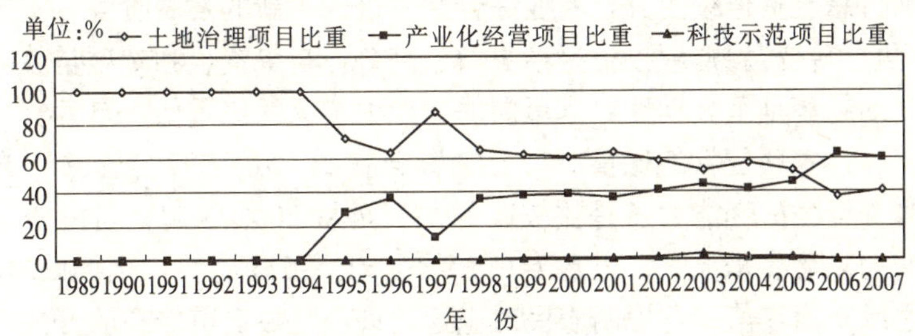

图3.5　湖南省农业综合开发分项目投资方向变化趋势

（3）湖南省农业综合开发项目类型的投资变化趋势。本文重点分析土地治理项目和产业化经营项目来阐述湖南省农业综合开发投资方向的变化趋势。①湖南省土地治理项目投资变化趋势。湖南省土地治理项目投资来源中，财政投资是土地治理项目投资的主要来源（图3.6）。财政投资所占比重一般都在50%左右，1997年以后所占比例几乎都超过60%。2000年以后财政投资所占比例在80%左右。这说明土地治理项目主要任务是改造中低产田和农业基础设施建设，其外部性非常明显。湖南省土地治理项目总投资变化趋势呈波动性（表3.6和图3.7）。1989—1992年阶段：1990年国家出于粮食安全的考虑，加大了中低产田的改造力度和农田基本建设的投资力度，所以在1991年湖南省农业综合开发中总投资有一个明显的增加。1993—1995年阶段：1994年基本上理顺了在市场经济条件下农业综合开发投资关系和渠道，改变了1992年确立市场化改革取向后农业投入不足、农业综合开发财政投资徘徊的局面，总投资额为28 624.49万元，所以，1994年表现为峰值点。1996—2000年阶段：1999年是通过农村基础设施建设拉动内需力度较大的一年，当年土地治理项目总投资达到47 525.00万元，达到了历史较高水平。1998年尽管国家公共财政加大了农业基础建设的投资力度，但由于

1997年亚洲金融危机的影响，银行贷款和自筹资金却减少，所以1998年土地治理项目总投资有所下降。2001以来，土地治理项目总投资连续上升，农业综合开发进入了新的发展阶段，实现“两个转变”。财政投资呈稳步增长趋势。自筹资金和专项贷款的变动趋势是呈波动性，且反向的，专项贷款的比重低，自筹资金就高；专项贷款的比重高，自筹资金就低。从1994年至今，自筹资金的配套能力还是比较高的，甚至从2000年起，自筹资金变动趋势稳步上升，以致专项贷款变动呈下降趋势，到2000年之后降为零值。这说明农民对土地治理项目投资有较高的开发积极性，也乐于改善农业生产条件，提高农业综合生产能力，实现粮食增产。以上这些变化说明土地治理项目投资结构的变动与国家公共政策有关，盈利性银行对该项目没有兴趣和吸引力。②湖南省产业化经营项目投资变化趋势。湖南省产业化经营项目投资来源中，财政投资占总投资的比重呈倒U型结构（见图3.9），2001年达到峰值点。自筹资金与专项贷款是产业化经营项目投资的主要来源，除2001外，所占比重均在50%以上。这说明国家用少量的引导性资金，对一些处于当地技术较为领先又尚缺资金的产业化经营项目进行重点扶持，以此来促进农业产业结构的调整和农村经济的发展。湖南省产业化经营总投资稳步上升；而财政投资在总量上比较平稳，呈缓慢上升趋势（表3.7和图3.8），这能反映出财政资金的量少、起引导性作用。自筹资金和专项贷款的变动规律与湖南省农业综合开发投资总体变化趋势、土地治理投资变化趋势中所反映出的变化规律是一致的：自筹资金和专项贷款的变动趋势是反向的，专项贷款的比重低，自筹资金就高；专项贷款的比重高，自筹资金就低。这也说明在目前的农业综合开发投资体制中自筹资金和专项贷款的融资方式的替代性很强，不利于农业综合开发项目的有效融资。

总之，1989—2007年湖南省农业综合开发中央地方财政资

表 3.6　湖南省土地治理项目投资变化趋势

单位：%，万元

年份	总投资		财政投资		银行贷款		自筹资金	
	比重	合计金额	比重	金额	比重	金额	比重	金额
1989	100.00	22 412.30	53.54	12 000.00	26.77	6 000.00	19.69	4 412.30
1990	100.00	22 392.80	46.99	10 521.50	23.55	5 273.20	29.47	6 598.10
1991	100.00	24 085.39	56.50	13 609.11	26.35	6 346.29	17.15	4 129.99
1992	100.00	19 743.10	60.78	12 000.00	19.61	3 872.00	19.61	3 871.10
1993	100.00	21 220.44	56.55	12 000.00	27.19	5 769.30	16.26	3 451.14
1994	100.00	28 624.49	45.94	13 149.70	27.64	7 912.14	26.42	7 562.65
1995	100.00	21 190.80	72.63	15 391.30	—	—	27.37	5 799.50
1996	100.00	34 122.73	55.37	18 894.70	15.11	5 154.60	29.52	10 073.43
1997	100.00	43 481.00	54.61	23 746.00	15.61	6 787.20	29.78	12 947.80
1998	100.00	40 241.70	61.17	24 614.10	18.19	7 321.00	20.64	8 306.60
1999	100.00	47 525.00	59.24	28 155.00	11.43	5 430.00	29.33	13 940.00
2000	100.00	37 214.28	79.86	29 721.04	—	—	20.14	7 493.24

（续）

年份	总投资		财政投资		银行贷款		自筹资金	
	比重	合计金额	比重	金额	比重	金额	比重	金额
2001	100.00	48 535.48	81.78	39 693.96	—	—	18.22	8 841.52
2002	100.00	50 139.22	77.93	39 072.67	—	—	22.07	11 066.55
2003	100.00	54 491.03	77.65	32 312.72	—	—	22.35	12 178.38
2004	100.00	57 956.25	67.08	38 878.78	—	—	32.92	19 077.47
2005	100.00	63 886.81	68.05	43 475.29	—	—	31.95	20 411.52
2006	100.00	62 816.12	71.83	45 122.49	—	—	28.17	17 693.63
2007	100.00	66 935.45	71.73	48 013.71	—	—	28.27	18 921.74
合计	100.00	767 014.39	66.54	510 372.06	7.81	59 865.73	25.65	196 776.60

数据来源：《国家农业综合开发统计摘要（1988—2002）》、《中国农业综合开发年鉴（1988—2003）》、2004—2008 年《中国农业综合开发年鉴》。

注：①农业综合开发外资项目、由国家部门组织实施的农业综合开发项目，本表中未作统计。

②各比重是由本表中相关数据计算而来的。

金 74.15%用于土地治理项目，25.02%用于产业化经营项目，0.83%用于科技示范项目；专项贷款 29.22 用于土地治理项目，69.61%用于多种经营项目，1.17%用于科技示范项目。这些说明了湖南省农业综合开发投资方向与国家农业综合开发办公室出台的投资政策规定有一定的偏差，专项贷款用于土地治理项目的资金明显超出，而用于产业化经营项目的资金明显投入不足。湖南省产业化经营项目与同期土地治理项目相比，在投资总量和财政投资上前者一般低于后者，这也体现出产业化经营项目投资的引导性；但是，由于产业化经营项目效益明显，在资金自筹和贷款方面具有比较优势，二者之和在总量上超过财政投资。

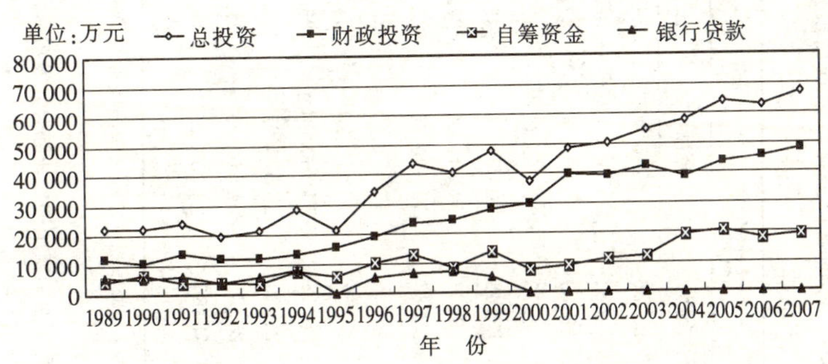

图 3.6　湖南省土地治理项目投资变化趋势

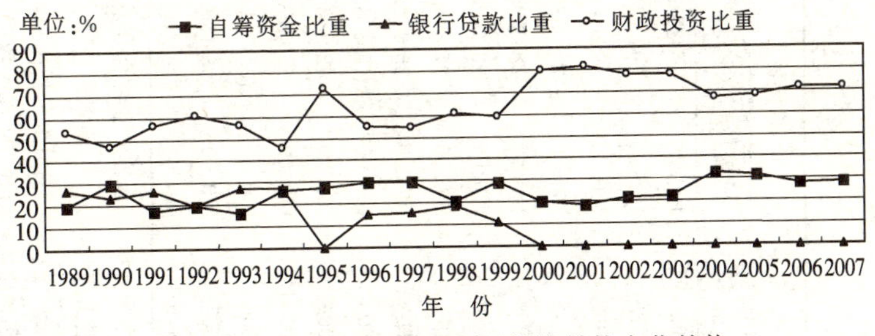

图 3.7　湖南省土地治理项目投资结构变化趋势

表 3.7　湖南省产业化经营项目投资变化趋势

单位：万元

年份	总投资		财政投资		银行贷款		自筹资金	
	比重	金额合计	比重	金额	比重	金额	比重	金额
1995	100.00	8 313.00	25.86	2 150.00	51.79	4 305.00	22.35	1 858.00
1996	100.00	19 772.45	27.82	5 500.30	39.01	7 713.00	33.17	6 559.15
1997	100.00	6 668.50	33.09	2 206.50	47.16	3 145.00	19.75	1 317.00
1998	100.00	22 353.00	34.73	7 763.00	17.91	4 004.00	47.36	10 586.00
1999	100.00	28 950.00	37.48	10 850.00	43.77	12 670.00	18.76	5 430.00
2000	100.00	23 980.70	49.39	11 844.60	27.63	6 626.00	22.98	5 510.10
2001	100.00	27 898.00	55.67	15 530.40	26.63	7 430.00	17.70	4 937.60
2002	100.00	35 058.00	48.38	16 961.60	22.57	7 914.00	29.04	10 182.40
2003	100.00	45 308.20	35.56	16 112.90	33.28	15 079.20	31.16	14 116.10
2004	100.00	42 382.40	35.13	14 890.00	23.21	9 838.00	41.66	17 654.40
2005	100.00	55 030.05	28.30	15 572.95	24.99	13 750.00	46.71	25 707.10
2006	100.00	105 531.15	23.26	24 544.95	29.01	30 609.38	47.74	50 376.82
2007	100.00	98 130.77	28.85	28 306.28	19.94	19 562.70	51.22	50 261.79
合计	100.00	519 376.22	33.16	172 233.48	27.46	142 646.28	39.37	204 496.46

数据来源：《国家农业综合开发统计摘要（1988—2002）》、《中国农业综合开发年鉴（1988—2003）》、2004—2008 年《中国农业综合开发年鉴》。

注：①农业综合开发外资项目、由国家部门组织实施的农业综合开发项目，本表中未作统计。

②各比重是由本表中相关数据计算而来的。

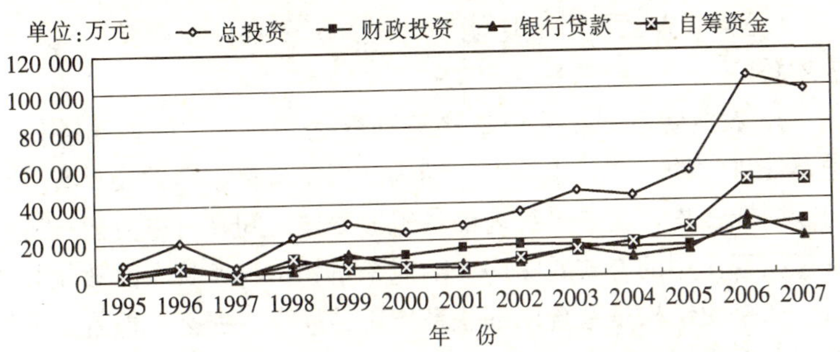

图 3.8　湖南省产业化经营项目投资变化趋势

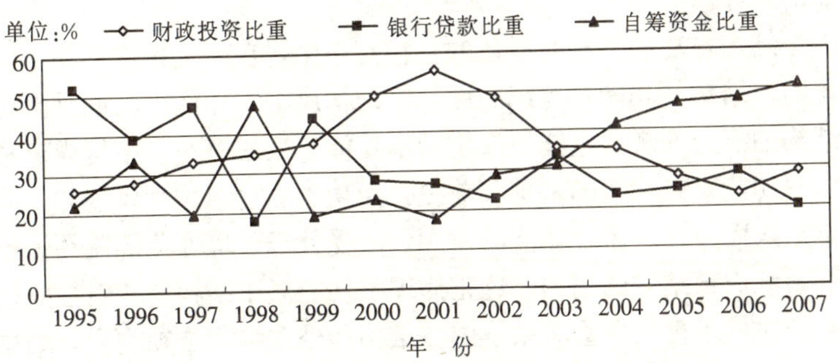

图 3.9　湖南省产业化经营项目投资结构变化趋势

表 3.8　1989—2007 年湖南省农业综合开发分项目投资情况表

单位：万元，%

	土地治理项目		产业化经营项目		科技示范项目	
	投入金额	占比重	投入金额	占比重	投入金额	占比重
财政资金	510 372.06	74.15	172 233.48	25.02	5 710.40	0.83
银行贷款	59 865.73	29.22	142 646.28	69.61	2 400.00	1.17
农民自筹	196 776.60	48.84	204 496.46	50.75	1 660.00	0.41
合　计	767 014.39	59.18	519 376.22	40.07	9 770.40	0.75

数据来源：由《国家农业综合开发统计摘要（1988—2002)》、《中国农业综合开发年鉴（1988—2003)》、2004—2008 年《中国农业综合开发年鉴》中的数据计算而来。

（三）农业综合开发功能的演进：基于农业投资结构优化升级的解释

1. 农业综合开发投资结构与功能的关系。“结构与功能”，是辩证哲学的一对基本范畴。结构是系统保持整体性及具有一切功能内在根据，也是系统内部各组成要素之间在时空方面有机联系与相互作用的方式或顺序。功能是事物本身所具有的效能与作用。如果说结构是系统内部联系作用的秩序，那么功能就是系统外部联系作用的秩序和能力。事物本质的差异可归结为结构与功能的差异。

结构与功能是相互联系的，相互作用，在一定条件下相互转化的。结构与功能具有统一性。①结构决定着功能。功能是事物结构的能力表现，它能使事物的本功能扩大或缩小。结构规定和体现功能，是功能的基础和前提。而功能通过结构来体现并依附于结构而存在。系统功能的发挥，既受外部环境变化的制约，也受系统内部结构的制约，这正体现了功能对于结构的相对独立性和绝对依赖性的两重关系。内在结构和外在结构必须吻合，结构的扭曲必然带来功能的错位。②功能又反作用于结构。事物在发挥功能的过程中，也就是与周围环境进行着物质、能量、信息的交换，不断吸取“负熵流”，这种“负熵流”增加到一定程度时，就使有序性克服无序性，从而促使事物原有的结构向更有序的方向发展。反过来，结构就会失稳和解体，出现崩毁状态。③结构与功能相互作用，在一定条件下相互转化，结构会不断发生变化，从而引起功能的不断变化，甚至会导致新功能的产生。而且功能发挥到一定程度，反馈作用导致结构完善和新结构的产生。“用进废退”是客观世界和社会运动中的普遍现象。

2. 农业综合开发投资结构的变化对功能的要求。

（1）湖南省农业综合开发资金总量与结构。尽管湖南省农业综合开发总投资呈上升趋势，财政投资呈平稳增长的趋势。但是：①国家对湖南农业资金投入总量少。一是湖南省财政支农资金占国家财政支农资金的比重明显偏低。1989—2006 年湖南省财政支农资金占国家财政支农资金的比重在 1.75%～3.17%之间。二是湖南省农业综合开发资金在国家农业综合开发资金中所占的比重偏低。从 1989—2007 年，湖南省农业综合开发资金占国家农业综合开发资金的比重，最高达 6.44%，最低仅为 3.04%，2007 年为 4.87%。三是湖南省农业综合开发中央财政资金投入比较低。1989—2007 年湖南省农业综合开发中央财政资金占国家农业综合开发资金中央财政资金的比重也偏低，在 3.52%～5.95%之间。②湖南省农业综合开发资金比较少。一是 1989—2007 年湖南省财政支农支出占省财政总支出的比重基本上都在 10%以下。二是湖南省农业综合开发地方财政资金占省财政支农支出的比重几乎在 10%以下，且有下降的趋势，2007 年其比重仅为 1.24%。

（2）湖南省农业综合开发资金结构对功能演变的客观要求。①相对省财政支农资金以及国家农业综合开发资金来说，湖南省农业综合开发资金短缺是不争的事实，根据财权与事权对等的原则，湖南省农业综合开发不能承担繁重的事权。因此，需要优化功能，提高效率。②湖南省农业综合开发资金结构客观要求扶持重点不能离开土地整理和农业产业化两个项目，要始终坚持增产增收两个目标。③随着农业综合开发资金的结构变化，同时，也不排除我们用部分资金（小于 70%）用来摸索实现多功能现代农业，从而推进农业综合开发功能的多元化。

3. 农业综合开发功能的演变及其定位。农业综合开发投资结构的变化影响着功能的演变。湖南省农业综合开发资金投向从单一的土地治理项目逐步转变为以土地治理项目和产业化经营项目为重点，科技示范项目为辅的投资格局。农业综合开发目标和功能也随之发生变化：农业综合开发的目标可分为粮食增产目标，增产增收目标和新农村建设目标三个阶段。因此，在增产目标阶段，农业综合开发的功能是以改造中低产田为主的土地治理项目为载体，以改善农业生产条件、提高农业综合生产能力，保障粮食安全。在增产增收阶段，农业综合开发在保障粮食安全的同时，需要加大农业结构调整力度和推进产业化经营，实现农民增收功能。在第三阶段，农业综合开发的功能是借鉴韩、日等农村建设经验，围绕“三生”问题，搞好山、水、林、路等综合公共服务的供给。农业综合开发发挥着公共性作用。

（1）农业综合开发功能呈多样化。由于农业的多功能性、“三农”问题的复杂性以及农业政策瞄准的动态性，农业综合开发功能也在不断地呈现多样化。农业综合开发功能演变过程与国家农业公共政策的调整一致。土地治理项目提高综合生产力是最基本的功能。但是随着国家政策瞄准的迁移，农业综合开发的任务也在动态调整。例如，从2004年的中央“一号文件”到2009年的中央“一号文件”，其政策主体从农民增收发展演变，到农业综合生产能力建设，新农村建设，发展现代农业，农业基础建设等。事实上，农业综合开发事业也在跟随国家政策，不断调整和丰富功能，实现多元化功能。

（2）目前农业综合开发必须始终把握粮食综合生产能力，确保粮食安全。目前，我国农业基础还很薄弱，农业发展方式仍显粗放，农业物质技术装备水平还很低，农业靠天吃饭的状况尚没有根本改变，迫切需要进一步加大农业基础建设的投入力度，切实提高农业综合生产能力。因此，以建设农业基础设施为主的土地治理项目投资仍然应该是农业综合开发的重要方向之一，保障粮食安全仍然是农业综合开发的基本功能。

（3）积极发挥农业综合开发的实验、先导功能。当前，农业综合开发资金的有限性，我们不能将综合开发资金当成财政支农资金的主力军。农业综合开发通过少许的资金积极投入到各种新项目中，“投石问路”，充分发挥农业综合开发的实验、先导功能。如果该农业综合开发项目取得较高的绩效，可以整合农业综合开发资金和财政支农资金，加大该项目的投入力度；若该项目绩效不理想，我们就将降低损失。因此，农业综合开发要为现代化农业起示范、导向作用，当好农业和农村经济的排头兵。起到这个作用就要通过一切综合手段，将重点放在抓典型、抓精品上，通过这些典型、精品示范，以及先进的管理手段，科学的管理办法，适时调整优化农业经济结构，适应市场需要，实现质量和效益的统一，引导我国农业向现代化迈进。但切不可面面俱到，贪多贪大。否则，农业综合开发就没有生命力，就会失去自己的特色，就会等同于农林水各部门。

第四章　湖南省农业综合开发的SWOT分析

农业综合开发投资，是一项受制于人才、技术、资金等要素的系统工程。在具体的实施过程中，会碰到很多矛盾和曲折。从理性的角度看，随着农村经济社会不断发展和社会主义新农村建设向纵深推进，农业综合开发也面临着许多新情况、新问题和新要求，仍然存在一些问题。湖南省是粮食主产区，是国家重要商品粮基地，也是农业综合开发重点投入的区域。我们运用SWOT分析法，分别就湖南省农业综合开发面临的外部环境和内部条件进行综合分析，发现生存和发展的外部机会与威胁，找出自身的优势和劣势。在新的历史时期，认真贯彻执行国家农业综合开发各项方针政策的同时，针对湖南的实际，充分发挥农业综合开发的资源优势和区域优势，抓住制约项目区农业发展的主要障碍因素，找准全省农业综合开发的切入点、着力点和牵引点，本着因地制宜，突出重点，发挥优势的原则，推进农业综合开发工作又快又好发展。

一、SWOT分析方法介绍

K.J. 安德鲁斯教授提出的SWOT分析法，又称为态势分析法，它是识别营销战略的基础，用这种分析方法提出的营销战略具有较强的针对性和有效性。SWOT分析通常是在某一时点对企业内外进行扫描，然后进行优势、劣势、威胁和机会的分析。从整体上看，SWOT可以分为两部分：第一部分为SW，主要用来分析战略主体和自身分析或者称为资源分析。包括“优势和劣势”；第二部分为 OT，主要用来分析外部环境。包括“机会和威胁”。SWOT 分析后形成四种内外匹配的战略，即 SO 战略：依靠内部优势，利用外部机会；ST 战略：利用内部优势，回避外部威胁；WO 战略：利用外部机会，克服内部弱点；WT 战略：减少内部弱点，回避外部威胁。把 SWOT 分析中的四个纬度综合起来考虑，即可以建构 SWOT 矩阵或 TOWS 矩阵。在完成环境因素分析和 SWOT 矩阵的构造后，便可以制定出相应的行动计划。我们运用 SWOT 分析法，分别湖南省农业综合开发面临的外部环境和内部条件进行综合分析，发现其生存和发展的外部机会与威胁，并找出自身发展的优势和劣势。

二、湖南省农业综合开发的 SWOT 分析

（一）湖南省农业综合开发的优势分析

1. 农业综合开发实现依法开发，科学规范管理。《农业法》为农业综合开发奠定了法律基础。在 2006 年 9 月湖南省出台了《湖南省农业综合开发条例》。一是从法律上理顺了农业综合开发的组织机构。组织机构一直制约了湖南省农业综合开发的有序进行。农业综合开发的长期性与农业综合开发机构的临时性不相适应。在管理体制上，湖南省农业综合开发系统全面实行了同级财政归口管理、农发工作机构相对独立的体制机制，彻底扭转了一个时期基层农发工作机构多头管理、分散管理的局面。二是建立和运用依法开发的法规机制，使全省农业综合开发由行政管理提升到了依法管理的新水平。长期以来，农业综合开发工作一直靠的是行政管理模式，这种模式自身存在着一些问题。诸如体制不顺的问题，地方配套资金难以落实到位的问题、不同归口部门重视程度存在差异的问题等。《条例》从法律的角度明确了农业综合开发的地位、职能、任务等重大问题。使全省农业综合开发提

升到了依法管理、依法行政的新水平。《条例》的颁布，是湖南农业综合开发史上的一个新的里程碑。其他相关的法规也在不断出台和完善。

2. 制度得到完善，机制不断创新。实现了由单一管理向全面管理；由粗放管理向科学管理；由人为管理向制度管理等三个转变，管理水平跨上新台阶。一是先后制定了十多个规章制度，形成了一套完整规范的项目和资金管理体制。湖南省财政厅印发了《湖南省农业综合开发资金财政报账实施细则》（湘财农综［2004］12号）。施行了《国家农业综合开发资金和项目管理办法》（财政部令第209号）；制定了《农业综合开发财政资金违规违纪行为处理暂行办法》（财发［2005］68号）和《湖南省农业综合开发财政资金违规违纪行为处理暂行办法》。二是农业综合开发十分注重“效益、效率、管理”六个字，形成了具有独特优势的“八制”管理模式。其核心内容是竞争立项制、招投标制、工程监理制、多元投入制、资金财政报账制、项目和资金公示制、竣工验收制、考评奖惩制。规范的项目管理、严格的资金管理、科学的投入机制、严格的监督检查、严格的奖惩办法，获得了显著多赢效益。三是全省农业综合开发系统不断探索新的开发机制和管理模式。建立开发县动态管理机制，创新项目运作模式和扶持农民方式，创新施工工艺和质量监管机制，创新资金管理方式。依靠县级报账制的模式，提升了农业综合开发专项资金科学化、规范化管理水平。形成了具有湖南特色的“专项资金管理系统控制机制”，不断地提升了专项资金管理的水平。使专项资金的管理步入了科学化、程序化、规范化和精细化的新境界。

3. 湖南省农业综合开发工作理清了思路，明确了目标。农业综合开发系统主动适应社会主义市场经济发展、公共财政体制建设和农村发展新阶段的要求，不断调整工作思路，突出开发重点。一是开发思想上始终坚持以粮食主产区为重点，以改造中低产田为主攻方向，着力加强农业基础设施和生态环境建设，提高农业综合生产能力；以扶持龙头企业为重点，以发展优势特色产业为主要目标，着力促进农业产业化经营，增加农民收入。二是明确新时期农业综合开发的主要任务。贯彻落实中央提出的农业综合开发“两个转变”、“两个着力、两个提高”的指导思想，更好地发挥农业综合开发对发展现代农业、促进农民增收、建设社会主义新农村的作用。三是增强了危机感和责任感，不断实现开发方式科学化，措施上开拓创新，管理上严格规范。

4. 业已取得的成绩为湖南省农业综合开发下一步工作奠定了扎实基础。一是农业综合开发投入逐年增长。年度财政资金投入总额从 1989 年的 1.2 亿元增加到 2008 年的 9.4 亿元。1989—2008 年共完成农业综合开发财政投资 83.8 亿元；二是农业综合开发规模逐年扩大。农业综合开发范围覆盖全省 14 个市州 105 个开发县；三是农业综合开发工作领域逐年拓宽。从项目建设上看，改造中低产田与建设生态工程并重，并进行高标准农田示范工程建设；工程措施、生物措施、农机措施和科技措施并重；基础设施建设与农业结构的调整和优化并重。在资金使用上，争取财政资金与争取外资项目和引进社会资金并重。四是农业综合开发效益逐年增加。通过农业综合开发，共新增粮食生产能力 40 亿千克，棉花 0.3 亿千克，油料 3 亿千克，糖料 1.8 亿千克；项目区受益农民年人均纯收入比非项目区高 200 元以上，多的超过 600 元。五是农业综合开发水平逐年提高。湖南省农业综合开发用工业化思维谋划农业项目的成功尝试，改变了传统的农业投资方式，实行了项目区和项目县的管理模式。

5. 不断实现整合资金和促进技术积聚。一是农业综合开发加快资金整合步伐。围绕新农村建设和发展现代农业的目标，按照“综合、整合、结合”的要求，以项目区为载体，整合农业、水利、林业等支农资金，制定“投入渠道不乱、用途不变、优势互补、各记其功”的考核办法，调动多方投入的积极性，农业综合开发资金整合其他资金的比例达到 1∶1，解决了支农项目小，投资分散的难题，实现了集中财力办“大事”。现在，“资金整合、规模开发”的经验已在全省14个市州示范推广。2008年，全省实施规模开发的项目县达18个，投入农业综合开发财政资金1.67亿元，整合资金2.36亿元。农发资金与新农村建设资金、国土整理资金、水利、农业、扶贫资金等相结合，都是成功的尝试。规模开发的模式创新，是践行科学发展观在农业综合开发上取得的新成果，是全省农发系统对农业综合开发规律认知的一个突破和飞跃。二是实现技术集聚。“四根据设计理念”，走出了一条渠道建设投资省、质量好的节水工程之路，恰到好处地解决了土地治理中需要解决的主要问题。清水现浇工艺技术、U型槽安装技术提高了工程质量和水准。三是实现信息化建设。2008年3月，省农业综合开发信息管理系统建设启动。目前项目管理系统、资金管理系统、账务管理系统、财务报表系统、工作流管理系统、综合报表系统、行政办公系统、邮件系统、个人办公系统、项目知识管理系统、门户等基本开发完成，初步完成信息管理系统建设。但信息化管理的效果有待于进一步的检验与完善。

6. 大力加强了农业综合开发队伍建设。以理顺管理体制为重点，以作风建设为突破口，以能力建设为核心，切实加强农业综合开发系统的自身建设。一是逐步理顺了全省农业综合开发管理体制。根据《湖南省农业综合开发条例》的有关规定，规范了农业综合开发机构设置。目前，全省103个开发县农开办已全部归口财政管理。已经建立了上下衔接、运转有效的办事机构。二是加强队伍培训，提高了干部素质。通过举办培训班、召开现场经验交流会和抽调业务骨干参加专项检查等形式，大力提高了干部队伍素质。目前，该系统配备有综合型的农业人才，或一专多能的农业人才。他们爱岗敬业、尽职尽责、有专业化的素质，战斗力较强，有奉献精神，既熟悉财政工作，也熟悉农业和农村经济工作；既懂财务管理，也懂项目管理。全面推行了学习培训机制、反腐倡廉机制、群众评判机制、机关内务管理机制等，培养机制不断创新。三是加强了经验总结与宣传。省农发办扎实有效地开展了形式多样的宣传活动。如永州市开展了“五个一”宣传工程。攸县召开了农业综合开发 10 周年座谈会。2008 年 5 月，湖南省农业综合开发在常德市澧县召开土地治理项目建设现场经验交流会议。此后，各市也组织了相关经验交流。四是深入基层，搞好调查研究。围绕农业综合开发面临的新形势、新任务和工作中的重点、难点问题，深入农村、深入群众，认真开展调查研究。省委省政府对这支队伍的工作作风、敬业精神和工作成果都给予高度评价。

（二）湖南省农业综合开发的劣势分析

农业发展新阶段，农业综合开发的机构职能、投资方式等不能完全适应经济社会发展的要求，存在着一些不足和缺陷。主要表现在以下方面：

1. 有些地方农业综合开发观念不够新，指导思想滞后于市场经济。目前，湖南省一些地方正处于传统农业向现代农业转变时期，由于指导思想转变滞后，现代观念还未真正、完全确立。①农业综合开发的指导思想未能随着市场形势的变化而及时调整。新制度与旧观念存在矛盾，对农业综合开发尚未引起足够的重视，还没有真正理解农业综合开发是农民致富奔小康、实现现代化的大事业。有些地方政府对农业综合开发的管理还习惯于传统的行政管理方式，开发目标不够明确。②在开发内容上，开发的外延没有得到扩充，开发的内涵没有得到丰富和挖掘；还停留在按计划拨款的水平上，没能按市场的规则去进行开放式的资金筹措和管理，资金投向分散，项目规模小，投资效益不高；对规划设计重视不够，没有将农业综合开发规划与当地经济社会发展总体规划有机衔接，没有与新农村建设任务紧密结合起来；土地治理项目与产业化经营项目结合不紧密；还没有通过培养开发主体，来提高开发的深度和广度；农业综合开发忽视农民不断提高的追求，忽视农业的新价值，如此等等。一句话，农业综合开发观念仍未适应“三农”发展之要求。

2. 资金问题仍是农业综合开发面临的最大难题。

(1) 开发资金总最相对不足，财政投入比重与日益繁重的工作任务不相适应，与需求的矛盾比较突出。财政资金投入总量少，占财政支农资金的比重低，增长缓慢，导致当前农业综合开发资金供需矛盾越来越尖锐。2004—2008 年，中央财政安排的农业综合开发资金占同期中央财政支农资金的比重分别为 3.5%、3.4%、3.2%、2.8%和 3%。由于地方财政投入是中央财政投入按照比例配套的，因而增长也是缓慢的。地方财政配套资金到位不够理想。尚未形成开放式的资金筹措和管理机制。乡、村及群众自筹资金严重不足。湖南省尚有中低产田近 166.67 多万公顷，如果按照现在的投资量和增长速度，要全面完成中低产田改造任务、建设高标准基本农田，还需要 20 多年的时间。如果要建成高标准农田，则需要的时间更长。先难后易的方法使得今后开发的难度逐步加大，投资标准越来越高。投资标准与建设高标准农田的要求仍有较大差距。

(2) 投资结构不合理。在过分注重经济效益的同时忽视了社会和生态效益的综合。农村科技水平得不到提高，很难实现由增加农产品数量向提高农产品质量的转变，不利于提高湖南省的农业综合生产能力和农业的可持续发展。土地治理项目与产业化经营项目二者往往不能很好结合。投资结构并没有真正体现流域治理和区域开发的思想，没有真正实现“综合”投资和开发。

(3) 资金投入政策与国家的大政方针及其他支农项目政策不相适应。随着中央不断加大对农业的支持和保护力度，取消了农业税，并对农民进行补贴，而农业综合开发却强调农民筹资投劳，并且比例还比较高，就湖南省来说，要求达到中央财政资金的 60%。这显然与国家的大政方针不够协调。同时，农业综合开发资金投入政策与其他类似的支农项目政策相比，也越来越不相称。例如国土部门的土地整理项目，农业部门的标准粮田建设项目、发改委的以工代赈项目和大型商品粮基地建设项目等，项目投资标准高、取费比例高、不需要农民自筹、管理要求相对宽松。因此，有些农民群众难以接受，给农业综合开发工作的顺利开展带来很大的难度。

（4）资金投入效率低。地方财政承担的配套资金也越来越多，配套的压力越来越大。2006 年省级财政预算安排湖南省本级财政配套缺口为 4 167.8 万元。本级有偿回收资金将再也无力弥补以后年度的配套不足。有偿资金存在不合理的有偿投入项目，回收困难，有些已变成呆账。地方财政困难导致部分政府的败德行为。财政收支矛盾较为突出，有些在政绩观的驱动下的地方官员认为农业综合开发项目建设的投资大、周期长、见效慢，主观上对承担地方财政配套资金缺乏足够的积极性和自觉性。部分县为争取上级财政补助，采取保预算平衡，拖欠专款的办法，导致部分县专款挂账、资金拨付率低。有偿开发资金在拨付过程中有的被上一级财政扣拨，用于偿还陈欠。这些严重影响了农业综合开发项目的进度、标准和工作的完成。

（5）资金管理不规范，监管不到位。资金管理环节上，内部管理责任不明晰。项目资金县级报账制管理不规范。资金拨付的审核责任不明晰。资金拨付不审核项目施工进度和决算。项目管理环节上，管理不规范。有部分工程结算手续欠完备。项目安排与资金布局欠恰当。仍然出现部分违纪违规行为。

3. 科技投入不足使农业综合开发难以持续、跨跃发展。农业综合开发难以真正依托于现代科技。具体表现在：①农业综合开发中的科技投入占总投入的比重偏低。湖南省科技成果转化率只有 40%，科技成果推广度只达到 30%左右，科技在项目区农业增产中的贡献只在 50%左右。②科技开发的投资结构也不尽合理，当前主要是用于技术培训和科技服务体系建设等。忽视高产高效农业的科技开发，忽视高新科技开发的资金投入。③科研、推广、生产三个环节相脱节。一些先进的新技术、新品种在农业综合开发项目区得不到及时的推广和应用，削弱了农业综合开发的效益。第四，缺乏科技开发和推广投入的长期规划管理。

4. 基层农业综合开发管理上的问题严重影响了开发效率。①不够完善的规划体系，使得开发项目分散、无序和低效率。目前，农业综合开发的规划工作还相对落后。尚未能编制出各具特色、科学合理、目标明确、便于操作的区域性规划。由于缺乏科学的规划约束，湖南省开发区域仍在不断扩大，致使项目资金使用分散，难以形成投资规模效益。全省农业综合开发工作开展很不平衡，离省委、省政府的要求和农民的迫切需要还有较大差距。②不少项目工程管理的规范化程度不高，致使许多项目工程的建设标准不高，项目工程质量低下，工程效益期限短。③产权不明晰，重建轻管，难以发挥应有的效益。有不少地方项目工程的管护工作跟不上，存在“产权不清，职责不明，管理粗放，效益低下”等问题。致使一些价值高、效益好的项目工程在建成后不久就受到严重毁坏，在社会上造成不良影响。④项目不集中，投资分散，影响规模效益的发挥。受政策限制和现实影响，需要改造的中低产田面积太多，需要开发资金的地方多，导致项目区的工程安排很难集中。土地分散经营也是影响因素之一。

5. 产业化组织的匮乏制约了农业综合开发经营空间的拓展。农业产业化组织匮乏具体表现：一是分散经营模式与规模化、集约化、标准化的产业化经营模式越来越不相适应。如何促进项目区土地流转、逐步向种田能手和龙头企业集中，开展集约化生产，促进现代农业建设，也是农业综合开发面临的一项新任务。农村流通组织的缺乏，农民“买难卖难”的问题始终未能得到根本解决。二是农业技术服务组织的残缺。许多地方的农业技术推广站由于财政经费紧张而解散、取消。旧的农业技术服务体系已经残缺不全，新的农业技术服务体系尚未建立。三是农业保险组织的空白。一家一户的小农如何抵御自然灾害的问题并没有得到解决。应付自然灾害的办法就是政府财政拨款和捐款。有效办法是建立农业保险组织。

6. 农民主体地位的缺失，项目实施效果并不乐观。项目前期准备阶段农民被排除在外，导致项目设计偏离带动农民致富的初衷。农民参与项目的意识不强，项目缺乏农民的参与和监督，有些企业申报项目的目的就是为了套取财政资金。少数地区财政有偿资金没有真正用于项目建设，结果是项目失败或者是没有取得应有的经济及社会效益；项目申报审批阶段农民仍游离在项目之外，导致不符合财政资金扶持目标的项目通过评审。由于企业与农民松散式的连接，导致项目不能顺利地实施。项目竣工验收阶段由于忽视了农民的主体地位，即便通过验收的项目仍然可能偏离项目目标。由于农民在项目中的边缘地位，使项目后期运行管护的难度增加，项目的可持续性无法体现。

7. 农业综合开发任重道远。湖南农业基础脆弱，生态环境较差，自然灾害频繁，农产品品质不高，粮食还存在结构性短缺。湖南省尚需改造的中低产田土有 200 万公顷，尚未治理改造的坡耕地 116.67 万公顷，宜渔水面 46.67 万公顷，可改造利用的宜牧草山草坡 166.67 万公顷，开发潜力巨大。低产园地改造、“四荒”资源的开发和秸秆利用的潜力也很巨大。农业一直存在着规模小、质量低，市场化、产业化程度不高，农民增收难，增收慢的问题。发展多种经营，扶持龙头企业，就是扶持农业、扶持农民。农业综合开发肩负着重要的使命。

8. 农业综合开发范围不够宽，发展方式不科学，水平不够高。一是开发范围与现代农业的发展要求仍有一定距离。从区域范围来说，农业综合开发仅限于田园，村庄刚刚涉及。着重于中低产田改造。一些偏远山区和经济基础较弱的地区很难扶持到。从产业链条来说，仅限于生产，对加工和流通涉及的程度很小。着重于高产优质高效作物或品种的追求；对生态的追求不足，仅处于对水土的保持、地力的培育和植被的营造的层面，很少考虑人们的更高层次的需求。二是服务体系尚不健全，缺少横向联合。土地治理项目与产业化经营项目的统筹协调不够。三是典型示范作用不强的问题。典型示范偏少，标准偏低，缺乏带动型，缺乏凸现性，缺乏稳定性。四是发展方式不科学的问题。在产业化经营上，可能忽视对项目的服务、农民合作组织的扶持和科技培训等；有些项目对农户的带动作用不够明显，没有真正形成规模效益。在科技推广上，忽视了规模化、标准化、集约化发展；土地治理上，忽视循环农业、绿色农业、节约农业和生态农业的发展。

（三）湖南省农业综合开发的威胁分析

在新的历史条件下，中央对农业综合开发工作提出了新的更高的要求，农业综合开发担负着新的历史使命。

1. 严峻的财政经济形势，对农业综合开发工作提出了新要求。国际金融危机还在发展和蔓延，对我国经济的影响还在加深，外部需求持续萎缩，进出口形势仍十分严峻，就业困难增加，压力仍然很大。在大背景下湖南省财政增收困难，形势相当严峻。2009 年 1—5 月全国财政总收入完成 2.71 万亿元，比上年同期下降 6.7%，其中中央本级收入 1.42 万亿元，下降 14%。中央收入下降严重影响到中央对地方的转移支付增量，这对湖南省财政极为不利。1—5 月湖南省财政总收入完成 560 亿元，比上年同期仅增长 3.8%，比去年同期增幅下降 16.9 个百分点。而全省财政支出完成 666 亿元，比上年同期增长 24.4%，财政收支压力越来越大。加强“三农”是保增长、保就业、保民生的重要举措，是促进经济社会又好又快发展的基础。在经济发展面临困难的时候，农业在保稳定、安民心的效应明显增强，农村在拉动内需、促进增长中的作用更加凸显。要把保持农业农村经济平稳较快发展作为首要任务，要千方百计保证国家粮食安全和主要农产品有效供给，促进农民收入持续增长。因此，在新形势下，农业综合开发大有可为，但是压力很大。

2. 省情和农业发展情况给农业综合开发带来压力。

（1）在农业资源丰富、农业人口多的省情下，湖南农业的发展只能靠现代农业。这是判断了各方面的情况后作出的决策。湖南许多农产品产量居全国前列，但是农业发展现代化程度不高，农村经济的商品化、产业化、城镇化、农民进入市场的组织化程度低，生产经营规模性、结构性、体制性矛盾日益凸现。突出表现在六大矛盾：农业生产大省与商品率低的矛盾；农业增产与农民增收的矛盾；农产品相对过剩与加工转化率低的矛盾；小生产与大市场的矛盾；劳动力资源过剩与就业不充分的矛盾；人地矛盾。以上矛盾和问题，对我们建立农业综合开发的新思路新机制提供了新的依据，也给农业综合开发带来压力和挑战。

（2）农业发展进入新阶段，对农业综合开发提出了更高的要求。人口增加和资源减少不可逆转的趋势。农业发展正在经历着两个根本性转变：传统农业向现代农业的转变；农业的增长方式正在由粗放经营向集约经营转变。发生了四个阶段性变化：农产品供给由长期短缺变成总量基本平衡，丰年有余；农业受资源和市场双重制约；农业由解决温饱的需要转向适应小康的更高要求；农村经济与整个国民经济乃至世界经济的关系更加密切。这些变化要求农业综合开发必须优化投资结构，处理好产品结构与产业结构的关系，处理数量与质量的关系，处理好资源优势与市场需求的关系。

（3）农业生产条件和外部环境较差制约农业综合开发。湖南省农业区域化布局还未形成，产业化龙头企业规模普遍较小，农业生产基础设施仍然薄弱，中低产田改造和农业综合生产能力建设任务繁重。主要表现为：农田水利设施建设严重滞后；资源环境约束日益加剧，保持农业持续稳定增长难度较大；农业生产经营规模小、组织化程度低，提高农业综合效益困难较多；劳动力老年化、妇女化、儿童化现象日益严重。目前的农业生产格局将被打破。国际竞争给农业发展和农业综合开发带来了挑战，影响了农业综合开发的实际效果与综合效益。

3. 自然灾害对农业和农业综合开发的影响很大。2008 年，突发的冰雪灾害对农业综合开发正在施工的和历年修建的农田水利工程带来了严重损坏。怀化市全市受灾项目区多达 110 个，共损毁灌排渠道 81.5 千米，拦河坝 7 座，机耕路 27.2 千米，排灌站 15 座，附属建筑物 373 处，农电线路 47.1 千米。受灾的农业综合开发产业化经营项目多达 19 个，直接经济损失 3 305 万元。产业化龙头企业受灾情况尤为严重。如贤胜油业公司在这场冰雪灾害中直接经济损失 1 381.1 万元，其中：新建的三座原料仓库倒塌，面积 2 722 平方米，2 900 多吨生产原料被冰雪压坏、浸坏，损失 747.1 万元，加上水电中断，管道、线路破裂，生产原料无法进厂，产品不能出厂，生产中断 20 余天，损失 624 万元；冰雪灾害使得世行贷款农业科技项目——新晃县龙脑樟项目 380 万株扦插苗全部出现叶芽苞冻死，一年生的 130 万株移栽苗成活也受影响，直接经济损失 360 万元。

4. 财政支农离农村公共财政还有距离。无论是我国还是湖南省的财政支农资金在数量上来说是呈现较大的增长，但增速都低于财政支出增长速度，财政支出用于农村的资金的比例越来越低。湖南省财政支农资金在年度之间增长速度极不稳定。湖南省农业综合开发资金增速与湖南省作为粮食大省的贡献极大相称，与农业综合生产能力建设的要求还有一段距离。在确保国家粮食安全的责任划分上，没有形成中央和地方财力和事权相匹配的体制。我们笼统地讲是中央和地方共同责任国家粮食安全。但谁是责任主体，各占多大的比重，从来没有划分清楚。要求中央财政增加农业综合开发投入，降低地方财政配套资金。在投入增量不多的情况下，集中存量资金支持粮食主产县的阻力很大。在粮食安全问题上如何形成中央和地方财力与事权相匹配的体制，已成为影响农业综合开发的重大课题。支农资金来源渠道比较多，由于没有一个中长期规划，仍然各自为战，使用相当分散，造成许多低水平重复建设，导致项目建设标准不高，资金使用效益不好。

5. 要素价格上涨，拉动开发成本上升，影响农业综合开发工作。目前农业综合开发陷入了两难境地，一方面建设高标准农田需要提高亩投资标准，另一方面又不能因为提高亩投资标准而减少开发面积，迫切需要中央财政大幅度增加农业综合开发资金。高标准农田建设中，亩投入标准偏低。如果将亩投资标准提高到 1 000 元，全省每年的治理面积将减少一半。建筑材料价格大幅度上涨，对高标准农田建设的影响也很大。2009 年以来主要建筑材料价格普遍上涨 30%多，造成一些地方年初编制农发实施计划时核定的项目工程预算与市场脱节，在招标时无人敢应标。农村劳动力大量外流，农村常住人口中老人、儿童、妇女所占比例大幅上升，动员农民投工投劳参与项目建设的难度加大。在部分项目区投工投劳变成了以资代劳。

6. 中央对农业综合开发政策需要完善。一是土地治理项目的扶持力度与建设高标准农田的要求相比，还存在一定的差距。建设高标准农田，给农业综合开发工作提出了新目标。2020 年我国高标准农田应该达到耕地面积的 50%左右，这是重大而紧迫的任务。农业综合开发承担着重要责任，发挥主导作用。但是，从实际情况看，现行投资标准与建设旱涝保收、高产稳产、节水高效的高标准农田要求相比，与发展现代农业的要求相比，仍有较大的差距。科技投入不足。目前土地治理项目中的科技推广费仅占财政资金的 8%。二是产业化经营项目的扶持政策与现实要求相比，还有待进一步完善和创新。重点产业化经营项目立项门槛偏高，有偿资金存在偿还风险，无偿资金使用范围偏窄，投资参股管理办法需进一步完善，贷款贴息的空间偏窄。

（四）湖南省农业综合开发的机会分析

1. 中央及湖南省地方政府的宏观调控能力和水平不断提高。准确把握当前财政经济形势，是做好农业综合开发工作的基础和前提。近年来，中央和省委、省政府关于经济工作的方针政策是完全正确的，出台的一系列宏观调控措施是及时有效的。面对国际经济金融形势的急剧变化，党中央、国务院及时果断实施积极的财政政策和适度宽松的货币政策，出台了进一步扩大内需、促进经济平稳较快发展的一揽子计划。省委、省政府提出了“保增长、扩内需、调结构、促就业、强基础”的决策部署。政策措施初见成效，形势比预料的要好。科学发展观为农业综合开发事业发展指明了新方向，改革开放的新要求为农业综合开发事业发展增添了新动力。

2. 党中央、国务院对农业农村经济发展的高度重视，对于农业综合开发事业具有重要意义。近几年是强农惠农政策力度最大、农民群众受益最多的时期之一，也是农业综合开发力度不断加大、开发成就较为显著的时期之一。党中央、国务院一直高度重视和支持农业综合开发工作，在中央文件和中央领导同志讲话中，对农业综合开发有许多深刻精辟的论述和明确要求。2010年的中央“一号文件”明确提出，要把保持农业农村经济平稳较快发展作为首要任务，围绕稳粮、增收、强基础、重民生，进一步强化惠农政策，增强科技支撑，加大投入力度，优化产业结构，推进改革创新，千方百计促进农民收入持续增长。这给今后农业综合开发的创新和发明指明了方向。党和国家领导人多次视察农业综合开发项目，据不完全统计，党的十六大以来，胡锦涛总书记先后9次、温家宝总理先后4次视察农业综合开发项目并作重要指示。回良玉副总理多次指出，现在到地方看搞得比较好的农业项目，绝大多数是农业综合开发项目。各级党委、政府始终把农业综合开发工作摆在农业农村工作的重要位置。人大、政协给予了很高的评价。这些为农业综合开发提供了领导保障和强有力的动力。

3. 市场经济体制的逐步完善将为农业综合开发带来新的机遇。随着社会主义市场经济体制的建立和完善，市场机制在资源配置中的基础作用日益突出，各种资源、资金在产业之间、行业之间、产品之间自由流动，为增加农业投入创造了条件。随着社会主义市场经济的发展和农业综合开发工作的进一步深入以及各级政府职能的转变，广大农民自主调整种植业结构的决策权越来越大，更有利于调动农民的积极性。

4. 公共财政的建立和投资体制的改革，对农业综合开发提出了新的要求。公共财政是市场经济国家的普遍做法。作为以财政投入为主的农业综合开发，要调整投入结构与重点。调整投资政策和方向，将对农业综合开发资金分配产生重要影响。作为全国人口大省、农业大省、粮食大省。湖南省拿出了大省应有的大气魄，做出了大省应做的大贡献，在全国产生了较大影响，面临的最大的困难就是资金问题。

5. 发展现代农业，为农业综合开发工作指明了新方向。农业和农村经济快速发展，为农业综合开发工作的深化创造条件。国民经济总体发展水平较高，产业结构得到优化，使得农业综合开发具有广阔的发展前景。发展现代农业，是党中央以科学发展观为指导，作出的重大战略决策。农业综合开发在发展现代农业中具有独特的优势，可以发挥重要作用。

（五）湖南省农业综合开发发展的策略分析

1. SWOT 分析中的环境因素。SWOT 分析即对研究对象四个方面的环境因素（S，W，O，T）进行分析。S（Strength）表示影响研究对象发展的各种优势，一般指研究对象自身所包含的、能使其在发展中具有优势的各种因素；W（Weakness）代表研究对象自身的缺点，会对其在发展中造成一定不利的影响；O（Opportunity）指研究对象在所处的大环境中，其发展时所能够利用的各种机遇，通过抓住机遇来促进自身的发展；T（Threat）代表研究对象所面临的各种威胁或者挑战，包括来自外部的竞争等等。从整体上看，SWOT 可分为 SW 和 OT 两部分，SW 代表内部因素，SW 分析主要是分析研究对象的内部条件，着眼于研究对象的自身实力及其与竞争对手的比较；OT代表外部因素，OT分析主要是分析研究对象的外部条件，强调外部环境的变化及其对研究对象可能产生的影响。基于对优势、劣势、机遇和威胁等方面的综合分析，我们可以列出了湖南省农业综合开发的分析矩阵（表4.1）。

表4.1　湖南省农业综合开发的SWOT分析

外部因素		内部因素	
机　遇	挑　战	优　势	劣　势
各级政府重视，调控能力不断加强	严峻的财政经济形势，特别是金融危机的影响	依法开发	有些地方观念不新，思想陈旧
市场经济不断完善	省情和农业发展情况相对制约	制度完善、机制创新	资金难题
公共财政的建立	自然灾害的影响	思路清晰，目标明确	科技投入不足
投资体制改革	公共财政尚未完全建立	成绩突出，基础扎实	管理效率差
现代农业和新农村建设为其指明了方向	物价上涨的影响	资金整合、技术集聚	产业组织匮乏
	国家农业综合开发政策需要完善	队伍建设好	任重道远，范围不宽，水平不高

2. SWOT分析结果在图表上的定位。根据SWOT方法原理，主要是充分利用内部优势和外部机遇，弱化和克服内部劣势、消除外部威胁，从而得出湖南省农业综合开发的发展战略。从以上四种战略选择看，WT战略是一种悲观的保守战略，没有价值。WO战略和ST战略是折中的战略考虑，在实际工作初期，为了稳妥推进农业综合开发的健康发展，可以予以考虑。SO战略是一种最理想的战略，目前湖南省农业综合开发的发展正处于一个历史转型期，优势与劣势同在、机会与威胁并存，及时抓住机

遇，利用自身优势，提升农业综合开发步伐，促进湖南农业农村发展，具有紧迫而现实的意义。将结果在 SWOT 分析图上定位。或者用 SWOT 分析表，将优势和劣势按机会和威胁分别填入表格（图 4.1 和表 4.2）。

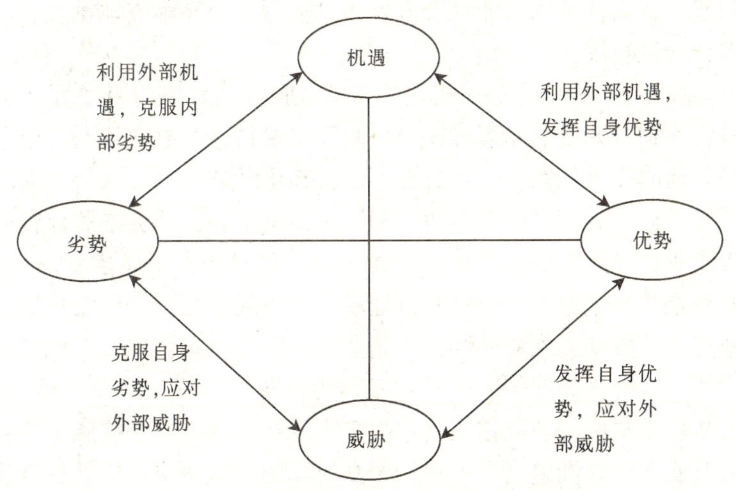

图 4.1　SWOT 各要素归纳分析示图

表 4.2　湖南省农业综合开发的战略选择矩阵

S－O 组合策略：增长型战略	W－O 组合策略：扭转型战略	S－T 组合策略：多样化经营战略	W－T 组合策略：防御型战略
发挥优势 抓住机遇	抓住机遇 弥补不足	依靠优势 应对挑战	克服劣势 应对挑战

3. 湖南省农业综合开发的发展策略。

(1) S－O（优势—机遇）策略：发挥优势，抓住机遇，通过创新和规划，推进湖南省农业综合开发工作又好又快发展。在党和国家高度重视“三农”的大好时机和市场经济不断完善的背景下，湖南省农业综合开发：一是要进一步理清思路、明确目标，要不断完善制度，加强队伍建设，不断沿着公共财政体制的要求，整合资金，促进技术积累，依靠科技促进农业综合开发。二是要根据经济发展趋势，结合地区区位优势、资源优势、产业优势、技术优势等，结合现代农业和新农村建设的整体规划布局，加强调查研究，最终形成上下整合、点面结合、产业融合的高起点、高标准的农业综合开发规划体系，循序渐进地推进农业综合开发发展。

（2）W－O（劣势—机遇）策略：抓住机遇，弥补不足，突破农业综合开发的发展障碍。一是完善农村公共财政体制，建立多元化的投入机制，弥补资金不足。在不断加大财政扶持力度的同时，放大其杠杆调节作用，吸引工商资本、民间资本和外资投入农业；通过发展合作经济组织、创新经营方式，将农业基地、龙头企业与千家万户农户有机地联合在一起，充分发挥农户的土地资源、劳动力优势等和龙头企业资金实力、经营理念、信息等优势，以合作为纽带，以利益双赢为前提，以提升产业为目标。二是建立政府宏观调控机制，突破市场机制障碍。要按照市场经济改变观念，调整指导思想，树立农民的主体地位；建立健全政府引导、市场运作、龙头带动、农民参与经营管理的管理体制和运行机制，逐步形成发展农业综合开发的持续推动力。三是突破产权制度障碍。由于农业综合开发项目是一种准公共产品，具有较长的公共性和外部性，因此，在产权界定上一定要明晰，这是农业综合开发的重要制度基础。应当借鉴发达国家的先进思想和成功经验，加快制定适合湖南省农业综合开发的制度和相关经济政策法规，保证农业综合开发的健康发展。四是强化管理，创新开发方式。在科技投入、组织创新、发展方式等方面进一步改进，来促进效率的提高。

（3）S－T（优势—威胁）策略：依靠优势，面对挑战，增强农业综合开发的政策和环境的适应性。一是政策要积极扶持。各级政府和农业行政主管部门要提高认识，通过调查研究，制定适合本地的政策，及时指导和协调解决农业综合开发发展过程中遇到的各类问题。对需土地流转的，政府部门要帮助协调和处理，在国家政策允许的范围内，制定宽松的土地流转方案；加大财政资补贴、扶持和奖励力度；农业政策性保险要把设施农业列入重要内容；研究信贷政策，加大对农业综合开发项目的信贷投放，为农业综合开发展创造一个和谐宽松的政策环境。二是建立制度整合、地方政府合作机制。以制度整合和政府职能转变为手段，推进非正式规则引导到尽量相近，正式规则趋向统一协调，以及实施机制的统一有效。要引导社会各群体形成较为统一的意识形态，增强对现行制度安排的信念，保证实施机制效能的充分发挥。三是在公共财政建设的基础上完善国家农业综合开发政策。积极推进高标准农田建设，推进区域治理和流域治理。推进土地治理项目与产业化项目相互衔接。

第五章 《湖南省农业综合开发条例》颁布后农业综合开发的绩效

2006年9月30日省十届人大常委会第二十三次会议表决通过了《湖南省农业综合开发条例》(以下简称《条例》)，于2006年12月1日起施行。《条例》的出台，是湖南省财政法制建设的一项重要成果，更是我省农业综合开发工作的重要里程碑。标志着湖南省农业综合开发工作开始步入法制化、规范化和科学化轨道。贯彻实施《条例》，规范农业综合开发管理，是落实党中央、国务院提出的建设社会主义新农村战略的必然要求；是推进依法行政、依法理财的迫切需要；是充分发挥农业综合开发效益的根本保证。《条例》的出台为规范全省农业综合开发管理、提高农业综合开发工作水平提供了重要法律保障，对于构建和谐社会、建设社会主义新农村和建立健全公共财政体制发挥重要的作用。

一、规范农业综合开发管理的重要性和紧迫性

(一) 农业综合开发的实践呼唤相应法律法规的出台

农业综合开发既有政府行为的组织特征，又具有经济活动的本质属性。市场经济是法制经济，各项经济活动必须用法律法规来规范。目前，具有中国特色的社会主义法制体系正在不断地健全和完善，在“三农”方面如农业、水利、土地、森林、渔业、草原等都有专门法律法规，不但确立了应有的法律地位，而且也

保证其健康发展。农业综合开发已开展20年了，在开发投入等方面的综合机制是成功的，但由于受基本经济制度和行政体制的限制，这种机制在运行中感到是不稳定的。到目前为止，国家还没有出台与其相适应的专门法律法规，农业综合开发的政府行为只是通过各种文件、通知和规定来进行的。因此，各级部门在具体组织实施农业综合开发中，其执行、理解农业综合开发的方针政策不尽一致。农业综合开发要想有良好的氛围、有宽松的环境、有大的发展，要想做出大的贡献，必须要有法律法规加以规范，使农业综合开发由一种行政措施变为法律措施，通过依法组织和实施，确保农业综合开发成为国家支持和保护农业发展的一项根本措施。否则，游离于法律法规体系外的农业综合开发，往往是“政出多门，各显其能；长期事业，短期行为”。因此，制定农业综合开发方面的法律法规，是加强农业资源综合开发、利用、改造和保护的需要，是规范政府行为的需要，是农业综合开发工作健康发展的需要。

（二）制定农业综合开发法律法规的时机和条件已基本具备

通过20年农业综合开发的实践，各地探索了许多好的做法，积累了不少成功的经验，取得了显著效益，立法工作有了比较好的基础。有的地方已先行一步，做了有益的尝试，制定了地方性农业综合开发管理条例。例如，2001年黑龙江省人大修订《省农业综合开发管理条例》；吉林省于2001年也制定了《吉林省农业综合开发管理条例》。农业综合开发管理条例的制定，对加强两省农业综合开发的法律地位、规范其政府行为，提高农业综合开发的效益，发挥了非常好的作用。据了解，其他一些省份也正在做这方面的准备工作。可以预见，随着农业综合开发工作的不断深入，国家必将从农业和农村改革的实际出发，把农业综合开发立法工作列入重要议事日程，把农业综合开发工作列入政府法制框架内，把农业综合开发的管理机制以法律的形式确定下来，做到依法行政，依法开发目标，确保农业综合开发工作健康发展。湖南省人大常委会制定的财政方面的地方性法规，如《非税收入管理条例》、《审计监督条例》等，在全国都产生了较大的影响。2006年就湖南省通过省人大制定了《条例》，对农业综合开发的地位、资金和项目管理以及实施农业综合开发的法律责任都作了明确的规定。《条例》是继黑龙江省和吉林省之后我国第三部规范农业综合开发管理的地方性法规。《条例》从立法目的、适用范围、执法主体、管理模式、监督机制等方面对农业综合开发进行了界定和规范，内容翔实，涉及面广，操作性强，并在五个方面有新的突破：财政部门是农业综合开发主管部门；将农业综合开发配套资金和机构运行经费列入财政预算；整合支农投入的原则和要求；将农业综合开发纳入国民经济和社会发展规划；农业综合开发工作的监督制约机制。

（三）《条例》消除农业综合开发过程中的障碍

制定《条例》的目的，主要是为了规范农业综合开发行为，加强农业基础设施建设，促进农业和农村经济结构调整，保证粮食安全，增加农民收入。

1. 可消除湖南省农业综合开发过程中无法可依的障碍。农业综合开发强调“综合”，其内容涵盖比较宽泛。如果没有法律法规加以规范，在理解上如出现偏差，执行中势必走样，很容易造成农业资源的损失和破坏，难以实现可持续发展。如有的地方性农业专项法规，从单一资源开发利用的角度考虑较多，如农业部门只管种植计划和新技术推广，水利部门只管小流域治理，林业部门只管植树造林，土管部门只管基本农田保护，等等。缺乏“综合”性，在开发利用与保护中往往形成各自为政、重复开发、效益低下。此外，在农业综合开发实践中，涉及项目建设特别是关系到部门利益等具体问题时，没有农业综合开发方面的法律法规。往往只能靠红头文件、靠领导拍板，靠资金投入作筹码以显示其地位和作用。农业综合开发“综合”的特殊性，决定了要有法律法规来规范其他农业资源开发行为，只有做到依法开发、综合利用，才能做到协调发展，优化配置资源，提高整体效益，实现政府预期目标。农业综合开发才能更好更快地向前发展。

2. 可消除湖南省农业综合开发思想认识上的障碍。一是可以消除增加农民负担的认识。农村实施“税费改革”试点以来，以农民为主体的开发政策引来多方关注，农业综合开发要求群众自筹部分资金，有的地方就认为是增加了农民负担而消极对待。尽管农业综合开发管理部门拿出有关会议文件和领导讲话，并做了大量的调研、说服和解释工作，但往往是事倍功半，效果不很理想。如果国家用法律法规形式明确下来，依法开发，这些问题也就迎刃而解了。二是可以克服地方财政不配套或少配套的问题。为了保证农业综合开发规模，调动各级政府支农积极性，按政策要求按一定比例配套投入。现在有的地方为了争取项目，表面上承诺按规定比例配套，一旦项目立项后以种种借口为由不予落实，有的压到下一级财政，有的甚至“空配”，农业综合开发项目计划投资难以完成。对此，如果一旦以法律法规形式明确下来，管理部门也就有法可依，从而做到违法必究，执法必严了。三是有利于形成依法管理项目和资金的氛围。如果有了农业综合开发法律法规，对项目管理、资金管理以法律、法规形式加以明确，违法就要受到惩罚，上述问题恐怕就少得多甚至杜绝。

3. 可消除湖南省农业综合开发投入机制上的障碍。农业综合开发形成了中央、省、市、县、乡（镇）、村和群众等多层次投入，并运用投资、投劳、投物等多形式投入，体现了农业综合开发投入的综合性。省级以上财政投入是起引导的决定性作用。农业综合开发的财政投入必须以法律法规予以明确保证，并列入各级财政预算，这样才能确保有渠有水，源远流长。否则，投入的人为因素较大。现在农业综合开发财政资金投入不很稳定。资金比较少，国家财政资金投入水平明显不足。与财政支农资金投入比例看，大江大河基本建设项目和扶贫开发投入的资金是农业综合开发年均投资的 10 倍以上；投入不稳定。每年投资计划控制指标从中央到地方都难以及时下达，各地编制项目计划都比较晚，资金往往到年底才下达，影响了项目建设速度，管理工作难以正常进行。如果以法定形式明确农业综合开发投入资金的来源渠道、形成办法和增长比例，就可以更好地、主动地、积极地做好开发各项工作，促进农业综合开发更好更快地向前发展。明确了将农业综合开发配套资金和机构运行经费列入财政预算。有利于足额落实农业综合开发地方财政配套资金，确保项目投资计划和建设任务的完成；有利于解决农业综合开发管理机构的运行经费，确保工作顺利开展，杜绝各种挤占挪用项目资金的行为发生；有利于促进农业综合开发机构和队伍建设，提高工作效率和工作水平。明确了整合支农投入的原则和要求。有利于促进农业综合开发土地治理项目、产业化经营项目的统筹协调和有机结合；有利于充分发挥农业综合开发管理模式的示范带动作用；有利于以县为单位，通过规划整合项目，通过项目整合资金，达到集中财力办大事、形成规模出效益的目的，解决目前支农资金分散、使用效益低下的问题。

（四）贯彻实施《条例》意义重大

制定《条例》对构建和谐社会、建设社会主义新农村和建立健全公共财政体制发挥重要作用。

1. 贯彻实施《条例》，规范农业综合开发管理，是落实党中央、国务院提出的建设社会主义新农村战略的必然要求。农业综合开发作为财政支农的一个重要手段，作为解决“三农”问题的一项重要措施，在社会主义新农村建设中责任重大。农业综合开发实行“国家引导，配套投入、民办公助，滚动开发”的投入机制，投入规模越来越大，对发展农村经济的作用也越来越明显，已经成为缩小城乡差距、逐步解决城乡二元经济结构的有效途径。建设社会主义新农村，关键是发展农村生产力。农业综合开发的根本目的是要促进农业增产增效、农民增收，其本质就是发展农业生产力。因此，实施农业综合开发，对于解决“三农”问题，建设社会主义新农村具有重要意义。要通过贯彻实施《条例》，进一步明确农业综合开发的工作目标和建设重点，规范农业综合开发管理，使农业综合开发更好地服从和服务于建设社会主义新农村这个大局。

2. 贯彻实施《条例》，规范农业综合开发管理，是推进依法行政、依法理财的迫切需要。农业综合开发作为一种政府行为，作为公共财政框架下政府支持农业发展的一项重大举措，是政府为农村提供公共产品的重要渠道。必须适应依法行政、依法理财的内在要求。贯彻实施《条例》，规范农业综合开发行为，管好用好农业综合开发的项目和资金，让广大农民分享改革开放的成果，让广大农村享受公共财政的阳光，是建立健全公共财政体制的必然要求。只有通过贯彻实施《条例》，运用法律的权威性和规范性来保障农业综合开发工作，才能提高农业综合开发工作水平，才能更好地体现依法理财的要求。

3. 贯彻实施《条例》，规范农业综合开发管理，是充分发挥农业综合开发效益的根本保证。贯彻实施好《条例》，可以促进农业综合开发的体制创新、制度创新、机制创新和管理创新，从法制的角度和高度确保农业综合开发工作程序规范、开发重点符合实际、开发资金专款专用，不断开创我省农业综合开发工作的新局面，为促进农业发展、农村繁荣和农民增收作出应有的贡献。

（五）贯彻实施《条例》后农业综合开发取得的显著成效

全面贯彻落实《条例》，是一项长期而艰巨的任务。《条例》实施以来，对规范湖南省农业综合开发管理，保障农业综合开发事业又好又快发展发挥了重要作用，也为全国农发系统的法制化建设积累了经验。

1. 将农业综合开发纳入了国民经济和社会发展规划。有利于督促各级政府搞好农业综合开发规划，提高规划编制水平；有利于协调农业综合开发规划与其他相关专项规划，促进各地按照科学规划、统筹安排、集中财力、优势互补的原则，整合农业综合开发资金等各项支农资金；有利于农业综合开发有计划地建设我省优势农产品基地和特色农产品基地，扶持农业产业化经营，做大做强优势产业和特色产业；有利于将农业综合开发纳入各地经济和社会发展全局，并成为一个重要组成部分，创造良好的开发氛围。认真编制规划。各级政府高度重视农业综合开发规划编制工作，认真组织财政、农业、林业、水利、环保、国土资源、发展与改革等有关部门，共同编制好农业综合开发规划。把农业综合开发纳入各地经济和社会发展规划，统筹安排，突出重点，充分发挥农业综合开发规划的指导作用。

2. 逐步理顺了农业综合开发机构。《湖南省农业综合开发条例》明确了财政部门是农业综合开发主管部门。有利于明确工作职责，落实工作责任；有利于实现项目和资金的统一管理，提高管理水平和资金使用效益；有利于理顺全省农业综合开发机构，做到归口统一，上下对口，工作顺畅；有利于建设一支精干高效的农业综合开发队伍，更好地适应新时期农业综合开发工作的需要。2006 年，湖南省农业综合开发机构尚未完全理顺，14 个市州农发办中，有 6 个仍挂靠在政府办或农办。2007 年 5 月 25 日，省人民政府办公厅下发了《关于印发湖南省农业综合开发办公室主要职责内设机构和人员编制规定的通知》，为全省有序开展农业综合开发工作创造了良好的条件。全省 14 个市州、103 个开发县（市、区）农开办已全部归口财政管理（2007 年年初只有 41 个），省、市、县三级基本做到了归口统一，上下对口，工作顺畅。

3. 扩大了农业综合开发规模，创新了开发模式。全省农业综合开发管理体制得到理顺，农业综合开发规模不断扩大，特别是地方财政配套资金均及时足额落实，资金投入和开发重点更加突出，项目和资金管理更加规范，整合资金、规模开发稳步推进，开发效益更加明显，开发工作水平进一步提高。同时，扩大了规模开发的范围，提升了规模开发的整体效益，充分发挥了规模开发的示范带动作用。全省共创办 15 个规模开发示范点，投入农业综合开发财政资金与整合其他支农资金为 1∶1，建成高标准基本农田 6.67 万公顷。在规模开发，流域开发、“两型”开发等开发模式上不断创新。

4. 突出扶持重点，推进新农村建设。加强农业基础设施建设，改造中低产田，大大改善了农业生产基本条件和农民生活条件，提高了农业综合生产能力和粮食安全保障水平；农业综合开发投入产业化经营，扶持农业产业化企业，有力地促进了农业结构调整和农业产业化经营，增加了农民收入和地方财政收入。这是农业综合开发过去紧扣的两个重点，而且仍然是农业综合开发工作不能舍弃的重点任务。但是，农业可持续目标、新农村建设陆续成为了农业综合开发的瞄准重点，特别是将扶持重点从生产领域转向生产与生活领域。

5. 省财政厅进一步加大管理创新和队伍建设力度。加强项目管理。按照申报、评估、选择、审批、实施、验收、管护的程序，进行规范的项目申报，扎实评估论证，认真审查筛选，科学规划设计，严密组织实施，严格检查验收和建后管护。坚持按计划办事，项目按照计划建。要坚持依法公开办事，推行招投标制和工程监理制，实行项目公示制。切实做到依法开发、依法行政，努力形成上下一致、管理规范、运行高效的农业综合开发体系。在贯彻实施《条例》的过程中，必须做到有法必依、执法必严、违法必究。加强队伍建设，充实专业技术人员，提高干部政治业务素质，切实解决部分市县农业综合开发办公室存在的机构臃肿、人浮于事、工作经费无保障等问题，建设一支政治坚定、业务精通、清正廉洁、精干高效、作风优良的农发干部队伍。

6. 进一步明确了农业综合开发工作的监督制约机制。财政部门是农业综合开发的主管部门。各级财政部门切实履行好主管部门的职责，行使好财政职能，认真贯彻执行与农业综合开发有关的法律、法规、规章和方针政策，会同有关部门拟定农业综合开发规划，审定农业综合开发项目规划和年度项目实施计划，审定农业综合开发资金安排方案，落实财政配套资金，按计划投放、回收、上解有偿资金，对农业综合开发项目资金进行报账审批和实行国库集中支付，依法对农业综合开发活动进行监督检查并查处违法行为，等等。加强农业综合开发主管部门对农业综合开发管理机构的监督制约，使项目实施与资金支付相分离，有效解决投资、建设、管理"三位一体"的问题。

二、《条例》将农业综合开发系统归入财政的原因解释

（一）农业综合开发归属财政的原因：财政视角的解释

农业综合开发是完全的政府行为，行使的是国家职能。①农业综合开发是国家支持和保护农业的一项重要措施。政府主要是弥补市场资源配置的不足，依法监督经济的健康运行。政府支持和保护农业就是保护自己的政治基础，保护自己的政治利益。②农业综合开发的目标和关注的焦点也是以社会效益为主的。农业增效，农民增收，农村稳定都离不开农业综合开发。农业开发资金由各级政府配套投入，统一纳入政府预算。发达的资本主义国家支持和保护农业的资金也是列入政府预算的。③农业综合开发属于政府行为是由市场经济的基本规律—价值规律决定的。如果政府不支持、不保护，农业不可能通过投入获得社会平均利润，农产品的短缺必然带来社会经济发展的不稳定。农业综合开发是政府降低农业成本，弥补市场缺陷的政府行为。

农业综合开发一种公共财政投资。农业综合开发项目是一种区域性的准公共产品。在公共财政框架下，农业综合开发应该成为政府公共投资于农业的支出行为，同时由于其准公共产品属性，要以财政投资为基础，引导其他投资主体进入，保证公共财

政投资产生最大的绩效。农业综合开发的基本特征是，财政、农林、水利、土地、金融等部门综合参与；开发方式上实行山水田林路综合治理；投入资金来源上中央和地方财政资金、信贷资金、农民自筹资金、社会其他资金综合投入；管理措施上有针对性地采取工程、生物和技术等综合措施；效益上期望取得经济、社会和生态方面的综合效果（高英，2000；长云，2001）。这些都是农业可持续发展战略下农业公共投资的目标和任务，是农业公共投资供给的公共物品或服务。

（二）农业综合开发归属财政的原因：制度演变视角的解释

1993年国务院机构改革保留国家农业综合开发办公室，挂靠财政部，1998年，国家农业综合开发办公室由国务院非常设机构改为财政部的一个司局级单位。农业综合开发作为政府行为其管理体系随改革进程而逐步得到理顺。凡有农业综合开发项目的省（区）、市、县政府，都按国家农业综合开发的有关要求，设立了农业综合开发办事机构。现在，各地农业综合开发管理机构也在不断地调整、充实和完善之中。总的看，省以下农业综合开发管理机构设置较为复杂，差别表现在设置，级别，职能和编制的不同。这种制度演变是潜在利益诱导和政府强制性变迁的互动结果。符合农业开发系统的利益，符合广大农民的利益需求。这是农业开发制度的创新。

（三）农业综合开发归属财政的原因：效率视角的解释

农业综合开发在机构上存在着三个问题：①农业综合开发的长期性与农业综合开发组织的临时性不相适应；②农业综合开发管理机制的合理性与现实性的矛盾；③农业综合开发刚性政策和刚性实践的碰撞。认真分析起来，在农业综合开发工作中出现的许多问题，无不直接、间接地与机构设置和职责分工有关。实践中，不同的农业综合开发管理机构各有利弊。

就省级而言：①设在财政部门的管理机构上下对口，信息传递畅通，在资金管理与项目管理上协调配合比较及时，效率较高，资金管理规范而且力量较强。非项目业务管理人员如人事、群团、保障等由单位综合部门负责，因而管理成本比较低。但不足的是机构级别较低，大都是处级、副处级。另外，限于人员编制，农业综合开发项目业务管理力量相对弱一些；②设在农口有关部门的管理机构，除项目管理力量稍强外，在资金管理方面的协调工作量大，上下不是一个系统，信息政令传递环节较多，甚至传递错（单位），效率不是很高，而且级别也很低；③单独设置的管理机构，级别较高。人员比较多，业务管理力量方面要比前两种强，但在资金使用上还得和财政部门加强协调配合，管理成本最大，上下也不对口。

从管理的效能和效果来看，由于机构设置的不同，职能取向产生异化，对同一政策的理解产生分歧，过多的沟通和协调无形中降低了工作效率，提高了管理成本。从目前农业综合开发管理机构运行情况看，凡农业综合开发管理机构设置合理、上下对口、人员力量较强、管理科学的地方，农业综合开发工作开展得就比较顺利，开发成效就比较显著。

（四）农业综合开发归属财政的原因：财政功能视角的解释

1. 财政的功能。财政的功能有：①财政的资源配置功能。市场对资源的配置起基础性作用，但由于市场失灵需要政府在市场失灵领域发挥资源配置作用。财政作为政府调控经济社会运行的主要杠杆，是政府配置资源的主体。财政加强制度建设、完善基础设施；调整投资结构，形成新的生产能力，实现优化产业结构的目标；提供公共产品，实现资源配置的优化。农业综合开发属于公共产品性质，是财政提供的对象，农业综合开发也是财政支农和农业宏观调控的手段，也是资源配置的方式之一。②财政的作用是引导和协调。导向功能是财政政策不仅规定应该做什么，不应该做什么，同时通过利益机制，引导人们的经济行为。协调功能是指对某些失衡状态的制约和调节能力，它可以协调地区间、行业间、部门间、阶层间的利益关系。农业综合开发需要发挥财政的导向和协调功能。③财政职能的协调配合。财政的职能之间既有一致性，也有矛盾性，协调得好可以相辅相成，协调失当则会相悖相克。如何权衡利弊，协调运用、充分实施财政职能，统筹考虑各职能目标的相互作用，使之同时满足配置、分配和稳定发展目标，是财政政策实施的重要问题，也是财政体制改革的核心问题。财政宏观调控以财政职能作为目标，有时会处于顾此失彼的境地，削弱政策效果。将农业综合开发纳入财政系统，有利于协调农业综合开发与其他财政支农资金之间的关系，达到支农资金之间的协调发展。

2. 财政部门在农业综合开发中的作用。财政部门也有参与部门项目管理的责任和权利。一是财政部门要切实担负起落实配套资金和加强财务管理的责任。财政部门要将地方各级财政配套资金纳入本级财政预算，以确保配套资金的落实和及时、足额到位；对资金的使用和管理情况进行全过程监管，确保项目资金真正用在项目上，杜绝资金浪费和被挤占挪用；对到期应偿还的有偿资金要督促项目承建单位及时、足额归还。二是财政部门要认真履行参与部门项目选项、实施等环节的管理权力。财政部门要积极参与项目规划、项目可行性研究、项目申报审批、扩充设计（实施方案）编制、项目实施、竣工验收和运行管护诸环节，确保项目选项准确，布局合理，与项目区紧密结合，切实为项目区产前、产中、产后服务，并保证项目建成以后正常运行。财政部门在与农口部门联合行文报送部门项目申请报告、可行性研究报告、年度项目实施计划时，要严肃认真地行使好把关的权力。

第六章　湖南省农业综合开发投资绩效实证研究

一、文献回顾和问题提出

我国从1988年开始，在全国范围内实施大规模的农业综合开发，通过改造中低产田，改善农业基本生产条件和生态环境，提高综合生产能力，增强农业发展后劲，推进农业产业化经营，促进农业和农村经济结构战略性调整，提高农业综合效应，实现农业增产和农民增收。是否提高农业综合生产能力，是否推进了农业产业化，是否实现农业增产和农民增收是农业综合开发投资绩效的一个综合衡量指标或"风向标"。目前国内学者对农业综合开发投资进行效益评价的研究文献还比较少。王昕（1993）将一般项目管理的评价方法引入对农业综合开发与经济效益进行评价。李湘阁、阂庆文等（1997）根据南京市农业资源开发的有关资料，拟定了农业资源开发效益评估的指标体系，利用层次分析法确定了其权重，利用隶属度函数量化处理评估指标，分别对农业资源开发后的经济效益、生态效益、社会效益及综合效益进行了评估，结果表明，目前农业资源开发效益中，经济效益所占比重偏大，今后应对生态效益给予更多的重视。彭国富、张玲芝（1999）在农业综合开发投资项目选择的方法上做了相关研究，将模糊综合评价优选法用于农业综合开发产业化经营及龙头项目的优选。韩国良（2005）运用因子分析、聚类分析方法对1988—2002年各省区农业综合开发的资金投入对产出效果进行评价，结果显示，农业综合开发的投入产出效果确实具有明显的地区差异。樊继红等（2006）运用层次分析法（AHP）构建了农业综合开发的效果评价指标体系。高永珍（2006）初步探讨了农业综合开发资金绩效评价体系的构建，认为绩效评价对象的多元化问题、绩效评价时点的差异性问题、绩效评价指标的相互衔接问题和绩效评价范围的局限性问题是评价体系的关键和仍需进一步探讨的问题。李伟（2008）在《基于因子分析与AHP法的农业开发项目环境影响评价研究》中，阐述了农业开发项目对生态环境的各种影响因素和特点。在此基础上，总结了传统农业开发项目环境影响评价的方法，提出了基于因子分析法和层次分析法的项目环境影响评价方法。张熠（2008）在《TOPSIS法在农业综合开发项目评价中的应用》一文中，提出了一种提出了一个对农业综合开发进行综合评价和优选排序的逼近于理想解的排序方法（Technique for Order Preference by Similarly to Ideal Solution，简称TOPSIS法），分析了TOPSIS法相对于主成分分析法、层次分析法等方法的优缺点，并以水利工程项目为例，讨论TOPSIS法在农业综合开发项目选择中的应用。而国内学者对湖南省农业综合开发绩效分析的文献几乎是空白。本文基于湖南省1989—2008年有关农业经济的经验数据，构建一个C-D生产函数的扩展模型，定量分析湖南农业综合开发对农民收入增长、农业增产的贡献。

二、湖南省农业综合开发投资对农民增收贡献的实证分析

（一）模型设计与数据处理

目前农业综合开发实行“国家引导、配套投入、民办公助、滚动开发”的投入机制，农业综合开发资金的来源分为中央财政资金、地方财政配套资金，银行贷款和自筹资金。自筹资金包含农村集体、农民群众和项目建设单位筹集的现金和以物力折资，

银行贷款占农业综合开发总投资的比重很少，财政资金投入是农业综合开发投资主体。因此，本文选用农业综合开发财政资金投入作为农业综合开发资金投入的代理变量。为了定量地分析湖南农业农业综合开发对农民收入增长的影响，本文在柯布—道格拉斯生产函数（C-D生产函数）模型中加入湖南农业综合开发财政资金投入变量对原模型进行扩展，得到扩展后的C-D生产函数模型如下：

$$Y_d = AK^{\alpha}L^{\beta}G^{\gamma}e^{\mu} \quad (1)$$

对方程（1）两边取对数，即得到线性回归方程：

$$LnY_d = LnA + \alpha LnK + \beta LnL + \gamma LnG + \mu \quad (2)$$

模型（2）中，K为湖南财政农业投入的其他资金额（即扣除湖南农业综合开发财政资金投入之后的财政农业投入资金额），L代表湖南农业从业人员数，G表示湖南农业综合开发财政资金投入，湖南农民人均纯收入 Y_d 为被解释变量，α、β、γ分别表示湖南农民人均纯收入对各要素投入的弹性，μ为随机误差项（数据参见表6.1）。

表6.1　湖南财政农业投入情况表

年份	农民人均纯收入 Y_d（元）	财政农业投入（亿元）	农业综合开发财政投资G（亿元）	财政农业投入的其他资金额K（亿元）	农业从业人员数L（万人）
1989	558.30	12.35	1.20	11.15	2 061.40
1990	664.23	13.77	1.05	12.72	2 133.07
1991	688.91	14.97	1.36	13.61	2 174.96
1992	739.42	16.09	1.20	14.89	2 169.74
1993	851.87	20.62	1.20	19.42	2 101.88
1994	1 155.00	21.63	1.31	20.32	2 041.28
1995	1 425.16	24.2	2.16	22.04	2 114.71
1996	1 792.25	30.42	2.20	28.22	2 089.33
1997	2 037.06	31.44	2.58	28.86	2 074.12

（续）

年份	农民人均纯收入 Y_d（元）	财政农业投入（亿元）	农业综合开发财政投资 G（亿元）	财政农业投入的其他资金额 K（亿元）	农业从业人员数 L（万人）
1998	2 064.85	50.91	3.76	47.15	2 074.51
1999	2 147.18	59.15	4.22	54.93	2 074.13
2000	2 197.16	60.23	4.97	55.26	2 065.92
2001	2 299.46	64.95	5.47	59.48	2 058.67
2002	2 397.92	98.85	5.91	92.94	2 019.60
2003	2 532.87	87.61	6.31	81.30	1 997.67
2004	2 837.80	120.61	6.66	113.95	1 975.89
2005	3 117.74	146.89	6.81	140.08	1 951.90
2006	3 390.00	156.99	7.93	149.06	1 920.14
2007	3 904.00	477.57	8.46	469.11	1 890.17
2008	4 512.00	611.37	9.40	601.97	1 877.91

注：数据来源于1989—2009年的《湖南统计年鉴》、《国家农业综合开发统计摘要》和《中国农业综合开发年鉴》。其中，湖南省财政农业投入资金额是农业、林业、牧业、渔业的基本建设支出和支持农村生产支出及农业事业费的合计数。

由于模型（2）中4个变量计量单位不尽相同，因此，本文对湖南农民人均纯收入 Y_d、财政农业投入的其他资金额 K、农业从业人员数 L 和农业综合开发财政资金投入 G 的数据采取均值标准化方法进行了处理（见表6.2）。

表6.2　湖南省财政农业投入情况表

年份	农民人均纯收入 Y_d	农业综合开发财政投资 G	财政农业投入的其他资金额 K	农业从业人员数 L
1989	0.270 28	0.285 17	0.109 50	1.008 83
1990	0.321 56	0.249 52	0.124 92	1.043 91
1991	0.333 51	0.323 19	0.133 66	1.064 41

（续）

年份	农民人均纯收入 Y_d	农业综合开发财政投资 G	财政农业投入的其他资金额 K	农业从业人员数 L
1992	0.357 96	0.285 17	0.146 23	1.061 85
1993	0.412 4	0.285 17	0.190 72	1.028 64
1994	0.559 15	0.311 31	0.199 56	0.998 99
1995	0.689 94	0.513 31	0.216 45	1.034 92
1996	0.867 66	0.522 81	0.277 15	1.022 50
1997	0.986 17	0.613 12	0.283 43	1.015 06
1998	0.999 62	0.893 54	0.463 06	1.015 25
1999	1.039 48	1.002 85	0.539 47	1.015 06
2000	1.063 68	1.181 08	0.542 71	1.011 05
2001	1.113 20	1.299 90	0.584 15	1.007 50
2002	1.160 87	1.404 47	0.912 76	0.988 38
2003	1.226 2	1.499 52	0.798 44	0.977 64
2004	1.373 82	1.582 70	1.119 10	0.966 99
2005	1.509 34	1.618 35	1.375 72	0.955 25
2006	1.641 15	1.884 51	1.463 91	0.939 70
2007	1.889 98	2.010 46	4.607 11	0.925 03
2008	2.184 33	2.233 84	5.911 93	0.919 03

注：表中数据为消除各变量量纲影响的均值标准化值。

本文中利用上述的统计数据和模型（2），运用协整分析、误差修正模型和脉冲响应等方法分析各个变量之间的长期稳定关系和短期动态关系，均采用 Eviews6.0 软件进行回归分析。

（二）计量结果分析

1. 变量之间的协整检验。

（1）各变量的平稳性检验。在进行协整关系检验或建立 VAR 模型之前，必须首先对各变量的平稳性进行检验，以避免采取非平稳数据拟合模型而造成“伪回归”。对时间序列平稳性检验的标准方法是单位根检验，本文选择单位根检验中的 ADF 方法进行检验，以确定变量单整阶数，只有当变量的单整阶数都相同时，才能进行协整检验。

在 ADF 检验中，ADF 检验式中包括三种情况：常数、常数和线性趋势、或二者都不包括。本文选择标准：通过变量的时序图（见图 6.1）观察，如果序列包含有趋势（确定的或随机的），序列回归中应既有常数又有趋势。如果序列没有表现任何趋势且有非零均值，回归中应仅有常数。如果序列在零均值波动，检验回归中应既不含有常数又不含有趋势。根据 ADF 方法，各变量的平稳性检验结果如下（见表 6.3）：

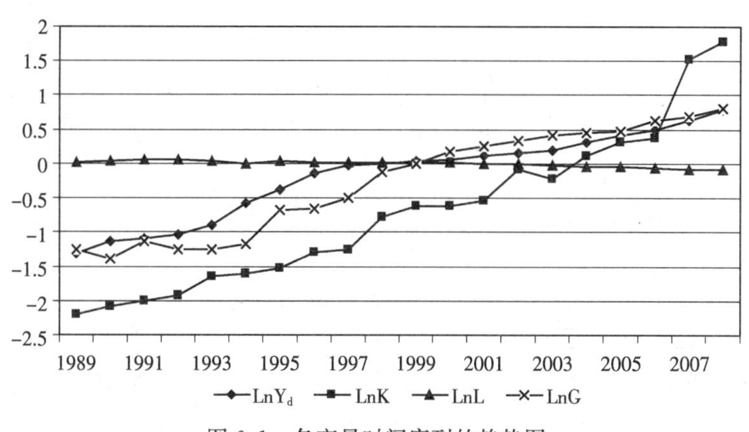

图 6.1　各变量时间序列的趋势图

表 6.3　各变量平稳性的单位根检验结果

变量	检验形式 (c，t，k)	ADF 检验值	1% 临界值	5% 临界值	10% 临界值	结论	整合阶数
LnY_d	(c，t，2)	−2.938 287	−4.616 209	−3.710 482	−3.297 799	不平稳	I (1)
ΔLnY_d	(C，0，0)	−1.278 855	−2.699 769	−1.961 409	−1.006 610	平稳	
LnK	(c，t，0)	−1.308 804	−4.532 598	−3.673 616	−3.277 364	不平稳	I (1)

（续）

变量	检验形式 (c，t，k)	ADF 检验值	1% 临界值	5% 临界值	10% 临界值	结论	整合阶数
ΔLnK	(c，t，0)	−5.780 868	−4.571 559	−3.690 814	−3.286 909	平稳	
LnL	(c，t，0)	−3.248 503	−4.532 598	−3.673 616	−3.277 364	不平稳	I (1)
ΔLnL	(c，t，0)	−4.560 583	−4.616 209	−3.710 482	−3.297 799	平稳	
LnG	(c，t，3)	−2.133 454	−4.532 598	−3.673 616	−3.277 364	不平稳	I (1)
ΔLnG	(c，0，0)	−5.238 935	−3.857 386	−3.040 391	−2.660 551	平稳	

注：ΔLnY_d，ΔLnK，ΔLnL，ΔLnG 表示原序列的一阶差分数列；检验形式中的 c 和 t 分别表示单位根检验的截距项和趋势项，k 表示滞后阶数。

由表 6.3 中可以看出，水平序列 LnY_d、LnK、LnL、LnG 的 ADF 统计值都大于显著水平 1%、5%、10%的 ADF 临界值，所以，不能拒绝存在单位根的原假设，各序列都是不平稳的时间序列。而其一阶差分 ΔLnY_d 在 10%的显著性水平上拒绝原假设，ΔLnK 在 1%的显著性水平上拒绝原假设，ΔLnL 在 5%的显著性水平上拒绝原假设，ΔLnG 在 1%的显著性水平上拒绝原假设，所以，其一阶差分序列都是平稳序列。可见，所有变量都是一阶单整序列，即 I (1)，满足协整检验的前提。

(2) 协整关系检验。由于 LnY_d、LnK、LnL、LnG 均为一阶单整时间序列，则它们之间可能存在长期稳定的均衡关系，这可通过协整检验来确定。协整检验的前提是向量自回归（VAR）模型的残差序列必须是白噪声，而这能够通过选择 VAR 模型适当的滞后阶数（r）来实现。本文采用 Johansen 协整拟然比（LR）检验法来分析四个变量之间的协整关系。设定协整模型和最优滞后期 p 根据最小化 AIC 和 SC 值准则来确定。最优滞后期选取的标准采用：保证残差项不相关的前提下，同时采用 AIC 准则与 SC 准则，作为最佳时滞的标准，在二者值同时为最小时的滞后长度即为最佳长度。通过反复检验，本文滞后期 p 为 2，则滞后阶数 r 为 1。根据对变量的平稳性检验结果以及相应的 LR 标准与最大滞后期变量回归系数的联合显著性检验，经过反复检验分析，本文确定协整变量有线性趋势，并且协整方程有截距项。Johansen 协整检验结果见表 6.4。

表 6.4　Johansen 协整检验结果

原假设	特征值	迹统计量	5% 临界值	概率值	最大特征 值统计量	5% 临界值	概率值
没有协整关系*	0.841 745	58.914 16	47.856 13	0.003 3	33.183 85	27.584 34	0.008 6
至多有一个	0.609 112	25.730 31	29.797 07	0.137 0	16.908 01	21.131 62	0.176 4
至多有两个	0.297 640	8.822 297	15.494 71	0.382 1	6.359 578	14.264 60	0.567 5
至多有三个	0.127 871	2.462 720	3.841 466	0.116 6	2.462 720	3.841 466	0.116 6

由表 6.4 可知，在 5% 的显著性水平下，迹统计量为 58.914，大于临界值 47.856，相应的概率值 p 为 0.003 3，且最大特征值统计量为 33.184，大于临界值 27.584，相应的概率值 p 为 0.008 6。这表明原假设（没有协整关系）被拒绝，对应地接受至多有一个协整关系的原假设．可见，LnY_d、LnK、LnL、LnG 之间存在协整关系。

由协整检验得到标准化处理后的协整方程，其表达式为：

$$LnY_d = 0.167\,883 + 0.300\,234LnK + 1.347\,177LnL + 0.379\,535LnG \qquad (3)$$

$$(-1.604\,90)\quad(-0.573\,31)\quad(-2.623\,89)$$

$$R^2 = 0.840\,318 \qquad DW = 0.486\,526$$

其中括号中的数值为相应解释变量的 t 值。

以上结果表明，湖南省农民收入与财政农业投入的其他资金额、农业综合开发财政资金投入、农业从业人员数具有稳定的长期均衡关系。可以看出，湖南省农民人均收入对财政农业投入的其他资金额、农业从业人员数和农业综合开发财政资金投入的弹性分别为 0.300 234、1.347 177、0.379 535。其中，湖南省农业从业人员数的增加对农民人均收入增长的作用力最大，其次是湖南省农业综合开发财政资金投入，再次是湖南省财政农业投入的其他资金额。相比之下，湖南省农业投入的其他资金额的变动对农民人均收入波动的影响最小，这说明：①由于目前中国农业经济的生产效率不高，农民的文化素质比较低，湖南省农业仍主要靠增加农业劳动力投入的粗放型增长方式来提高农民收入增长；②湖南省农业综合开发资金由于资金和项目管理的科学性，带来了高效率，其中表现为对农民收入增长的促进作用明显，大于其他财政支农资金。总之，湖南省农业综合开发对农民增收的作用极其重要。

2. 向量误差修正模型（VECM）。一般来说，向量单位根过程要求协整。尽管其一阶差分构成平稳过程，但仍不能用有限阶的 VAR 过程来描述该一阶差分向量的构成过程。但是，Engel & Granger（1987）证明：在将协整关系引入模型后，就可以用有限阶的 VAR 过程来描述一阶差分向量的构成过程，这叫做向量误差修正（VEC）。由以上协整检验结果可知，LnYd、LnK、LnL 和 LnG 四个变量之间存在协整关系，因此，可以建立包含一个协整方程的向量误差修正（VEC）模型，以反映变量之间的长期均衡与短期波动关系。估计时，本文采用 Johnson 极大似然估计法（MLE），并且与协整分析一致，选取滞后阶 r=1，计量结果如（4）式所示：

$$
\begin{aligned}
\Delta LnY_{d_t} = & -0.334\,642\ (LnY_{d_{t-1}} - 0.300\,234 LnK_{t-1} - 1.347\,177 LnL_{t-1} \\
& \quad (-3.39543) \\
& - 0.379\,535 LnG_{t-1} - 0.167\,883) + 0.879\,378 \Delta LnY_{d_{t-1}} \\
& \qquad\qquad\qquad\qquad\qquad\qquad (4.859\,04) \\
& - 0.062\,399 \Delta LnK_{t-1} - 2.747\,397 \Delta LnL_{t-1} + 0.282\,769 \Delta LnG_{t-1} \\
& \ (-1.289\,49) \qquad\qquad (-3.270\,65) \qquad\qquad (2.766\,89) \\
& - 0.019\,531 \\
& \ (-0.672\,98)
\end{aligned}
\tag{4}
$$

$R^2=0.785\,170$　　$AIC=-10.524\,13$　　$SC=-9.139\,108$

其中括号中的数值为相应解释变量的 t 值。

上述结果描述了湖南农民人均收入围绕长期均衡关系进行短期动态调整的过程。在（4）式表示的误差修正模型中，差分项反映了短期波动的影响。误差修正项 ecm_t 的系数的大小反映了对偏离长期均衡的调整力度。从系数估计值（－0.334 642）来看，误差修正项系数为负，符合反向修正机制，当短期波动偏离长期均衡时，将以（－0.334 642）的调整力度将非均衡状态拉回到均衡状态。（4）式的计量结果还显示，R^2＝0.785 170，赤池信息标准值（AIC）＝－10.524 13，施瓦茨信息标准值（SC）＝－9.139 108。VEC 模型刻画了 $\Delta LnY_{d_{t-1}}$、ΔLnK_{t-1}、ΔLnL_{t-1}、ΔLnG_{t-1} 之间的复杂联系。模型回归结果中没有出现 ΔLnK_t、ΔLnL_t、ΔLnG_t 项，而出现了其滞后 1 期项，这说明，湖南财政农业投入的其他资金额、农业从业人员数和农业综合开发财政资金投入对农民人均收入的影响具有滞后性，只是通过协整的长期均衡来影响农民收入的增加。

3. 脉冲响应函数。脉冲反应函数刻画的是在 VECM 扰动项上加上一个单位标准差大小的新息冲击（Innovation）对内生变量的当前值和未来值的影响。本文以向量误差修正（VEC）模型为基础，采用 Pesaran 和 Shin（1998）等提出了一般脉冲响应分析（Generalized Impulse Response），避免了正交化对变量排序方式的依赖（见表 6.5、图 6.2）。

表 6.5　湖南农民人均纯收入 LnY_d 对于各种变量的脉冲响应值

追踪期数	LnY_d 对于 LnY_d 的脉冲响应值	LnY_d 对于 LnK 的脉冲响应值	LnY_d 对于 LnL 的脉冲响应值	LnY_d 对于 LnG 的脉冲响应值
1	0.051 264	0.064 915	－0.013 471	－0.062 236
2	0.087 095	0.057 438	－0.010 833	0.020 414
3	0.109 528	0.071 622	－0.006 427	0.050 392
4	0.098 787	0.076 424	－0.003 057	0.089 392
5	0.075 406	0.094 912	－0.002 922	0.092 273

（续）

追踪期数	LnY_d 对于 LnY_d 的脉冲响应值	LnY_d 对于 LnK 的脉冲响应值	LnY_d 对于 LnL 的脉冲响应值	LnY_d 对于 LnG 的脉冲响应值
6	0.048 840	0.108 105	−0.004 762	0.085 377
7	0.030 975	0.118 588	−0.007 435	0.068 065
8	0.023 901	0.121 671	−0.009 621	0.053 964
9	0.026 250	0.120 412	−0.0107 92	0.045 118
10	0.033 289	0.116 422	−0.010 912	0.043 488
11	0.040 758	0.112 504	−0.010 363	0.046 399
12	0.045 770	0.109 888	−0.009 598	0.051 254
13	0.047 518	0.109 077	−0.008 978	0.055 449
14	0.046 641	0.109 619	−0.008 666	0.057 798
15	0.044 484	0.110 811	−0.008 655	0.058 157

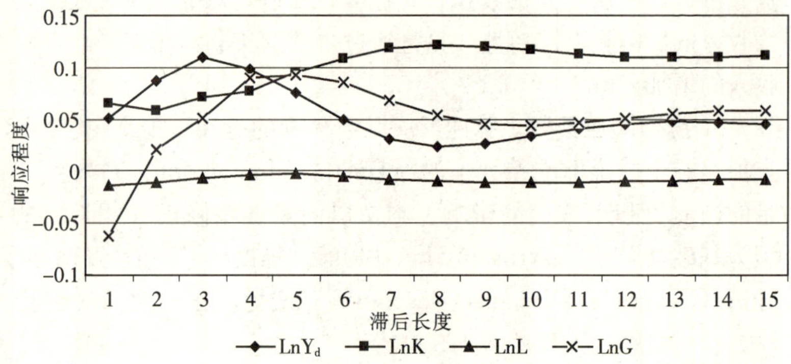

图 6.2　LnY_d、LnK、LnL、LnG 冲击引起 LnY_d 的脉冲响应函数曲线

图 6.2 是基于 VECM 即（4）式的广义脉冲响应函数曲线，横轴代表冲击作用的滞后期间数（单位：年度），选取了滞后长度为 15 期；纵轴代表湖南农民人均收入 LnY_d 对各解释变量单位新息冲击的响应程度。从图 6.2 可以看出，湖南农民人均收入 LnY_d 对农业综合开发财政资金投入 LnG 的反应开始是负值，在滞后 2 期随即变为正值，为 2.041 4%，表现为较强的正向效应。

到滞后 5 期达到最大，为 9.227 3%，之后呈下降，到滞后 11 期后，并逐步趋向稳定，维持在 5%以上。可见，从长期来看，湖南农业综合开发财政资金投入 LnG 的单位标准冲击对农民人均收入 LnY_d 具有显著的正向拉动作用，作用效应持续时间长，说明 LnY_d 对 LnG 的变动敏感。这进一步说明，湖南农民人均收入对农业综合开发财政资金投入的反应具有滞后性，与项目建设和发展规律相吻合。

4. 方差分解。由于变量之间存在长期协整关系，由 VECM 的动态结构系统，可以进一步分析湖南农民人均收入增加受到 ΔLnK_t、ΔLnL_t、ΔLnG_t 的影响程度。表 6.5 给出了基于 VECM 和 Monte Carlo 模拟的方差分解结果（见表 6.6、图 6.3）。

表 6.6　LnY_{d_t} 的方差分解结果

时期	标准误差 S. E.	LnY_{d_t}	LnK_t	LnL_t	LnG_t
1	0.051 264	100.000 0	0.000 000	0.000 000	0.000 000
2	0.105 062	92.530 18	1.285 862	0.372 225	5.811 738
3	0.159 054	87.792 59	4.627 816	0.214 951	7.364 644
4	0.199 924	79.982 57	10.506 35	0.315 531	9.195 545
5	0.228 857	71.894 21	17.436 54	0.531 659	10.137 59
6	0.249 484	64.329 47	24.141 41	0.921 550	10.607 57
7	0.264 881	58.435 75	29.479 31	1.375 396	10.709 55
8	0.276 974	54.188 94	33.283 81	1.821 969	10.705 28
9	0.287 158	51.249 22	35.852 43	2.189 714	10.708 63
10	0.296 787	49.235 84	37.549 46	2.459 388	10.755 31
11	0.306 768	47.849 30	38.679 51	2.637 621	10.833 57
12	0.317 332	46.796 98	39.520 59	2.752 788	10.929 65
13	0.328 200	45.845 13	40.289 86	2.835 860	11.029 15
14	0.338 964	44.873 00	41.096 09	2.910 406	11.120 51

（续）

时期	标准误差 S. E.	LnY_{d_t}	LnK_t	LnL_t	LnG_t
15	0.349 330	43.870 83	41.944 93	2.987 826	11.196 42
16	0.359 185	42.884 36	42.789 67	3.069 825	11.256 15
17	0.368 553	41.964 36	43.579 49	3.152 704	11.303 44
18	0.377 533	41.141 33	44.283 82	3.231 554	11.343 30
19	0.386 244	40.422 03	44.895 66	3.302 790	11.379 52
20	0.394 778	39.795 47	45.425 30	3.365 101	11.414 13

注：S. E. 所对应的列为相对于不同预测期的变量的预测误差；方程顺序为 LnY_d、LnK、LnL、LnG。

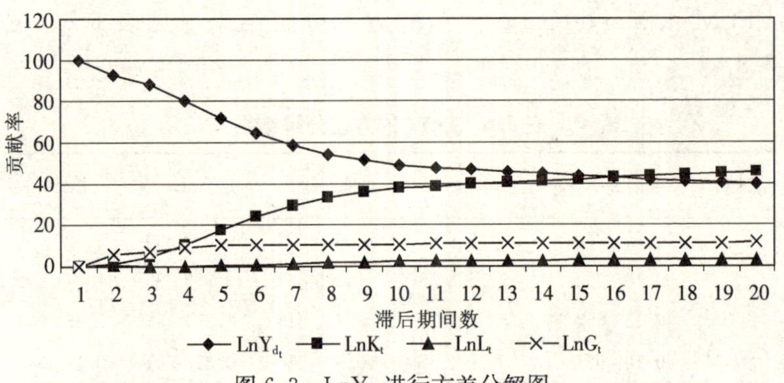

图 6.3　LnY_d 进行方差分解图

图 6.3 是基于 VECM 即（4）式和 Monte Carlo 模拟的 LnY_d 的方差分解图，横轴代表滞后期间数（单位：年度），选取了滞后长度为 20 期；纵轴代表 LnY_d、LnK、LnL、LnG 为因变量的方程信息对变量 LnY_d 的各期预测标准误差（S. E.）的贡献率。从表 6.6、图 6.3 可以看出，在湖南农民人均收入走势的波动（预测方差）中，从方差分解的短期趋势看，湖南省农业综合开发资金是湖南农民人均收入最主要的贡献因素，第 2、6、9 期对应的比例分别为 92.53%、64.33%、51.25%；湖南农业综合开发财政资金投入对农民人均收入的贡献程度上升很快，由第

2 期的 5.81%上升到第 5 期的 10.14%。从方差分解的中长期趋势（第 10 期以后）看，湖南农业综合开发财政资金投入对农民人均收入的贡献程度趋向稳定，在 11%以上；而同期农民人均收入、财政农业投入的其他资金额的贡献率也趋向稳定，都在 40%以上；农业从业人员数的贡献程度上升较小，分别从 2.64%上升到 3.0%左右。方差分解结果进一步证明，湖南省农业综合开发对农民收入增加的贡献是较明显的。而且，前期贡献率增长很快，而中后期贡献率增长比较平稳，但是贡献仍然很大。

三、湖南省农业综合开发投资对农业增产贡献的实证分析

（一）模型设计与数据处理

农业综合开发资金的来源分为中央财政资金、地方财政配套资金，银行贷款和自筹资金。自筹资金以农村集体、农民群众和项目建设单位筹集的物力折资为主；银行贷款占农业综合开发总投资的比重很少，且主要投向农业产业化项目；财政资金投入是农业综合开发投资主体。因此，本文选用农业综合开发财政资金投入作为农业综合开发资金投入的代理变量。湖南是我国的粮食大省，为了定量地分析湖南农业农业综合开发对农业增产的影响，本文选取湖南省粮食总产量 Y 代表农业产出，在柯布—道格拉斯生产函数（C－D 生产函数）模型中加入湖南农业综合开发财政资金投入变量 G、粮食作物播种总面积 X_1、农业机械总动力 X_2、化肥施用量（折 N 纯量）X_3 对原模型进行扩展，得到扩展后的 C－D 生产函数模型如下：

$$Y=AG^{\alpha}X_1^{k1}X_2^{k2}X_3^{k3}K^{\beta}L^{\gamma}e^{\mu} \quad (1)$$

对方程（1）两边取对数，即得到线性回归方程：

$$LnY=LnA+\alpha LnG+k_1LnX_1+k_2LnX_2$$

$$+k_3 LnX_3 + \beta LnK + \gamma LnL + \mu \tag{2}$$

模型（2）中，K 为湖南财政农业投入的其他资金额 K（即扣除湖南农业综合开发财政资金投入之后的财政农业投入资金额），L 代表湖南农业从业人员数，G 表示湖南农业综合开发财政资金投入，X_1 表示粮食作物播种总面积、X_2 表示农业机械总动力、X_3 表示化肥施用量（折 N 纯量）、湖南粮食产量 Y 为被解释变量，α、k_1、k_2、k_3、β、γ 分别表示湖南农民人均纯收入对各要素投入的弹性，μ 为随机误差项（数据参见表 6.7）。

由于模型（2）中 7 个变量计量单位不尽相同，因此，本文对湖南粮食总产量 Y、农业综合开发财政资金投入 G、粮食作物播种总面积 X_1、农业机械总动力 X_2、化肥施用量（折 N 纯量）X_3、财政农业投入的其他资金额 K 和农业从业人员数 L 的数据采取初值标准化方法进行了处理（见表 6.8）。

根据研究目的，本文中利用上述的统计数据和模型（2），采用 Eviews6.0 软件进行回归分析。为避免出现“伪回归”现象，首先利用 ADF 单位根检验法检验各指标的平稳性，在此基础上，如果变量出现同阶单整，则进一步进行协整检验，以分析变量间的长期关系。

（二）计量结果分析

1. 序列平稳性检验。如上文所述，模型变量平稳性检验将采用通行的 ADF 方法。本文利用 Eviews 软件对各水平变量的自然对数值湖南粮食总产量 LnY、农业综合开发财政资金投入 LnG、粮食作物播种总面积 LnX_1、农业机械总动力 LnX_2、化肥施用量（折 N 纯量）LnX_3、财政农业投入的其他资金额 LnK 和农业从业人员数 LnL 以及一阶差分后各变量值在按 SIC 准则确定的最优滞后期条件下进行稳定性检验，其结果见表 6.9。所有水平变量的对数值经过一阶差分后，在 1%、10%或 5%显著水平下都变成了平稳序列，即各变量对数值都是 1 阶单整的，即 I(1)。因此，本文接下来可以进行各变量间的协整分析，从而验

表 6.7　湖南省财政农业投入情况表

年份	粮食总产量 Y（万吨）	财政农业投入（亿元）	农业综合开发财政投资 G（亿元）	粮食作物总播种面积 X_1（万公顷）	农业机械总动力 X_2（万千瓦）	化肥施用量（折 N 纯量）X_3（万吨）	财政农业投入的其他资金金额 K（亿元）	农业从业人员数 L（万人）
1989	2 648.18	12.35	1.20	533.05	1 168.74	124.36	11.15	2 061.40
1990	2 692.67	13.77	1.05	536.56	1 209.17	126.09	12.72	2 133.07
1991	2 734.40	14.97	1.36	536.52	1 270.52	138.66	13.61	2 174.96
1992	2 680.01	16.09	1.20	524.36	1 284.37	146.18	14.89	2 169.74
1993	2 631.37	20.62	1.20	505.05	1 374.35	148.15	19.42	2 101.88
1994	2 667.15	21.63	1.31	507.74	1 459.07	159.41	20.32	2 041.28
1995	2 752.09	24.2	2.16	511.56	1 532.54	167.91	22.04	2 114.71
1996	2 820.62	30.42	2.20	513.39	1 616.29	167.08	28.22	2 089.33
1997	2 953.28	31.44	2.58	515.53	1 692.84	175.30	28.86	2 074.12
1998	2 828.19	50.91	3.76	507.48	1 825.57	179.93	47.15	2 074.51

（续）

年份	粮食总产量 Y（万吨）	财政农业投入（亿元）	农业综合开发财政投资 G（亿元）	粮食作物总播种面积 X_1（万公顷）	农业机械总动力 X_2（万千瓦）	化肥施用量（折 N 纯量）X_3（万吨）	财政农业投入的其他资金额 K（亿元）	农业从业人员数 L（万人）
1999	2 892.35	59.15	4.22	513.52	2 006.97	180.87	54.93	2 074.13
2000	2 874.97	60.23	4.97	502.99	2 209.74	182.15	55.26	2 065.92
2001	2 700.30	64.95	5.47	480.28	2 358.02	184.25	59.48	2 058.67
2002	2 501.30	98.85	5.91	465.26	2 498.09	184.32	92.94	2 019.60
2003	2 442.73	87.61	6.31	452.98	2 664.45	188.33	81.30	1 997.67
2004	2 809.98	120.61	6.66	508.22	2 923.93	203.19	113.95	1 975.89
2005	2 856.55	146.89	6.81	521.52	3 189.86	209.90	140.08	1 951.90
2006	2 901.18	156.99	7.93	529.58	3 416.61	212.14	149.06	1 920.14
2007	2 909.89	477.57	8.46	529.59	3 684.43	219.58	469.11	1 890.17
2008	2 969.35	611.37	9.04	494.94	4 021.14	223.38	602.33	1 877.91

注：数据来源于1989—2009年的《湖南统计年鉴》、《国家农业综合开发统计摘要》和《中国农业综合开发年鉴》。其中，湖南省财政农业投入资金额是农业、林业、牧业、渔业的基本建设支出和支持农村生产支出及农业事业费的合计数。

表 6.8　湖南省财政农业投入情况表

年份	粮食总产量 Y（万吨）	农业综合开发财政投资 G（亿元）	粮食作物总播种面积 X_1（万公顷）	农业机械总动力 X_2（万千瓦）	化肥施用量（折 N 纯量）X_3（万吨）	财政农业投入的其他资金额 K（亿元）	农业从业人员数 L（万人）
1989	1.000 00	1.000 00	1.000 00	1.000 00	1.000 00	1.000 00	1.000 00
1990	1.016 80	0.875 00	1.006 58	1.034 59	1.013 91	1.140 81	1.034 77
1991	1.032 56	1.133 33	1.006 51	1.087 09	1.114 99	1.220 63	1.055 09
1992	1.012 02	1.000 00	0.983 70	1.098 94	1.175 46	1.335 43	1.052 56
1993	0.993 65	1.000 00	0.947 47	1.175 92	1.191 30	1.741 70	1.019 64
1994	1.007 16	1.091 67	0.952 52	1.248 41	1.281 84	1.822 42	0.990 24
1995	1.039 24	1.800 00	0.959 68	1.311 28	1.350 19	1.976 68	1.025 86
1996	1.065 12	1.833 33	0.963 12	1.382 93	1.343 52	2.530 94	1.013 55
1997	1.115 21	2.150 00	0.967 13	1.448 43	1.409 62	2.588 34	1.006 17
1998	1.067 97	3.133 33	0.952 03	1.562 00	1.446 85	4.228 70	1.006 36

（续）

年份	粮食总产量 Y（万吨）	农业综合开发财政投资 G（亿元）	粮食作物总播种面积 X_1（万公顷）	农业机械总动力 X_2（万千瓦）	化肥施用量（折 N 纯量）X_3（万吨）	财政农业投入的其他资金额 K（亿元）	农业从业人员数 L（万人）
1999	1.092 20	3.516 67	0.963 36	1.717 21	1.454 41	4.926 46	1.006 18
2000	1.085 64	4.141 67	0.943 61	1.890 70	1.464 70	4.956 05	1.002 19
2001	1.019 68	4.558 33	0.901 00	2.017 57	1.481 59	5.334 53	0.998 68
2002	0.944 54	4.925 00	0.872 83	2.137 42	1.482 15	8.335 43	0.979 72
2003	0.922 42	5.258 33	0.849 79	2.279 76	1.514 39	7.291 48	0.969 08
2004	1.061 10	5.550 00	0.953 42	2.501 78	1.633 89	10.219 73	0.958 52
2005	1.078 68	5.675 00	0.978 37	2.729 32	1.687 84	12.563 23	0.946 88
2006	1.095 54	6.608 33	0.993 49	2.923 33	1.705 85	13.368 61	0.931 47
2007	1.098 83	7.050 00	0.993 51	3.152 48	1.765 68	42.072 65	0.916 94
2008	1.121 28	7.533 33	0.928 51	3.440 58	1.796 24	54.020 63	0.910 99

注：表中数据为消除各变量量纲影响的初值标准化值。

表 6.9　各变量平稳性的单位根检验结果

变量	检验形式（c，t，k）	ADF 检验值	1%临界值	5%临界值	10%临界值	结论	整合阶数
lnY	（c，0，1）	−2.404 830	−3.857 386	−3.040 391	−2.660 551	不平稳	I（1）
ΔlnY	（C，0，0）	−3.482 686	−3.857 386	−3.040 391	−2.660 551	平稳	
lnG	（c，t，1）	−2.643 011	−4.616 209	−3.710 482	−3.297 799	不平稳	I（1）
ΔlnG	（c，0，0）	−5.193 719	−3.857 386	−3.040 391	−2.660 551	平稳	
LnX_1	（c，0，1）	−2.689 296	−3.857 386	−3.040 391	−2.660 551	平稳	I（1）
ΔLnX_1	（C，0，0）	−3.033 052	−3.857 386	−3.040 391	−2.660 551	平稳	
LnX_2	（c，t，2）	−2.862 834	−4.616 209	−3.710 482	−3.297 799	不平稳	I（1）
ΔLnX_2	（C，0，1）	−1.907 859	−3.886 751	−3.052 169	−1.666 593	平稳	
LnX_3	（c，t，3）	−2.963 047	−4.667 883	−3.733 200	−3.310 349	不平稳	
ΔLnX_3	（C，0，0）	−3.962 220	−3.857 386	−3.040 391	−2.660 551	平稳	
lnK	（c，t，0）	−1.306 772	−4.532 598	−3.673 616	−3.277 364	不平稳	I（1）
ΔlnK	（c，t，0）	−5.778 584	−4.571 559	−3.690 814	−3.286 909	平稳	
lnL	（c，t，0）	−3.248 964	−4.532 598	−3.673 616	−3.277 364	不平稳	I（1）
ΔlnL	（c，t，1）	−4.560 835	−4.616 209	−3.710 482	−3.297 799	平稳	

注：ΔlnY_d，ΔlnK，ΔlnL，ΔlnG 表示原序列的一阶差分数列；检验形式中的 c 和 t 分别表示单位根检验的截距项和趋势项，k 表示滞后阶数。

证变量间不存在“伪回归”问题。

2. 协整关系检验。由ADF平稳性检验结果可知，所要研究的各变量都是一阶单整的，因此，必须进行协整关系检验，以判断变量间是否存在长期稳定的关系。Engle 和 Granger（1987年）指出，两个或多个非平稳序列的线性组合可以是平稳的，即存在所谓的协整关系。本文使用 Johansen 协整拟然比（LR）检验方法对变量进行协整检验。通过建立迹统计量和最大特征值似然比统计量来确定各变量之间的协整关系，Johansen 协整检验结果见表 6.10。

表 6.10 Johansen 协整检验结果

原假设	特征值	迹统计量	5%临界值	概率值	最大特征值统计量	5%临界值	概率值
没有协整关系*	0.918 768	157.943 2	125.615 4*	0.000 1	47.698 36	46.231 42*	0.034 6
至多有一个	0.872 304	110.244 9	95.753 66*	0.003 5	39.104 01	40.077 57	0.064 1
至多有两个	0.782 848	71.140 85	69.818 89*	0.039 1	29.015 99	33.876 87	0.170 5
至多有三个	0.570 566	42.124 86	47.856 13	0.155 3	16.060 44	27.584 34	0.660 7

表 6.10 协整检验中的迹统计量和最大特征根统计量的结果显示，全部拒绝协整向量秩为零的假设，说明至少存在一个协整向量，这表明在 1989—2008 年样本区间，无论如何组合 LnY、LnG、LnX_1、LnX_2、LnX_3、LnK、LnL 这七个变量之间都存在协整关系，不存在“伪回归”现象。

3. 模型估计和结果分析。通过以上检验，对变量进行回归建立了相应的计量模型。在此基础上分别用 White 检验法、Q 检验法和解释变量回归法对异方差、序列相关以及多重共线等问题进行了检验，结果均验证了模型的有效性。估计结果如下：

$LnY = 0.091\,234 LnG + 1.040\,847 LnX_1 + 0.416\,282 LnX_2 +$

标准误 (0.028 015)　　(0.093 797)　　(0.092 108)

t 值　[3.256 577]　　[11.096 81]　　[−4.519 512]

$0.404\,968LnX_3+0.064\,267LnK+0.194\,558LnL-$

标准误 (0.068 126)　　(0.023 497)　　(0.444 815)

t 值　[5.944 383]　　[2.735 188]　　[0.437 391]

$0.006\,941-0.646\,799AR(1)-0.779\,101AR(2)$　(3)

标准误 (0.026 274) (0.293 699)　　(0.305 068)

t 值　[−0.264 163] [−2.202 249]　　[−2.553 862]

$R^2=0.898\,519$　　$Adj.\ R^2=0.808\,313$

$D.W=2.492\,428$　　$F=9.960\,768$

模型（3）测算了湖南省农业综合开发投资对农业增产的贡献程度，式中加入 AR（1）和 AR（2）是为了消除自相关显示，模型总体显著性比较好，拟合优度较高，调整的 R^2 达到 0.808 313，说明各变量对粮食总产量有整体上的解释意义。D.W 统计量为 2.492 428，说明回归方程的残差项不存在序列相关，方程的参数估计在统计意义上可信。模型（3）的回归结果显示，农业综合开发财政资金投入 LnG 系数显著为正，这说明了农业综合开发对农业增产作用明显。LnX_1 系数也为正，说明粮食播种面积对农业增产作用显著。而农业综合开发一直加强中低产田改造，初始时期开垦宜农荒地等，对于增加粮食面积有重要贡献。因此，可以说，农业综合开发也通过播种面积等变量间接反映其对农业增产的作用。

四、结　　论

实证分析表明，湖南省农业综合开发对农业增产、农民增收贡献是非常显著的。在农业综合开发的两个主要任务中，土地治理项目有利于提高农业综合生产能力，为粮食增产作出了伟大贡献。扶持农业产业化项目有利于延长产业链条，增加农民收入。因此，应进一步调整财政支农结构，加强财政对农业综合开发的支持力度，建立健全农业综合开发投入稳定增长的财政引导机制；中央政府要加大对地方政府的农业综合开发资金的投入力度，按照因素法来科学分配资金，进一步下放项目的审批权；探索新的财政支持农业综合开发的模式，推广成功的农业综合开发模式，提高财政投资特别是农业综合开发资金的使用效率。通过财政对农业综合开发的支持，带动农业经济又好又快发展，促进农民收入和粮食产量持续稳定增长。

第七章　加强农业综合开发推进“两型农业”建设

20年来的实践充分说明，农业综合开发在加强农业基础设施建设方面发挥了骨干作用，在保障主要农产品有效供给方面发挥了支撑作用，在增加农民收入方面具有促进作用，在农业可持续发展中发挥了保障作用。农业综合开发 是社会主义市场经济条件下，国家支持和保护农业发展的一个有效手段，是巩固和加强农业基础地位的一条重要途径，是提高农业综合生产能力、构建现代农业产业体系的一项关键措施，是促进农业可持续发展的一个重要推动力量，是发展农业、繁荣农村、富裕农民的一个重要途径。各地的农业综合开发项目区，已成为当地农业发展的支柱、农业科技示范的样板、标准化生产的楷模、现代农业建设的亮点。农业综合开发的任务和发展现代农业的目标是一致的，农业综合开发是发展现代农业的重要内容和措施，发展现代农业是农业综合开发的目标和方向。

一、深刻理解推进“两型农业”发展的必然性

资源节约型和环境友好型社会建设是我国在面对资源与环境约束日益增大的情况下所确立的经济与社会发展的重要指导思想。农业对资源与环境的高度依赖性更加要求其发展过程必须充分坚持资源节约和环境友好原则，否则，就难以实现农业发展的持续性。因此，从一般意义上，大力提倡和强力推进“两型农

业”发展具有其内在的必然性。

（一）发展“两型农业”符合现代农业的本质要求

建设现代农业，就是改造传统农业，不断发展农村生产力；就是转变农业发展方式，促进农业又好又快的发展。现代农业就是设施农业、科技农业、优质农业、高效农业、商品化农业、市场化农业、规模化农业和产业化农业。两型农业是现代农业的高级形式，是现代农业的实现途径之一。中央对推进现代农业建设的总体思路和目标是“六个用三提高”：用现代物质条件装备农业，用现代科学技术改造农业，用现代产业体系提升农业，用现代经营形式推进农业，用现代发展理念引领农业，用培养新型农民发展农业。提高农业水利化、机械化和信息化水平；提高土地产出率、资源利用率和农业劳动生产率；提高农业素质、农业效益和农业竞争力。现代农业的最终目标在于为人类社会提供更加丰富和更高质量的生活消费品。为了确保粮食安全，就必然要求农业资源的产出率和利用率达到最大。发展资源节约型农业是与现代农业的追求目标完全一致的。同时，农产品的健康性和安全性又是现代农业发展所必须达到的基本要求，又是与环境友好型农业的基本目标相衔接的。发展现代农业必须加快推进农业生产手段、生产方式和生产理念的现代化，实现农业又好又快发展。这就必然要求以科学发展观统领“三农”工作，加快农业增长方式转变、集约节约使用自然资源和生产要素、优化农业、农村经济结构、提高土地产出率资源利用率劳动生产率、减少污染，实现农业可持续发展。可见，基于资源节约型和环境友好型特征的“两型农业”与现代农业在目标上具有完全同一性，体现了“两型农业”与现代农业之间的本质融合。

（二）发展“两型农业”有利于为工业化和城市化发展提供资源空间条件

我国正处于工业化和城市化的快速发展时期，存在着与农业产业发展拼抢资源的矛盾。从工业化和城市化发展来看，其对水土资源的占用表现出增长态势，在总量方面难以下降，因而需要农业的支持与贡献。从农业来看，水土资源是最基本的生产要素，要腾出部分资源满足工业化和城市化的需要，就必须发展“两型”农业，通过科技进步最大程度地提高资源利用效率，达到节约资源和保护资源的目的，使得相对多余出来的资源空间可以在实现工业化和城市化的过程中发挥更加重要的作用。目前，我国总体上已进入“以工促农、以城带乡”的发展阶段，加快建设现代两型农业，不仅必要而且可能。同时，农业依然是国民经济发展的薄弱环节。建设两型现代农业，既有利于加快改造传统农业，提高农业的素质、效益和竞争力，也有利于协调推进工业化、城镇化和农业现代化，促进经济社会全面、协调、可持续发展。

（三）发展“两型农业”是实践科学发展观的重要体现

科学发展观的本质在于妥善解决“为谁发展”和“如何发展”的问题。面对发展过程中所出现的资源与环境约束不断加大的情况，必须创新发展思路，转换发展方式，而不能孤立和片面地强调资源节约和保护环境。从“两型农业”的本质来看，将“资源节约和环境友好”充分整合为一的发展模式，能够更好地解决发展过程中所面对的资源与环境约束不断加大的问题，能够在充分提高资源投入产出效率和降低对环境的负面影响的同时，又能够实现农产品产出的不断增加和质量的不断提高，以最大程度地满足人民的基本需求。这种多元目标的达成，正是实践科学发展观的重要体现。发展现代两型农业，是根据科学发展观的要求，在充分考虑世界农业的发展趋势和我国农业的现状后作出的重大战略决策，体现中央政策的延续性。基本思路是“六用三提高”。具体要求是加大农业基础设施建设力度，提高农业物质装备水平，强化发展现代农业的基础设施支撑；提高农业科技自主创新能力和农业科技成果转化能力，强化科技创新支撑；开发农业多种功能，强化发展现代农业的产业体系支撑；培育多元化、多层次的市场流通主体，构建开放统一、竞争有序的市场，强化发展现代农业的市场体系支撑；大力培养新型农民，提高农村劳动者素质，强化发展现代农业的人力资源支撑。

（四）推进“两型农业”建设是解决我国“三农”问题的突破口

目前仍然存在一些问题，制约了我国“三农”发展，使农业在整个国民经济中仍处于薄弱环节。

（1）资源环境约束日益加剧，农业持续稳定增长难度较大。主要表现为耕地面积减少的趋势不可逆转，水土流失和荒漠化现象严重，耕地质量在一些地区持续下降；水资源短缺与利用效率、效益低下并存；部分地区农村能源短缺，可再生能源开发不足；劳动力老年化、妇女化、儿童化现象日益严重。一些地方农业兼业化、农村空心化、农民老龄化的现象日趋明显，不仅很难掌握和运用现代农业科学技术，也很难动员足够的劳动力参与农村基础设施建设。

（2）农村污染加重，农业生态环境依然脆弱。来自于外部的污染，尤其是工业“三废”的污染，对农业生态环境造成极大的不利影响。来自于农业内部的污染不断增强。这些化学品的过量使用直接引发了农业点源或面源污染问题。

（3）农业生产基础设施仍然薄弱，确保粮食安全任务十分艰巨。农田水利设施建设严重滞后，现有农田水利设施大部分超期运行，老化失修，设施不配套，建设管理滞后，效益衰减，一半以上耕地仍是靠天吃饭，农业抵御自然灾害的能力不强，每年因自然灾害损失粮食超过350亿千克。粮食消费者在不断增加，种粮食比较效益低、土地和淡水资源不足。影响国内农产品市场和价格稳定的因素日益复杂多变，我国粮食安全问题更加突出。

（4）农业科技对“两型农业”发展的支撑作用发挥不够。科技装备能力较差，农业科技应用水平偏低。据测算，农业科技对农业增长的贡献率仅为45%，农业科技成果转化率更低，大大低于发达国家70%～80%的平均水平。农业机械化作业水平较低，农业机耕、机播、机收水平分别都较低，特别是水稻和玉米。农业灌溉施肥技术、栽培方式、病虫害防治技术等农业科技推广和应用水平普遍不高，未能形成科技资源优势向经济优势的转化，导致“两型农业”发展格局难以建立，农业资源利用效率与先进省份相比仍有较大差距。因此，要解决这些深层次的矛盾和问题，必须走出一条中国农业发展新路，而这条新路就是中央提出的发展现代两型农业。

（五）发展“两型农业”是世界农业发展趋势

从世界范围看，现代农业在发达国家率先兴起，从20世纪初期起，就有一些国家随着工业革命的进展和科学技术的进步，开始推进现代农业进程。目前，世界上已经形成了三种现代两型农业的模式：一是人多地少、耕地资源或水资源短缺的国家，以提高土地单位面积产量和水资源利用率为主要特色的节地节水农业。代表性的国家有荷兰、以色列、日本等国。二是人少地多、劳动力资源短缺的国家，以大量使用农业机械来为主要特色的节约劳动力的农业。代表性的国家有美国、加拿大、澳大利亚等国。三是人地相当、耕地和劳动资源比较适中的国家，除了运用现代工业装备农业，加强农业科技普及和推广以外，多以农业制度变革和创新为主要特色。代表性的国家是法国。不论哪个国家哪种类型的现代两型农业，都有一些基本的、共同的特征：①有完善的农业基础设施建设；②有完整的农业教育、科研和推广体系作为支撑；③注重农业自然资源和生态环境的保护。农业资源的破坏和生态环境的恶化是世界各国经济发展过程中普遍出现的问题。一些国家从20世纪30年代起，在推进现代农业的进程中，就在水土保持和保护环境方面实施了一系列立法和政策措施，采取了各种先进的科学技术，以保证农业的可持续发展。④实行规模化、区域化、专业化和产业化经营，从而提高农业生产效率。⑤国家对农业支持和保护力度不断加大。政府是现代两型农业建设的组织者和推动者，对农业实施反哺政策，加大现代两型农业建设投入，保护生产者利益。

二、“两型农业”的功能定位

根据农业多功能理论，农业多功能之间是相互依赖、相互促进和相互制约的。例如，从经济功能看，其功能的大小，不仅影响农业总功能的大小，而且直接和间接影响其他功能作用的发挥。

（一）社会期待与“两型农业”功能的发挥

资源节约与环境友好的直接目的是解决当前中国的资源约束和环境压力问题，其政策的立足点是克服发展中的紧迫难题，突破发展的瓶颈制约。建设“两型农业”，是人类对传统农业增长方式和全球环境运动深刻反思的理论与实践成果，也是根据我国人口众多、资源相对不足、环境承载能力较弱的基本国情，从发展现代农业和新农村建设的全局出发，作出的重大战略决策。全球面临环境，发达国家的以邻为壑的污染输出、资源输入“生态殖民”方式，在有效保护了国内环境的同时，牺牲了发展中国的环境与资源。发展中国家陷入了贫困和环境破坏的恶性循环。全球能源危机和粮食危机日益突出。从环境与资源的角度看，国内农业生产体系存在的主要问题有：农业面源污染缺乏有效的控制，农业生态环境恶化不容忽视，农业生产本身的潜在生态风险不断增加，农地质量呈下降趋势，农地破碎化阻碍农业规模化经营，农业生产中资源浪费的问题十分严重。在国内国际环境保护呼声愈加强烈以及自然资源日益紧缺的双重压力下，我们必须大力发展两型的现代农业。因此，“两型农业”的功能被看作是消费者和整个社会对农业和农村地区需求与期望变化的结果。满足消费者和社会对两型农业的需求就是两型农业需求的某一部分功能的发挥，如对高质量食品生产的需求，对环境的需求，对生态价值和田园风光的需求等。因此，“两型农业”的功能是社会多样性期待的结果。

（二）“两型农业”的功能坐标构建

基于农业的联合生产特征，可以将“两型农业”的功能可以总结为“一主两翼”。应当以生产功能为主导功能，同时兼顾资源节约功能和环境友好功能两翼。

1. 生产功能。农业的多种功能是与生俱来的，“两型农业”既然是农业，生产农产品就是其主要特征和主要载体，因此，在任何情况下都不能弱化它的生产功能。①“两型农业”也应关注国家的粮食安全。在发展“两型农业”过程中，不能离开全国粮食安全大局，“两型农业”同样有责任对国家的粮食安全做出贡献。②“两型农业”也应具有相当的应对突发事件的农牧产品供应能力。农家乐和生态养殖发展了，而维持农业命脉的生产功能被大大弱化了，在一定程度上农民由生产者转化为农牧产品的消费者，势必会大大加剧农产品，特别是大宗农产品的供需矛盾，加剧农产品价格上涨。“两型农业”首先是农业，同样应当贯彻中央提出的把农业做强的号召，任何类型的农业“产量”是做强的基础。中国人多地少，生产资源匮乏，任何时候、任何忽略粮食、忽视广大群众不可缺少的大宗农产品生产的产量都不符合科学发展观。③既然“两型社会”是在经济增长前提下所具有的资源节约和环境友好特征。于是实现可持续发展就有了增长速度和资源消耗的双重衡量目标。无论是“十倍跃速”目标，还是“四倍跃进”目标，都是在保证经济增长的前提下，降低资源和环境的消费。

2. 资源节约功能。任何一个资源的利用程度都会影响着农业的生产水平。“两型农业”围绕转变农业发展方式，以提高资源利用效率为核心，以“九节一减”［节地、节水、节种、节肥、节药、节电、节柴（节煤）、节油、节粮、减人］和资源综合循环利用为重点，推广应用节约型的耕作、播种、施肥、施药、灌溉与旱作农业、集约生态养殖、秸秆综合利用等节约型技术，大力培养农民和农业企业的资源节约观念，大力发展循环农业、生态农业、集约农业等有利于节约资源的农业形态，促进农业实现可持续发展。“两型农业”要求在微观上资源利用的高效率，中观上资源配置的高效益，宏观上农业发展与资源承载能力相适应。推进“九节一减”的两型农业，不仅可以降低农业生产成本，减轻农民负担，还可增加农民收入，保护农业生态环境，有效治理农业面源污染。

3. 环境友好的功能。发展“两型农业”必须综合生态学、绿色化学、清洁生产、技术经济学的原理，发展方向是要从源头上思考如何避免或减少废弃物与污染物的产生。它的内涵应该要贯穿两个全过程控制：①农业生产的全过程控制。即从整地、播种、育苗、抚育到收获的全过程采取必要的措施，预防污染的发生；②农产品的全生命周期的全过程控制。即从种子、幼苗、壮苗、果实到农产品的食用和加工各环节采取必要措施，实现污染预防和控制。发展“两型农业”，通过农业生产经营和生态环境的协调、互补，以净化水质、土壤、空气，通过优化种植业和林、牧、副、渔等各业的组合，形成具有能使农业生产经营与生产状况相协调功能的复合生产体系，并利用多样性生物系统的自我平衡和维护能力，实现生态的良性循环；为城乡居民提供干净、自然、生态的休闲度假场所，让市民亲近自然，了解农业，更加爱护环境。

三、农业综合开发是建设“两型农业”的重要途径

农业综合开发开始于 1988 年，是由中央财政预算安排专项资金，带动地方财政配套，吸引农民、企业、银行及其他资金投入，对农业资源进行综合开发利用的活动。尽管发展现代农业的要求是中央最近几年明确提出的，但实际上农业综合开发从实施那一天起，就在做着推进现代农业的工作。

（一）农业综合开发的目标和发展现代“两型农业”具有一致性

我国农业生产总体水平还比较低，制约农业和农村经济发展的深层矛盾还没有从根本上得到解决，特别是粮食等农产品稳定增产的基础不牢，农民收入持续增长的难度较大，以及农业基础设施比较薄弱、农业的组织化程度较低、农业科技应用程度不高、农业生产方式比较粗放等问题仍比较突出。两型农业建设过程是改造传统农业，转变农业增长方式，提高农业综合生产能力，不断发展农村生产力，促进农业又好又快和可持续发展的过程。很显然其与农业综合开发的目标是一致的。农业综合开发把加强农业基础设施建设作为重中之重；在项目区大力推进产业化、标准化、专业化“三位一体”的生产方式；提高科技对农业增长的贡献率，以科技依托为纽带，以示范户为核心，加快实施科技入户工程；坚持用工业的理念开发农业，用市场机制运作农业，用国际惯例管理农业；以市场为导向，发挥区域主导产业优势的农业综合开发之路，推进农业发展。要充分发挥农业综合开发的“综合效益”，在现代“两型农业”建设中率先取得突破和进展。

（二）农业综合开发和“两型农业”都具有可持续发展内涵

1. 农业综合开发宗旨体现了农业可持续发展思想的精髓。农业综合开发的宗旨是“改田、增粮、增收”，以改造日益恶化的农业生态环境，增强农业抗灾能力，提高农产品综合生产能力，促进农村经济的发展和农民致富为具体目标。其目标与可持续农业的目标完全一致，二者在思想本质上是相同的。实现可持续发展是农业综合开发的终极目标。农业综合开发首先应解决由人口与耕地、经济发展与环境破坏矛盾带来的农业生产条件恶化、农业发展后劲不足等一系列问题，资源开发与保护并重，保持农业资源的永续利用。

2. 农业综合开发与农业可持续发展有着共同的理论基础和依据。①农业综合开发必须以系统论、生态学、农业生态学、生态经济学和区域经济学的理论为指导，而这些理论是农业实现可持续发展战略的理论依据所在。②农业综合开发的建设重点，体现了农业可持续发展的主题。农业综合开发通过对山、水、田、林、路综合治理和开发，改善农业基本生产条件，增强抗御自然灾害的能力，在一定程度上，克服了我国农业可持续发展存在的制约因素。同时，农业产业化战略有效地促进农村经济综合、协调发展。较好地解决了“三农”和“三生”（生产、生活、生态）的问题，也体现了农业可持续发展所追求的主题。③农业综合开发的“综合”思路，把农业可持续发展战略内涵具体化、可操作化。综合规划布局，综合利用资源，综合措施，综合投入和综合效益等诸多“综合”正体现农业可持续发展的多目标、多战略、多形式和多效益的统一。

3. 农业综合开发有效的投入机制为农业可持续发展战略的实施提供了可靠的保证。农业综合开发创立了资金、物资、人才、科技的综合投入手段，并配以严格的投入检查和审查制度，把农业可持续发展转为实际行动，为我国农业的可持续发展的投入机制的创立提供了范例。①农业综合开发的资金投入采用“国家引导，配套投入，民办公助，滚动开发”的机制，聚集各种资金有效地增加了农业投入，为农业可持续发展注入新鲜的活力。②农业综合开发十分重视科技投入和科技含量的提高，通过项目设计和资金分配的机制有效地保证了新技术的推广和普及。非常强调运用新技术培植农业新增长点，特别重视利用高新技术改造传统农业，开发具有地方特色的新产品，以实现农业经济增长由粗放型向集约型转变，农业产品由数量型向质量型转变，最终实现农业从资金经济向智力经济转变，把我国农业发展真正纳入可持续发展之路。

4. 农业综合开发追求综合效益，较好地实现了农业可持续发展的综合目的。

（1）经济效益。农业综合开发项目区农民人均纯收入增长比非项目区高 260 元。一般每改造 1 公顷中低产田，可增加粮食生产能力 2 250 千克左右，每投入 1 元钱可增产粮食 1 千克左右，经济效益十分显著。

（2）生态效益。农业综合开发注重改善农业生产条件，尤其强调发挥森林的生态屏障作用，通过改造中低产田、开发宜农荒地、改良土壤、建设农田防护林及其他手段，极大地改善了农业生态环境，增强了农业抗灾能力，保证了农业的增产和增收。

（3）社会效益。农业综合开发取得增产、增收显著效果，从而极大地调动了广大农民的生产积极性。通过加强科技培训，提高农民的科技素质；完善农技服务体系，增强社会化服务职能，改善了干群的关系。这也为农民接受可持续发展战略奠定了思想基础。

（三）建设现“两型农业”是农业综合开发的任务和优势体现

1. 发展现代“两型农业”是农业综合开发的责任与使命。国家在“十一五”时期赋予农业综合开发的主要任务是大力支持高标准农田建设，积极推进农业产业化经营，大力推广先进农业科学技术，积极开展农民培训，有效地促进农业科技进步，切实保护和改善农业生态环境。四项任务不仅是农业综合开发的重点，也是建设现代两型农业的内容。国家实施大规模农业开发是基于我国农业“一靠政策，二靠科技，三靠投入”的发展进程，适时作出的重大战略举措。国家实行“工业反哺农业，城市支持农村和多予、少取、放活”的方针，为切实加大农业投入积极推进现代两型农业建设，提供了可靠保障，新的时期赋予“以增加农业投入”为特征的农业综合开发新的责任与使命。因此，发挥农业综合开发优势，带头建设现代“两型农业”，农业综合开发责无旁贷。

2. 农业综合开发在构建两型农业产业体系中具有独特的优势。一个产业体系的形成和发展要有内在的生成土壤和外在的力量推动。传统农业产业体系是其内在的生成土壤，现代两型农业产业体系必然要依托于现有的产业体系的格局，来对现有体系的框架进行重塑和内部要素的品质改造、升级换代。农业综合开发在两型农业产业体系这一形成和发展过程中恰恰具有无可比拟的独特优势，对巩固产业体系的基石、孕育产业体系的成长环境、催化产业主体的成长、引领产业客体的扩张及强化产业支撑力量方面，其发挥的空间十分广阔。

（1）重视基础设施建设的一贯性。农业综合开发始终贯穿加强基础设施建设、改善农业基本生产条件作为履行职责的主线。长期以来，无论外界环境、配套措施、开发方式如何变化万千，无论是在传统农业发展阶段，还是在现代两型农业发展阶段，农业的基础地位始终不可动摇。

（2）投资幅度的宽广性。现代“两型农业”产业体系的建立是一个系统性工程，牵涉到组织结构、体制、机制、内部要素等多种关联事项。这与农业综合开发投资幅度的宽广性相吻合。农业综合开发的投资领域涉及农业基础设施、农业产业化经营项目、农民专业合作组织、农产品市场建设、生态工程以及良种繁育、农民培训等诸多方面，而且从发展态势的预期看，这些投资领域将随着现代两型农业的发展需要在进行随机调整和优化。农业综合开发在参与现代农业产业体系的综合培育上具有了得天独厚的优势。

（3）开发运作的精致性。现代农业产业体系的运行和发展是依托于现代农业乃至现代市场经济进行的，该体系的个体品质、结构状态、机制运作、基础打造各方面均要着力追求具有时代特征的精品意识、效率意识和专业意识，才能达到专业化程度、运转效率、协调配合状况都十分优良的系统功能。农业综合开发实现农业的精耕细作，对开发产品的精雕细琢，财政资金使用上的精打细算，开发项目的精益求精等。这些为建立现代农业产业体系提供充分的条件。

（4）职能履行的开放性。农业综合开发的核心优势在于“综合”二字，它具备了充分的开放性特点，搭建了与有利于农业发展的当代社会、经济和科技成果等的交流吸纳平台。先进的工程科技成果、高效的产业化组织形式、科学的项目管理理念、发达的现代农业服务业形态等为其所用，具备极强的吸收消化能力。可以综合运用政策、资金、项目、管理、信息、科技、服务等多种手段，有效摆脱其他行业、领域经常遇到的传统体制、机制上的严重束缚，灵活机动、适时地参与解决各类障碍、问题或薄弱环节，是现代两型农业产业体系构建中的多兵种形式作战手段。

（四）实践证明，农业综合开发有力地推进了现代两型农业建设的进程

1. 农业综合开发能引领现代"两型农业"。实践证明，农业综合开发的"综合"优势首先体现在投入资金的整合优势，筹集优势。一方面每年财政投入有相当数量的资金，成为现代农业发展中最大的支农项目。另一方面农业综合开发通过国资"真金白银"的引导，吸引资金能力强，使各类支农资金和社会资本都能到项目区投资兴业。其次，综合性的开发方式优化配置资源，采取水利、农业、生物、工程、机械、生态等综合措施，实行人力、财力、物力和科技的综合投入，进行山水田林路综合治理，最终取得综合效益，这种综合性的开发方式正是现代农业发展的重要途径。现在项目区乡镇干部群众普遍感到：现代"两型农业"要靠农业综合开发推动，农业开发的效果集中体现在引领现代两型农业的发展上，重视农业综合开发就是重视现代两型农业，就是重视农民的增收。农业综合开发要为促进"两型农业"发挥导向作用。①坚持开发利用资源和节约保护资源并重。要在保护中开发，在开发中保护，着力在深度上下工夫，真正走内涵式开发资源、集约型使用资源的路子。②坚持保护环境和改善环境并重。农业综合开发要符合自然规律，要有利于保护生态环境，更要为改善生态环境服务。要综合运用工程措施、生物措施和各项科技措施，引导农民改进生产方式，减少种植业和养殖业带来的面源污染。③坚持改善农业生产条件和农民生活环境并重。开展山水田林路综合治理，把土地开发与农村水利建设、道路建设、植树造林和环境整治有机结合起来，改善乡村面貌，提

高农民生活质量。

2. 农业综合开发能推进现代“两型农业”。高标准农田建设是现代农业发展的基础，也是实施增产增收增效的当务之急和提高农业综合生产能力的关键措施。扶持农业产业化，把产业做大、做强、做优，带动农民持续增收致富。在科技开发上，农业综合开发一直是在项目区应用现代先进技术改造农业，使项目区成为现代农业科技示范区，率先实现农业现代化的先行区。

（1）改善农业生产条件，显著提高了农业综合生产能力，提高了项目区现代“两型农业”发展水平。农业综合开发项目始终把改善农业生产条件，提高农业综合生产能力作为着力点，综合运用水利、林业、农业、科技等措施，实行山、水、田、林、路综合治理，着力解决制约农业发展的关键因素，优先发展节水农业，把项目区建成现代农业示范区。形成了田面平整化、道路硬化、灌溉节水化、农田林网化品种优质化、耕作机械化、管理科学化的格局。1988—2007 年，农业综合开发共改造中低产田 0.35 亿公顷，新增和改善农田灌溉面积 0.32 亿公顷，新增和改善农田除涝面积 0.14 亿公顷。通过改善农业生产条件，项目区累计新增粮食生产能力 894 亿千克、棉花生产能力 17 亿千克、油料生产能力 45 亿千克。近几年，通过中低产田改造，粮食亩产提高 100～150 千克，每年直接带动约 3 000 万农民直接受益，亩均增收 250 元左右。

（2）推进农业结构调整和农业产业化经营，有效带动了农民增收，为两型农业发展奠定了基础。农业综合开发积极扶持产业化龙头企业，促进了农业结构调整和现代农业产业体系的形成。以构建现代农业产业体系为着力点，坚持把加强农业基础设施建设同推进农业产业化经营有机结合起来，围绕做强区域特色优势产业搞开发，围绕做大农业龙头企业搞开发，促进了农业结构调整，有力推动了农业产业化进程，带动了当地农产品加工转化，促进了农业增值农民增收。扶持了一批特色优势农产品基地和产业化龙头企业行业。项目企业通过“公司＋基地＋农户”和“订单农业”的形式，形成稳定的合作关系。提高了农民的组织化程度，提升了农业标准化生产水平，实现了企业和农民的“双赢”。1994—2007 年，共建设优质高效种植基地 143 万公顷，发展水产养殖 49.07 万公顷，扶持农产品加工及服务项目 7 171 个。近几年，通过支持农业产业化经营项目，每年直接带动约 2 200 万农民受益，农民人均增收约 500 元。

（3）保护和改善生态环境，促进了环境友好农业发展。农业综合开发有效地保护农业生态环境，促进了农业可持续发展。农业综合开发项目坚持从实际出发，把改善农业生态环境作为一项重要内容，在建设高标准农田的同时，加大小流域治理和农田防护林建设力度。1988—2007 年，通过实施农业综合开发，共新增农田林网防护面积 0.22 亿公顷，改良草原（场）326.47 万公顷，治理土地沙化面积 12.13 万公顷，实施小流域治理 23.4 万公顷。同时，积极支持中央有关部门组织实施专项生态工程以及工矿废弃地复垦等项目建设，为保护和改善生态环境、促进农业的可持续发展发挥了重要作用。

（4）推动了农业科技进步，为发展两型农业建设提供了科技支撑。农业综合开发积极推进农业科技进步，促进了农业先进技术的推广和农民素质的提高。以项目为载体，把用现代科技武装农民改造农业作为农业综合开发的一项重要内容。培训了一批新农民，推广了一批新技术，示范推广了一批新品种。这些综合措施，既促进了项目区农业科技进步，又为普遍提高我国农业发展的科技水平起到了示范带动作用。

（5）实现体制机制创新，为发展两型农业提供制度保障。农业综合开发不断创新机制，形成了特色，积累了经验。一是坚持多元化的投入机制。1988—2007 年，农业综合开发共投入农业综合开发资金 3 193 亿元，其中中央财政资金 989 亿元，地方财政资金 765 亿元，银行贷款 328 亿元，农民自筹及其他资金

1 111 亿元。实践证明，这种以政府为引导、农民为主体、社会各界广泛参与的多元化投入机制，符合社会主义市场经济体制要求和我国农业发展的客观实际，是改革和完善农业投资体制的一项成功实践，是确保农业综合开发资金投入稳定增长的长效机制。二是坚持资金和项目管理的有机结合。借鉴世行项目管理经验，实行资金和项目管理的有机结合。实行奖优罚劣的资金分配办法，推行县级财政报账制及专人管理、专账核算、专款专用的“三专”制度。建立严格的专家评审立项制度，坚持推行项目法人责任制、招投标制、工程监理制、资金和项目公示制、项目竣工验收考评制度等等。有力保障了农业综合开发资金的安全、规范、有效使用和项目建设的质量和效益。三是坚持推进体制和机制的创新。积极探索财政补助、有偿无偿投入相结合、贷款贴息、财政投资参股等多种形式的投入方式，充分发挥了财政资金“四两拨千斤”的引导作用，实现了政府行为和市场机制的有机结合，有效地调动了地方、农民和社会各界的积极性。探索建立统筹开发机制。坚持以农业综合开发项目为平台，按照“渠道不乱、用途不变、优势互补、各记其功、形成合力”的原则，统筹安排各类支农资金，提高了支农资金的整体效益。健全国家农业综合开发联席会议制度，形成上下联动、部门配合、各方协作的管理体制，确保了农业综合开发工作的顺利进行。

（6）农业综合开发可为建设现代农业提供示范。近几年，农业综合开发在推进现代两型农业建设中已经取得了一定的成绩，积累了一定的经验，当好建设现代两型农业的“领头羊”。坚定不移地按照建设生态型农业、特色化农业、高科技农业的要求，坚持高起点规划，高标准实施，创新农业经营机制，使农业成为自我积累、自我发展的现代两型产业。农业综合开发既有区域经济综合功能，又有稳定的资金投入，更有比较完备的项目管理体制。以提高农业综合生产能力为主线，以增加农民收入为目标，集聚组织资源、技术力量和项目资金，充分发挥农业综合开发在两型农业建设中的先锋队和生力军作用，研究探索不同地区农业综合开发推进两型农业建设的模式。

四、突出抓好农业综合开发重点任务，继续推进现代农业建设

中央提出发展现代农业的思路和要求十分明确，这为农业综合开发工作进一步指明了方向。农业综合开发要按照中央的要求，因地制宜、因势利导，充分发挥优势和强项，更加突出重点，继续扎实推进现代农业建设。农业综合开发在现代农业产业体系的构建中“有所为，有所不为”，才能最终大有作为。农业综合开发的资金总量、支持范围及管理幅度和高度等总是有一定的限度的，如果不计成本、不计效益地全方位介入、遍地开花，其结局最终往往是难以令人如愿。必须针对现代农业产业体系的发展特点，在完全履行自身职能的同时，解决和突破其中的主要矛盾，才能事半功倍。这是农业综合开发参与构建现代农业产业体系过程中所要切实把握的重要战术和策略。

（一）以中低产田改造为重点，着力加强农业基础设施建设，为两型农业建设奠定良好的基础

中央“一号文件”明确要求“增加农业综合开发投入，积极支持高标准农田建设”，“加强基础设施建设，增加节水改造投入”等。这是中央赋予农业综合开发的神圣使命，是农业综合开发责无旁贷的职责。始终把高产农田建设作为保障粮食安全的首要任务，着力加强以水利为重点的农业基础设施建设，综合运用工程、科技等措施，解决制约农业生产发展的障碍因素，全面提高粮食综合生产能力。在基础条件较好的农业综合开发项目区率先发展现代农业。农业综合开发要坚持“高起点、高质量、高效益”的原则，首先选择那些基础条件较好的项目区率先推进现代农业建设。在那些农业生产条件相对较差、基础相对薄弱的农业

综合开发项目区，在现代农业的要素中选择一些方面率先发展。例如生态建设示范区，乡村旅游示范区，庭院经济示范区和农机推广示范区。为两型农业功能的发挥、现代两型农业产业体系的建立而搭建好平台和载体。

1. 大力支持高标准农田建设。切实保护好基本农田，是保障我国粮食等主要农产品长久安全的重要前提。还需不断提高耕地质量。受干旱、陡坡、瘠薄、洪涝、盐碱等各种障碍因素制约的中低产田比例大，生产能力提升的潜力很大。实现农田建设规模化、集约化、水利化、标准化、机械化，前提是改造中低产田，集中连片开发，建设高标准农田。同时，加强中型灌区节水配套改造建设，选择一批建设高标准农田急需、投入少、见效快的中型灌区，进行续建配套和节水改造，改善项目区骨干灌排工程条件为建设高标准农田提供水利保障。

2. 加强粮食主产区生产能力建设。农业发展和粮食安全主要靠粮食主产区支撑。13 个粮食主产省份耕地面积占全国的 64%、粮食产量占全国的 73%。粮食主产区是商品粮主要生产基地，过去为国家作出了很大贡献，今后的地位和作用更加凸显、不可替代。抓住了粮食主产区这个重点，就抓住了确保国家粮食安全的关键；解决了制约粮食主产区农业发展的难题，就夯实了全国农业持续稳定发展的基础。立足我国农业发展和粮食安全的全局，农业综合开发要继续重点支持 13 个粮食主产省份加强生产能力建设，同时兼顾其他地区。要按照“存量资金统筹兼顾，增量资金重点倾斜”的原则，将绝大部分新增资金投入到粮食主产区，支持其改造中低产田，加强农业基础设施建设，以稳步提高农业综合生产能力。

3. 加快建立全国粮食核心产区。粮食核心产区是粮食主产区的深化，能够使保障粮食安全的重任真正落实到粮食主产县上，有助于集中力量按照粮食生产的要求加速农业基础设施建设，也是建设保障国家粮食安全的主体功能区，意义十分重大。

因此，要加快建立全国粮食核心产区，界定核心产区的范围，明确扶持政策。调整农业综合开发资金投向，按照统筹规划、集中连片、规模推进、综合治理的原则，集中全省农业综合开发土地治理项目资金向粮食主产区倾斜。通过集中资金办大事，突出重点抓关键，优化了项目和资金的投资结构，提高了资金使用的整体效益，切实调动核心产区地方政府重农抓粮和农民务农种粮的积极性，为粮食安全提供了重要保障。

4. 强化水利基础设施，发展节水农业，加强农业生态治理。以建设灌溉农业和促农增效为根本，科学规划开发项目，示范引导现代农业发展。以灌区水利骨干工程改造和渠道防渗为重点，科学合理调配水资源，努力提高水资源利用率。以节水灌溉技术推广和综合节水措施优化集成为抓手，全面提高节水效果，推进节水型农业发展。以外资项目建设和鼓励社会投资为契机，加快推进水管体制改革，切实降低水资源成本。紧紧围绕高标准农田建设，对农田及周边实施水、田、林、路综合治理，加强农田林网配套和农业生态工程建设，结合节水灌溉技术应用，切实保护和改善了农业生态环境。

（二）大力推进农业产业化经营，用现代产业体系提升两型农业，为构建现代农业产业体系提供持续而坚强的推动力

现代农业产业体系结构要素具备的本质属性，要求我们突破传统农业的狭隘发展思路，通过产业化组织形式来实现农业在现代经济条件下的质的飞跃，这已成为业界共识。农业综合开发深入研究和摸索出产业体系形成、发展的内在规律，在广度、深度上形成一套成熟的运作方式，促进现代农业产业体系的快速发展。

1. 扶大扶强龙头企业。坚持以产业开发为重点，用工业思维谋划农业。采取灵活多样的扶持方式，积极引导社会资本投入到龙头企业中，扶持一批发展前景好、经济效益高、辐射带动作用强的产业化龙头项目，重点支持以农产品特别是粮食精深加工

为主的深度开发，拓宽、延长、加粗农业产业链条，提高农产品的附加值，并以此引导农民按照加工需求安排生产，增加农民就业机会，多环节、多层次、多渠道促进农业增效和农民增收。在扶持方式上，采取有偿无偿投入相结合、贷款贴息、投资参股、补助等多种扶持形式，充分发挥农业综合开发财政资金“四两拨千斤”的引导作用，重点扶持发展壮大一批竞争力强和市场占有率高的龙头企业集群，形成大中小型龙头企业共同发展的格局。培育一批年销售收入超过100亿元和超过50亿元的龙头企业，在国内外市场中占有相当份额，整体上提高农业竞争力。

2. 加强农业产业化基地建设和优势两型农业基地建设。省政府制定了《湖南省优势农产品和特色农产品区域布局规划（2003—2010年）》，提出了充分发挥比较优势，扶优扶强的发展战略。按照“市场导向、比较优势、规模经济、突出重点”的原则，确立了优质水稻、生猪、“双低”油菜、柑橘等优势农产品产业带和家禽等特色农产品基地。农业综合开发要结合优势农产品产业带建设和龙头企业加工需要，突出重点，突出特色，合理布局，扶持发展品质优良、特色明显、附加值高的优势农产品，将项目区建设成为专业化、规模化、优质化、标准化的全省优势农产品产业带和特色农产品基地。

3. 积极扶持农民专业合作经济组织。现代农业产业体系的运作要以专业化为依托，各种类型的农业生产经营主体通过专业化逐步建立自身的专业优势，在此基础上出现了相互合作的需求和意愿，进而建立起各类型的合作经济组织，合作组织再前后延伸而走向一体化。这是基于农民层面的现代农业产业体系的雏形。目前政府各部门在这方面的推进力度相当薄弱，农业综合开发如在政策、项目、资金、示范引导上及时跟进可谓适得其时。进一步完善农业综合开发对农民专业合作经济组织扶持政策，加大扶持力度，积极支持农民专业合作经济组织开展技术培训、技术推广、农产品营销等服务活动，提高农业生产组织化程度，形成符合现代农业要求的农业经营组织形式和运行机制，大力推进农村组织制度创新；支持鼓励专业合作经济组织开展跨区域经营，壮大自身实力，增强服务功能；发展“龙头企业＋合作组织＋农户”和“农产品行业协会＋龙头企业＋合作组织＋农户”的模式，完善利益联结机制和经营机制，使更多农户进入农业产业化经营领域，有力促进农民增收。

4. 加强农产品市场体系建设。在现代农业产业体系构建初期，困扰农民发展生产的一大障碍仍将是信息的不对称。如何围绕农产品需求市场来组织农民进行生产和加工，促使产销环节的无缝对接，这其间可操控的工作很多。农业综合开发在支持多样化的销售、流通组织建立以及在培育多元化市场流通主体、各类专业大户、中介组织上有较大的实施空间。重点扶持区域性农产品批发市场和专业市场基础设施改造升级，完善市场服务功能，拓展市场经营领域，促进农产品销售。农业综合开发项目扶持的一些农产品批发市场等，成为当地特色农产品的集散中心，促进了农产品流通和销售。

（三）促进农业科技进步，有效推进两型农业发展

1. 大力推广资源节约型先进适用技术，提高农业资源和投入品使用效率。如在建设高标准农田过程中，要因地制宜发展节水灌溉与旱作节水农业。采用工程、农艺和管理等节水措施，努力提高灌溉水利用率。重点发展渠道衬砌、管道输水、集雨节灌等工程措施，推广膜下滴灌技术，有条件的地区还可适当发展喷灌和微灌。积极支持农业科技进村入户，加强对农民的技术培训，不断提高农民的科学种养水平。加大对农业科技大户的扶持力度，充分发挥对农民的示范带动作用。推进农科教结合，增强农业科技推广服务能力。努力把开发项目区建成现代农业科技示范区，条件较好的开发项目区要率先实现农业现代化，并发挥应有的带动和辐射作用。

2. 发挥农业科技优势，加强技术研究与开发，加速技术成

果转化。由于体制创新与推广应用不够使得对“两型农业”发展未能形成有力推动。为此，必须强化科技创新，既要做好技术层次的创新工作，加强对资源节约性技术和环境友好性技术的开发力度，更要做好技术的推广与应用转化，形成对“两型农业”发展的实际推动。根据“两型农业”十分注重资源的多级循环利用和农业清洁生产的特征，强化科技对“两型农业”的支撑作用时必须注意以下几点：一是围绕水、土、气和生物等重点农业资源，按照建设资源节约型和环境友好型社会的基本目标，组织开发具有推广意义的资源节约和替代技术、能量梯级利用技术、产业链延伸技术和相关连接技术、可回收利用材料和回收处理技术、有毒有害原材料替代技术，突破“两型农业”发展中的技术瓶颈。二是通过推介会、技术讲座等方式，推广先进成熟适用的环境保护和资源节约综合利用新技术、新产品，促进环境资源科技成果的产业化。三是利用专项资金，以化肥、农药等农业投入品生产企业为对象，组织实施一批清洁生产项目，重点支持生物农药、有机化肥等生产。

3. 强化农民教育与培训，着力促使农户资源利用方式转换。 涉农科技知识的推广、运用。其实质还是在农民素质的提高上，因为，培养和造就一大批现代产业工人和新型农民是新农村和现代高效农业建设的关键之一。“两型农业”的实施需要更多的农业高新技术和现代管理技术。而作为农业生产主体的农户，其文化和科技知识水平，以及资源利用方式对“两型农业”发展水平具有直接影响。农业综合开发项目实施中有相当的资金份额是用于这方面的，应坚持职业学校专业性培训、农业实用技术经常性培训和外出务工实践性培训相结合，充分发挥农业综合开发培训资金的导向作用，拓展培训的深度和广度，逐步把培训覆盖面扩大到农村的 40、50 群体及部分城镇下岗职工，稳步提高他们进入和适应现代农业产业体系的能力。因此，应充分利用科技入户、信息化建设、农业科技示范基地（园或场）及龙头企业和农民专业合作组织的示范和技术扩散作用等手段，提高农民的文化和科技知识水平，加速资源节约型和环境友好型技术的转化与运用，以更快地推动“两型农业”的发展。积极引导农业龙头企业重视职工培训和农民科技培训，使农业企业逐步成为农村科技培训的重要力量。在对农民教育与培训的过程中，应采用农民易于理解和接受的方式，对当前农民急需的知识与技术如科学施肥技术、科学施药技术、土壤改良技术、沼气池建设技术等进行推广与普及，从而尽快促使农户资源利用方式的转换。

4. 实行科技开发，提升农业综合开发整体效益。根据发展现代两型农业需要，突出科技开发，强化科技创新，改进推广服务，放大科技的乘数效应，不断提高农业综合开发档次和整体效益。一是整合科技经费。使用各类农业综合开发项目科技推广经费必须制定推广工作方案，确保政策规定的科技经费全部用于项目建设，实行集中投入，为优良品种、关键技术的推广应用提供资金保障。二是建设科技示范点。省级在土地治理项目中集中安排2%～3%的财政资金，每年建设50个左右省级科技示范点，支持区域性农业主导品种、主推技术的推广应用。三是积极推广科技成果。帮助项目建设单位与科技单位有效对接。

（四）转变农业发展方式，切实保护和改善农业生态环境，保障两型农业建设

总体上看，资源环境对我国农业现代化的约束日益加剧，主要表现为耕地面积减少的趋势不可逆转，耕地质量在一些地区持续下降；水资源短缺与利用效率和效益低下并存。因此，我国要加快转变农业发展方式，即由主要依靠增加物质资源消耗向主要依靠科技进步、劳动者素质提高、管理创新转变，走两型农业之路。与此相适应，农业综合开发必须坚持走内涵式开发的道路。一是逐步增加农业综合开发财政资金科技投入，扶持科技成果推广应用。项目坚持资源开发与节约并重，大力推广节约型农业技术。紧紧围绕农业发展方式转变，以提高资源利用效率为核心，

以“六节”（节地、节水、节肥、节药、节种、节能）等资源的综合循环利用为重点，大力推广应用节约型的耕作、播种、施肥、施药、灌溉与旱作农业、集约生态养殖、沼气综合利用、秸秆综合利用、农机节能等节约型技术，促进我国农业尽快走上科技含量高、经济效益好、资源消耗低、环境污染少、人力资源优势得到充分发挥的发展道路。二是努力把农业综合开发项目区建成现代农业科技示范区，力争使农业开发项目区能率先实现农业现代化。围绕土地沙化治理、小流域治理以及草原保护建设等内容，加大生态综合治理力度。继续实施部门生态建设和土地复垦项目，搞好水土保持等工程建设。做好秸秆养畜等示范项目建设，支持发展循环农业、生态农业和有机农业，提高农业可持续发展能力。

（五）推进机制体制创新，不断增强农业综合开发工作的活力

1. 逐步完善农业综合开发财政投入增长机制。要推动建立和完善与农业综合开发任务相匹配的财政资金稳定增长机制。今后，在中央财政农业综合开发资金不断增加的情况下，地方财政更要增加配套投入，要按照规定比例将配套资金列入地方财政预算，确保足额落实到位。进一步发挥农业综合开发财政资金与现行的农业补贴资金的互补作用。要充分发挥农民群众在农业综合开发中的主体作用，完善“一事一议”筹资投劳政策，探索采用补助、补贴、先建后补等方式，通过以奖代补、产权转让、租赁等形式，鼓励和引导项目区农民增加投入。要充分发挥市场机制的作用。按照“用现代经营形式推进农业、用现代发展理念引领农业”的要求，更多利用市场手段，创新开发运行机制，充分发挥财政资金的引导作用。继续改革和完善财政资金投入方式，通过投资参股经营、财政补助、以奖代补、有无偿投入结合、贷款贴息、竞争立项等形式，吸引信贷资金、外资和其他社会资金增加对农业综合开发的投入。要以农业综合开发项目区为平台，整

合各项财政支农资金，提高资金整体效益。

2. 注重制度创新，着力提高投入管理水平。通过建立综合因素法的资金分配机制，真正体现公开、公平、公正和奖优罚劣的原则，充分调动了各地做好农业综合开发工作的积极性和创造性；通过建立项目分类管理制度，按照一般项目、重点项目的梯级项目库管理模式选项，做到了系统开发、科学开发和高效开发；通过建立项目财政专管员制度，增强了各级农发部门的管理责任，加强了农业综合开发项目建设的全程监管；通过制定项目申报审批操作办法，实施异省专家封闭评审制度，建立规范严格的选项、评审、立项机制，促进了项目申报、评审工作的规范化。强化组织领导。各级政府把农业综合开发摆在“三农”工作的重要位置，列入工作考核目标。省政府每年召开全省农业综合开发工作会议或现场推进会议，明确阶段性目标任务、工作重点和政策措施，确保农业综合开发扎实有效推进。强化规划引导。按照全省现代农业发展要求，编制农业综合开发专项规划，明确不同区域的开发重点，不断提高开发成效。

3. 推进支农资金整合，完善统筹开发机制。农业综合开发要主动参与建立支农项目统筹规划、支农资金配合使用的开发机制。一方面，按照“统一规划、统筹安排、渠道不变、管理不乱、优势互补、各负其责、各记其功”的原则，农业综合开发资金投入以县（市）为基础，以项目为平台，以产权为纽带，以绩效为目标，要与农业发展、生态建设、土地整理、扶贫开发、农村中小型基础设施资金等相互配合，避免重复投资、重复建设；另一方面，要继续开展“农业综合开发引导支农资金统筹支持新农村建设”试点工作，主动搭建农业基础设施建设和农村产业经济发展类资金整合平台，引导支农资金统筹支持新农村建设，不断提升新农村建设的整体效果。

4. 分类指导，推动农业综合开发向深度和广度发展。实施农业综合开发可以根据不同农业区域，配合其他途径和模式，逐步实现农业的全面可持续发展，如中西部贫困地区，农业综合开发可结合扶贫攻坚计划，进一步改善农业生产条件，增加农民收入，调动农民积极性，为其接受可持续发展思想、实施两型农业打下坚实的基础；发达地区农业综合开发应以采用生态农业模式，实现农业增长方式的根本转变，最终实现农业可持续发展的目标。创新两类项目相互促进的良性循环机制。紧紧围绕区域主导产业的发展需要，统筹安排土地治理和产业化经营项目。按照“依托龙头建基地，围绕基地扶龙头”的原则，将土地治理项目区的规划布局与区域优势主导产业、龙头企业的发展需要有机结合。通过加强农业基础设施建设，将项目区建设成为优势农产品生产基地；围绕土地治理项目区安排农业综合开发产业化经营项目，积极引导龙头企业和农民专业合作经济组织带动农民进行农田基础设施建设，提高农业生产的组织化、规模化、标准化水平，扶持区域主导产业发展壮大。

第八章　湖南省农业综合开发扶持油茶产业的理由及政策建议

全球食用植物油安全形势不容乐观。美国农业部（2008）、德国《油世界》（2008）、澳大利亚农业资源局（2008）等机构预测，全球油籽产量是下降的。自20世纪90年代以来，全球油籽压榨量一直保持增加态势。随着全球经济的快速发展和各国人民生活水平的不断提高，在食用植物油消费量大幅增加的同时，全球植物油工业消费量也在不断增加。全球油籽库存量大幅下降。据美国农业部报告，2007—2008年度全球七种主要油籽期末库存为5 451万吨，比2007年的7 030万吨，净减少22.5%；全球油脂期末库存为814万吨，比上年减少7.8%。据预测，全球油籽库存量下降的趋势还将存在。生物燃料产业发展迅速将使食用油供需平衡难度加大。生物燃料产业改变了油脂油料的需求结构，极大地推动了食用植物油的需求增长，使食用植物油供应更加吃紧。我国是一个油料生产和消费大国，同时也是一个油料进口大国。中国油料作物进口量占世界第一位。2007年中国油料作物进口额为1 887 269万美元，占世界油料作物总进口额的19.1%。

一、我国油料供需“剪刀差”仍然存在，弥补缺口需要产业创新

（一）全国油料、大豆和食用植物油产量呈波浪式上升

国产油料、大豆供给一直处于偏紧状态。①油料总产量总体

上呈不断增长趋势，但近几年仍徘徊不前，花生、油菜平分秋色（见表 8.1、图 8.1）。1996—2005 年，油料（不含大豆）产量从 2 210.6 万吨增到 3 077.1 万吨，年均增 3.74%。2005—2007 年全国油料总产量呈下降趋势。原因是我国油料播种面积不断减少，总产量持续下滑，虽然各种油料减少量不是很大。但是，不稳定不安全的状况仍然让人担忧。2008 年由于国家政策的调整，油料产量有所增长，但国产油料供不应求的矛盾逐年剧烈，产需缺口逐年拉大。②大豆产量、播种面积缓慢增长。1996—2005 年我国大豆产量从 1 322 万吨增到 1 635 万吨，年均增长 2.39%。据统计，我国大豆年消费量约 4 500 万吨，余下 70%左右的缺额需要从国际市场进口，占全球大豆贸易量 6 000 万吨的一半。同期，播种面积从 747.1 万公顷增到 959.1 万公顷，年均增长 2.81%。由于我国大豆播种面积减少，2006—2007 年产量连续下降，国产大豆供给偏紧的局面更加突出。2008 年国家采取积极的扶持政策，产量有所上升，但国内大豆消费量继续增加，国产大豆仍供不应求。③中国食用植物油产量总体上呈现波浪式上升趋势（表 8.1 和图 8.2）。其波动与我国粮食的产量波动基本吻合。分别在 1998 年和 2004 年出现 2 个波谷。④2008 年我国植物油供应能力达到历史最高。2008 年，我国油料生产实现较大恢复，2008—2009 年度食用植物油自给率达 41%，扭转了食用植物油自给率连续八年下滑的局面。2008 年，我国油料进口大幅增加，出口减少。我国食用植物油进口减少，出口增加。2008 年我国植物油进口总量为 816 万吨，同比减少 23 万吨。我国 2008 年国产食用油籽折油、进口油籽折油及油脂进口量的总和约 2 500 万吨，同比增加 146 万吨，也刷新历史纪录，植物油供应能力达到历史最高水平。⑤中国国内油料作物的生产受到自然条件、社会、政治、经济和科技环境等多种制约因素的综合影响。自然资源环境主要包括耕地的面积和质量、气候、温度、降水等。从土地来看，中国的耕地面积日益减少，土壤侵蚀日益严重，供给短缺的状况不断加剧。油料种植规模一直是影响中国油料作物生产发展的一个重要因素。家庭为基础的小规模生产直接影响了油料生产过程中农业机械化和现代化的进程。油菜籽、花生和大豆等主要油料播种面积有增长变缓并呈萎缩的趋势。加入 WTO 后，进口油料直接冲击油脂加工企业，主要油料优质品种产量低，成本高，在国际市场上都缺乏竞争力。

（二）我国油脂加工业主要被外资掌控，风险加剧

目前我国油籽年加工总量为 6 890 万吨，其中大豆总加工量为 3 730 万吨，占整个油籽加工量的 54.14%。我国现已开工的大型油脂加工企业 97 家，其中外商独资或外资参股的企业为 64 家，占总股本的 66%。我国食用植物油 70%以上的市场份额为"金龙鱼"（100%外资）、"福临门"（100%国资）、"鲁花"（民营控股 51%）这三大品牌所占有，其中丰益豪吉系的"金龙鱼"独占中国食用油 50%的市场份额，中粮系的"福临门"虽然为国资，但其主要贸易进口对象仍为美国 ADM，这些国际巨头凭借资本优势，已拥有对我国上游原料、期货，中游生产加工、品牌，下游市场渠道和供应的绝对控制权，从大豆种植、采购、运输、定价、进口、加工到销售，几乎垄断了我国整个大豆产业链，总压榨量约占我国大豆总压榨能力的 80%。

表 8.1 我国油料、大豆、食用植物油生产情况表

单位：万吨

年份	油料			大豆产量	食用植物油产量
	总产量	花生产量	油菜籽产量		
1991	1 638.3	630.3	743.6	971.3	644.0
1992	1 641.2	595.3	765.3	1 030.4	661.0
1993	1 803.9	842.1	693.9	1 530.7	965.0
1994	1 989.6	968.2	749.2	1 599.9	723.0
1995	2 250.3	1 023.5	977.7	1 350.2	1 144.0

（续）

年份	油料			大豆产量	食用植物油产量
	总产量	花生产量	油菜籽产量		
1996	2 210.6	1 013.8	920.1	1 322.4	947.0
1997	2 157.4	964.8	957.8	1 473.2	894.0
1998	2 313.9	1 188.6	830.1	1 515.2	602.0
1999	2 601.2	1 263.9	1 013.2	1 424.5	734.0
2000	2 954.8	1 443.7	1 138.1	1 540.9	835.0
2001	2 864.9	1 441.6	1 133.1	1 540.6	1 383.0
2002	2 897.2	1 481.8	1 055.2	1 650.5	1 531.0
2003	2 811.0	1 342.0	1 142.0	1 539.3	1 584.0
2004	3 065.9	1 434.2	1 318.2	1 740.1	1 245.0
2005	3 077.1	1 434.2	1 305.2	1 634.8	1 612.0
2006	2 640.3	1 288.7	1 096.6	1 508.2	1 986.0
2007	2 568.7	1 302.7	1 057.3	1 272.5	2 380.0
2008	2 952.8	1 360.0	1 150.0	1 554.5	2 419.0

数据来源：历年《中国统计年鉴》，《2007年中国农业发展报告》，《2008中国粮食发展报告》。

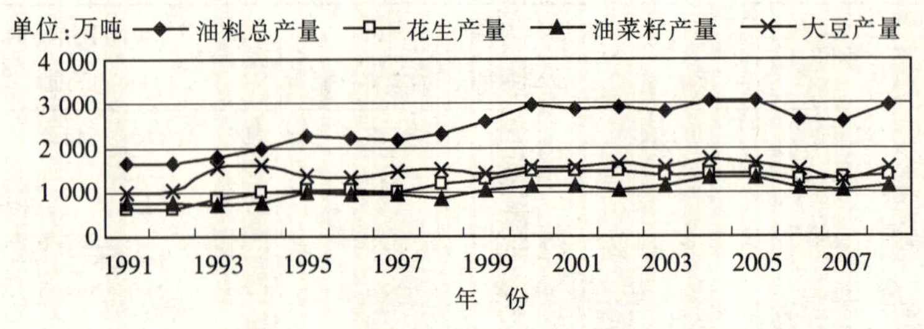

图 8.1 中国油料、大豆产量情况图

（三）我国油料需求旺盛，缺口不断拉大，严重依赖进口

1. 国内植物油需求不断增长。我国是世界油料生产大国，菜籽、花生、棉籽、芝麻的产量均居世界第一位，大豆、葵花籽的生产是也名列前茅，同时，也是食用油消费大国。国产食用油供不应求，产需缺口不断拉大，消费增长快速。

（1）食用植物油的需求还在不断上升。据国家油脂协会统计，1996—1997年度我国植物油消费量仅为1 027万吨，2000—2001年度上升到1 454万吨，到2005—2006年度达到2 198万吨，2006—2007年度近2 508万吨，其中，国产油脂油料总折油量1 034.7万吨，食用植物油消费量比10年前增长了1倍多，年均增长速度达到8.95%，年人均消费量达19.28千克，较2005—2006年16.91千克净增加2.38千克，增幅达14.1%，超过了日本17千克和韩国16千克的人均消费水平，已接近世界平均20千克的水平，进口食用植物油量达到1 473.4万吨，并且由于人口的持续增加和消费水平的提高，食用植物油的需求还在不断上升。

（2）生物燃料产业发展加剧了食用油紧张局面。我国从2001年开始鼓励发展燃料乙醇和生物柴油。2005年生产燃料乙醇约为102万吨，2006年生产燃料乙醇132万吨，并在我国5个省份的全部和4个省份的27个市进行试点。目前我国生物能源产业发展规模仅次于美国和巴西，成为世界第三大燃料乙醇生产国，乙醇汽油调和能力达到了1 020万吨，生物柴油年产能已达到30万吨，消耗玉米约1 600万吨，占玉米总产量的10%以上。2008年国家还出台《生物燃料乙醇及车用乙醇补贴汽油“十一五”发展专项规划》，“十一五”期间我国将生产600万吨生物液态燃料，其中燃料乙醇500万吨。伴随生物燃料产业的发展，必然使食用植物油供应更为紧张。

表 8.2　我国食用植物油产量和消费量比较表

单位：万吨

年份	1996	1997	1998	1999	2000	2001	2002	2003	2004	2005	2006	2007	2008
食油产量	947	894	602	734	835	1 383	1 531	1 584	1 245	1 612	1 986	2 380	2 419
食油消费量	1 000	860	1 091	1 133	1 246	1 330	1 380	1 560	1 750	1 850	2 100	2 250	2 340
产需缺口	−53	34	−489	−399	−411	53	151	24	−505	−238	−114	130	79

数据来源：历年《中国统计年鉴》，《2007 年中国农业发展报告》，国家粮油信息中心。

注：表中食油产量包括进口油料和大豆压榨的食油。

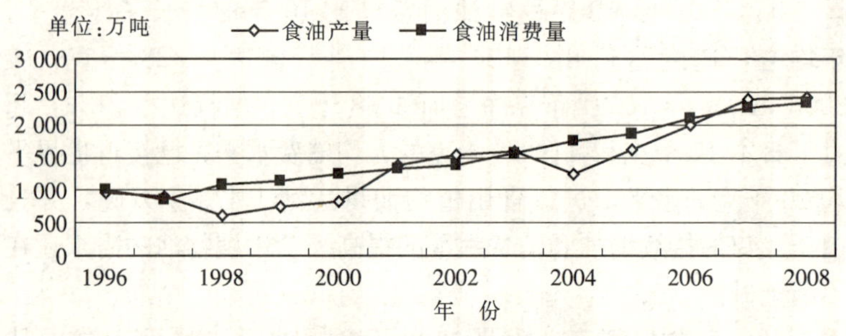

图 8.2　中国食用植物油产量、消费量比较图

2. 我国植物油进口依存度提高，且贸易条件呈恶化趋势。

（1）我国大豆、油菜籽和食用植物油进口量增长较快（见表 8.3、图 8.3）。由于国产大豆供给一直偏紧和国产油籽供不应求的矛盾日益突出，大豆进口量继续保持增长。植物油市场对外依赖程度进一步上升，威胁我国粮油安全。2007 年我国食用植物油进口总量约为 839 万吨，同比增加 168 万吨；油籽进口总量为 3 166 万吨，折油 602 万吨。两项合计，即 2007 年我国进口的植物油总量达到了 1 441 万吨，增幅达到 17.6％。植物油市场对外依赖程度达到 60％，同比上升 5 个百分点。我国进口食用油已占国内消费总量的六成，自给率不足 40%，是世界上食用油进口最多的国家。对我国油料生产和油脂稳定供给构成一定威胁。我国一直是油菜籽净进口国，但近几年来油菜籽进口量一直呈现极不稳定的状态。2000 年我国菜籽进口量曾创下 296.9 万吨的历史最高纪录，之后，随着国内油菜籽价格逐渐下降，国内菜籽油行情不足以支撑高成本的进口油菜籽，国内油菜籽进口开始逐年减少，到 2003 年菜籽进口量一度降至 16.67 万吨。由于 2003 年国内菜籽大幅减产，2004 我国菜籽进口量又回升至 42.4 万吨，但因 2004 年我国菜籽产量创下 1 318 万吨的历史最高纪录，2005 年菜籽进口量又降至 29.62 万吨。2005 年全球菜籽产量大幅增加，尤其是加拿大菜籽产量达到 966 万吨的历史最高水平，加之国际市场菜籽价格持续低位运行，我国菜籽进口量大幅增加，2006 年达到 73.8 万吨。由于国内外油菜籽价差巨大，国家采取高价托市收购油菜籽，2008 年我国油菜籽进口量达到 130 万吨。因政府继续收储主要来自加拿大大量廉价的油菜籽，我国 2009 年油菜籽进口量已超 320 万吨，创纪录新高。赵丽佳（2008）以大豆和油菜籽为例，选取 1991—2005 年的时间序列数据，测算了其 Armington 替代弹性和进口福利波动值。从短期来看，大豆和油菜籽进口对国内生产的冲击不大，进口福利的减少主要是由进口价格上涨引起的；而长期替代弹性则较大，如果不重视发展国内生产，提高国内产品的国际竞争力，掌握进口定价权，进口就会对国内生产造成较大冲击，降低整体福利水平。

（2）价格指数表征的油料短缺。从价格指数来看，1998—2002 年的价格指数趋于平稳，2003 年我国居民消费指数中食品消费价格指数为 103.4 较 2002 年的 88.4 提高 4%，而油脂的价格指数却从 2002 年 98.7 到 2003 年的 112.6，提高了 14.1%；零售价格指数方面，我国食品零售价格指数 2003 年较 2002 年提高了 3.3%，较专家预测的 4%略有差距，而油脂类却从 99.9 增加到2003年112.5，提高了12.6%，大大超出预测范围；生产指数价格方面，大豆提高了22%，其他油料作物提高了14%。可以看出随着生活水平的提高，中国对油料的需求也在提高，也造成了国内市场严重的供不应求。

（3）油料作物的国际贸易进一步恶化油料供应格局。我国油料作物出口远远多于进口。我国油料作物主要出口国为日本、韩国、荷兰及香港。其中对日本、韩国、荷兰的出口额达到45%以上，甚至在2004年对三国的出口额达到49 348万美元，为中国油料作物总出口的55.5%。其中对日本的出口量居第一位，从2000年始，约占中国油料作物总出口量的1/4左右，2004年最高，达到25.9%。中国油料作物进口1998—2002年趋于平稳，2003年是我国油料作物进口的一个转折点，2003年较2002年进口额增加一百零三个百分点，2004较2003年增加三十五个百分点。2007年进口额猛增，较2006年增加四十一个百分点。进口油料作物中，主要品目为大豆、棕榈油及其分离品、豆油及其分离品、椰子油、棕榈油或巴巴苏棕榈果油及其分离品、菜籽油或芥子油及其分离品，以上五种品目的进口额占中国油料作物总进口额的90%以上，其中尤以大豆进口额为最，从2000始，中国大豆的进口额占中国油料作物总进口额的60%以上。WTO协议对我国油料作物贸易的制约。在WTO农业协议中，我国将逐步改革和削减食用植物油的进口控制措施，且承诺到2006年实现大豆油的贸易自由化。中美双方谈判时中国承诺不再增加并将减少扭曲贸易的国内补贴，同时提高国内支持措施的透明度和可预见性。在出口补贴方面，中国承诺加入WTO后对所有农产品均不给予补贴。中国还承诺，除特定产品清单中的商品，我国将分三年逐步授予所有贸易实体贸易权，实现所有贸易实体均有权，把大多数商品进口到中国各地。

表 8.3 大豆、食用植物油进出口情况表

单位：万吨

年份	大豆		食用植物油		油菜籽进口量
	进口量	出口量	进口量	出口量	
1991	0.1	111.0	61.0	9.9	
1992	12.1	66.0	42.0	6.8	
1993	9.9	37.3	103.4	28.4	
1994	5.2	83.3	312.5	64.6	
1995	29.8	37.6	362.7	51.7	
1996	111.4	19.3	267.4	48.2	
1997	288.6	18.8	279.9	82.4	5.5
1998	320.1	17.2	206.7	30.9	138.6
1999	432.0	20.7	214.0	10.0	259.5
2000	1 041.9	21.5	187.1	11.2	296.9
2001	1 394.0	26.2	167.5	13.4	172.4
2002	1 131.5	30.5	321.2	9.8	61.8
2003	2 074.1	29.5	541.8	6.0	16.7
2004	2 023.0	34.9	676.4	6.6	42.4
2005	2 659.1	41.3	621.3	22.8	29.6
2006	2 827.0	39.5	671.0	39.9	73.8
2007	3 082.0	46.0	839.0	16.6	83.0
2008	3 744.0	47.0	816.0	24.8	130.0

数据来源：历年《中国统计年鉴》，《2007 年中国农业发展报告》，《2008 中国粮食发展报告》，国家粮油信息中心。

3. 我国油料供求缺口不断拉大，且供需矛盾存在惯性。为满足需要，我国于 1985 年开始从国际市场上进口油脂。1993 年我国油料市场放开后，国内油脂供不应求，市场价格急剧上升。我国食用植物油的人均占有量仍不到世界平均水平的 70%，与发达国家的差距更大。目前，我国年人均食用植物油 8 千克，低

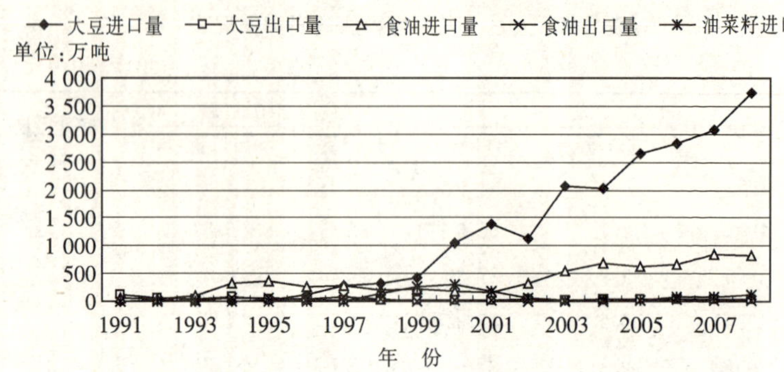

图 8.3 大豆进出口、食油进出口情况图

于世界平均水平 15 千克，更低于发达国家的 20—30 千克。据国家粮油信息中心统计，1996—1997 年，我国食用油产需缺口在 350 万吨左右；1998—2000 年在 400 万吨左右；2001—2002 年为 450 万吨左右；2003 年为 500 万吨左右；2004 年为 600 万吨左右。2005 年达到 1 000 万吨左右。据统计，2007 年，我国食用植物油消费总量达到 2 250 万吨，而 2008 年，自产量是 1 020 万吨，消费量是 2 500 万吨。国内食用植物油生产总量仅为 890 万吨，自给率仅 40%，食用植物油对外依存度一直高居于 60%。

（1）面对不断增加的食用油消费量，国内食用油生产远远不能满足消费需求。随着人们对食用植物油需求的不断增加，供需矛盾将更加突出（贾治邦，2008）。植物油消费需求的持续增长以及国产植物油产量的停滞不前，使得植物油的供应缺口逐年扩大，导致国家每年都需进口大量的植物油和油料。随着我国人民生活水平的提高，我国食用油消费量逐年提高，特别是优质木本油料消费量呈快速增长态势。据统计，2004 年全国食用植物油消费量达 1 750 万吨，人均年消费量 13.5 千克，2007 年食用油消费量达 2 250 万吨，人均消费量 17.3 千克。与欧美等发达国家人均消费量 45 千克相比，差距非常大。油茶仅占食用油总消费的 1.23%，与欧洲、日本等发达国家橄榄油消费量占40%以上相比，差距更大。因此，优质茶油未来有着广阔的市场发展空间。据预测中国2010年、2020年、2030年的食用植物油消费总量分别为1 512万吨、1 744万吨和2 047万吨，供求缺口分别为385万吨、376万吨和505万吨。巨大的供求缺口需要通过进口来满足。另外，国内油料播种面积增长变缓并呈萎缩的趋势，将会加大对世界食用植物油市场的依赖程度。食用植物油和油料进口量大幅增加，基本可以满足国内消费需求。而国内产量和需求的巨大缺口存在的长期性也决定了我国将在长期内成为油脂、油料的进口大国（苟勇，2008）。

（2）食用植物油供需矛盾难以在短时间得到改变。一是从油料市场来看，2008年全球大豆产量大幅下降，供应偏紧的局面不会发生改变；由于中国和印度油菜籽产量下降，加上全球油菜籽需求持续强劲，油菜籽供应仍将呈偏紧的局面。二是在高油价和减少温室气体排放的双重压力下，越来越多植物油料被用于生产燃料，这将对食用植物油价格构成强有力的支撑，国际生物燃料市场对食用植物油需求也依然保持旺盛态势。三是我国政府为了保障食用油市场供应和降低价格，不得不减少油脂油料储备，向市场投放储备油。四是这次全球范围内的食品价格上涨，使猪、牛、羊肉、禽类价格及相关产品价格上涨较多，利润空间增幅很大，在很大程度上，刺激了国内畜禽养殖业的发展，进而扩大对豆粕、菜粕等油料副产物的需求量。对食用油脂油料庞大的需求，依然是我国今年面临的难点，在不具备充足油脂油料的前提下进行宏观调控的难度可想而知。

（3）国家限价政策只能暂时缓解食用油紧张局面，而不能标本兼治。尽管国家对植物油采取了限价措施，使食用植物油紧张局面得到一定的暂时缓解，但从长远来看，依然存在潜在问题和矛盾。一是不利于国内油脂加工业的发展，限价措施必然使国内油脂加工企业利润严重缩水，面对植物油脂原料持续上涨压力，油脂加工企业受成本推动影响，不敢轻易组织生产，进而制约了国内油脂加工业的发展；二是限价措施迫使油脂经销商产生惜售心理仅维持少量、限量出货，还可能导致故意囤货现象的发生；三是不利于鼓励和引导农民对油料作物的种植，在一定程度上限制了油料作物的发展，给本来就短缺的我国油料市场带来更加窘迫的处境。

（四）食用油的现状给大力发展油茶提供了良好的机遇

当今世界，开发木本食用油已成为解决食用油的主要渠道和趋势，不少国家已基本实现了食用油木本化，发达国家人均 20 千克。而国内茶油刚刚处于起步阶段，我国木本食用油人均占有量仅 0.1 千克。目前全国 14 个油茶主产省区共有 0.17 亿公顷宜林地，有相当一部分适宜种植油茶，通过大力推广优良新品种，新造高产油茶林和对现有低产林进行改造，在未来 10～15 年的时间里使全国油茶林面积由现在的 333.33 万公顷扩大到 400 万公顷，近年来，随着退耕还林等林业重点工程的实施和林业政策的进一步调整，油茶丰产林建设规模正在逐步壮大。油茶不与粮棉争地，茶油品质又极好，已成为解决食用油安全的主要渠道和趋势。面对当前国家大力发展木本油料的机遇，湖南省积极行动，抢抓油茶产业发展良机。湖南现有油茶林面积 118.53 万公顷，年产茶油 10 万吨，均居全国第一位。这对于缓解我国人多地少的矛盾、维护国家粮油安全意义十分重大。在粮油争地的矛盾中，政策偏好使粮食常常占据上风，以致食用油料生产随着耕地资源稀缺程度的加剧而相应萎缩，其在国内食油市场中所占的供给比例也日益缩小。如何破解我国食用油供应紧张、保障国家油料安全，一个重要的途径就是充分利用丰富的山地资源，挖掘木本油料植物的生产潜力，大力发展油茶产业（贾治邦，2009）。

二、农业综合开发扶持茶油种植的理由分析

为提高食用植物油产量，发展油茶产业被提到国家粮油安全的高度。2007年出台了《国务院办公厅关于促进油料生产发展的意见》，明确提出要大力发展油茶等特种油料作物。2009年中央“一号文件”和政府工作报告里都出现了关于发展油茶产业的表述，期望在提高茶油产量的同时，能够提高农民的收入，并改善居民食用油结构，提高居民健康水平。回良玉副总理（2008）在出席全国油茶产业发展现场会议期间说：“油茶是为数不多的生态效益、经济效益、社会效益俱佳的物种之一，发展油茶产业，是生态、经济、社会效益的有机统一，实际上，有经济效益的生态效益、社会效益才能持久。”

（一）茶油市场潜力和产业发展潜力巨大

油茶是我国重要的木本油料树种，其种子提取的茶油与世界上公认为最好的木本食用植物油之一。目前，优质山茶油作为一种纯天然的绿色、保健食品和美容护肤用品，已逐渐被人们认识和接受；茶皂素也被广泛用于日化工业、啤酒工业、建材工业和绿色农药行业。随着经济的发展和人民生活水平的提高、保健意识的增强、膳食结构的改善，人们对食用油的要求越来越高，茶油以其合理的脂肪酸组成、丰富的营养成分、明显的保健功能，逐渐进入消费者的视野。特别是随着油茶产品综合利用技术的突破，为我省油茶发展提供了广阔的空间，油茶生产潜力巨大，大有可为。

1. 资源潜力大。湖南是油茶资源大省，油茶面积和产量均居全国第一位（表8.4）。湖南省有306.67多万公顷山地适宜油茶栽培。现有油茶林经过提纯、复壮、嫁接和品改，亩产茶油可由原来的5千克左右提高到50千克以上。如果实施66.67万公顷丰产油茶林建设，按亩产50千克计算，全省茶油年产量可达到50万吨以上，可为农民增收200亿元。

表 8.4　2000—2007 年全国及重点省（区）油籽产量

单位：万吨

地区	2000年油茶籽产量	2001—2005 年油茶籽产量						2006—2007 年油茶籽产量		
		合计	2001	2002	2003	2004	2005	合计	2006	2007
全国总计	82.32	420.69	82.47	85.28	77.95	87.49	87.5	185.9	91.99	93.91
其中										
湖南	33.80	179.34	33.62	36.04	33.97	38.26	37.45	71.61	36.82	34.79
江西	19.45	90.67	17.17	18.96	16.32	19.32	18.90	43.87	23.04	20.83
广西	11.86	56.86	13.46	10.85	9.27	11.54	11.74	24.71	12.45	12.26
福建	6.3	33.25	6.39	6.35	6.46	6.79	7.26	15.66	7.59	8.07
浙江	3.25	17.37	3.03	3.28	3.30	3.42	4.34	8.20	3.82	4.38
安徽	1.04	6.89	1.83	2.17	0.85	1.07	0.97	4.00	0.82	3.18
广东	2.63	14.92	2.82	2.98	3.09	2.98	3.05	6.09	3.13	2.96
湖北	1.73	6.36	1.52	1.44	1.12	1.31	0.99	3.60	1.23	2.37
河南	0.33	3.43	0.59	0.63	0.69	0.71	0.81	2.56	0.86	1.70
贵州	0.82	4.97	1.00	0.97	0.93	1.01	1.06	2.66	1.2	1.46
四川	0.44	3.29	0.43	1.02	1.19	0.40	0.25	1.39	0.36	1.03

资料来源：根据国家林业局有关统计资料整理。

注：表中所列省（区）为 2007 年油茶籽产量在一万吨以上的省（区），并其产量大小排列。

表 8.5　2000—2007 年全国及湖南、江西、广西 3 省（区）油茶籽主要指标完成情况

指　　标	单位	全国	湖南省	其中江西省	广西壮族治区
一、2000 年油茶籽产量	万吨	82.32	33.80	19.45	11.86
二、2007 年油茶籽产量	万吨	93.91	34.79	20.83	12.26
三、2006 年油茶籽产量	万吨	91.99	36.82	23.04	12.45
四、2007 年油茶籽产量比 2000 增长	%	14.08	2.93	7.10	3.37

（续）

指　　标	单位	全国	湖南省	其中江西省	广西壮族治区
五、2007年油茶籽产量比2006年增长	%	2.09	−5.51	−9.59	−1.53
六、2007年油茶籽产量比2000年平均每年递增	%	1.91	1.66	1.54	1.43
七、2001—2005年油茶籽平均年产量	万吨	84.14	35.87	18.13	11.37
八、2006—2007年油茶籽平均年产量	万吨	92.95	35.81	21.94	12.36
九、2006—2007年油茶籽平均年产量比2001—2005年平均年产量增长	%	10.47	−0.17	21.02	8.71

2. 价值潜力。油茶全身都是宝。从中提取的茶油是食用植物油脂中的上品，也是重要的化工、医药原材料。茶油的市场欢迎度非常高，且呈现价格不断攀升、产量供不应求的趋势。精炼茶油市场价达到了每千克300～400元。茶籽枯饼深加工提取的茶皂素，可制作高蛋白饲料、生物杀虫剂和机床的抛光粉等。茶壳能提取糠醛、栲胶和木糖醇等。通过深加工，油茶的价值可以增加几倍甚至数十倍。

3. 市场发展潜力。市场拉动是油茶产业发展的最重要的潜力。目前我国年产茶油仅相当于食用油消费总量的1.23%，食用油消费结构极不合理，茶油人均年占有量仅为0.21千克。我国要达到人均茶油年占有量2千克的标准，全国茶油产量需增加10倍，缺口年达250多万吨，可见，未来茶油的市场需求非常旺盛。出现了很多茶油加工和经销公司，茶油产品也如雨后春笋一样层出不穷。如金浩、润心、绿海等企业茶油品牌已有100多个，精加工率在总产量的1/3以上。其消费市场也从产区走向了国内主要大中城市，成为新的出口创汇产品。湖南省向美国出口的精炼茶油售价达9.36美元/升。油茶副产品与油茶产品一样具有更加广阔的前景。市场对资源的配置作用将成为今后油茶产业发展的最重要因素。

4. 产业发展潜力。据权威统计，全球茶油产量的95%以上来自中国，全国茶油中心产区湖南油茶种植面积占全国1/3，现有油茶林面积118.53万公顷，2007年产茶油34.79万吨，均居全国第一位（表8.4）。湖南省人民政府正式出台《关于加快油茶产业发展的意见》，规划到2015年，全省发展油茶林133.33万公顷，其中建设丰产林基地66.67万公顷，油茶产品精加工率达到80%左右，茶油年产量达到50万吨，油茶产业年产值达到300亿元。建设一批能满足油茶产业发展需要的油茶采穗圃和良种苗木生产基地；培植一批油茶精深加工企业，建设一批油茶产业发展要素市场。初步实现资源培育基地化、经营管理集约化、林油发展一体化。湖南省林业厅部署，5年内全力打造千里油茶"产业带"。以长沙、株洲、衡阳、郴州、永州、常德、怀化、湘西等为油茶主产区，辐射带动50个油茶主产县，改造低产油茶林。虽然湖南省118.53万公顷，但绝大多数属低产林，平均亩产仅5～6千克，产值仅100余元，既无法为农民增收，也远远满足不了油茶产业的发展需要（刘翔浩，2009）。若引进良种嫁接的油茶籽，达到丰产期后，亩产750～100千克油茶鲜果，以6%～10%出油率计算，每亩最多能产出100千克茶油，是现在产量的20多倍。

5. 油茶科技带来的革命。湖南省共获得国家和省部级科技成果13项、国家发明专利1项。攻克了油茶嫁接技术难关，成功研究出大树撕皮嵌接法和芽苗砧嫁接技术，嫁接苗木成活率由原来不到40%提高到了90%以上。在全省建立了由油茶采穗圃、杂交种子园和良种繁育基地组成的良种苗木保障体系，苗木年生产能力已超过5 000万株。茶油精炼工艺在不断革新，油茶综合利用水平在不断提高。湖南省林业科研人员从20世纪60年代开始，一直持续系统地开展油茶良种选育和丰产栽培技术研究，先后选育出油茶优良农家品种2个，杂交组合、优良家系和无性系新品系 5 批 87 个，已建立通过审定的油茶良种采穗圃 4 个，面积达到 40 公顷。所选育的良种已全部在生产上应用，共造林 10 万公顷，茶油产量提高到 450 千克公顷以上，最高达到1 275千克/公顷。并且，湖南省在油茶杂交育种研究方面也取得了重大突破。油茶科技带来的优良新品种的革命，是今后油茶产业不断发展的又一潜在动力。

（二）油茶产业的多功能性

加快油茶产业发展是改善人民群众食用油结构，缓解转基因大豆与食用植物油大量进口压力，确保粮食和食物安全的有力举措，维护国家油料安全的战略举措，是调整农村产业结构，增加林农收入的重要途径。以油茶种植业为基础，以茶油精深加工企业为龙头，开发系列产品，延伸油茶产业链，集聚相关产业，既能为林农提供最直接、最可靠的就业机会，有效实现林农持续稳定增收，又能优化产业结构，推动新型工业化发展。油茶是常绿阔叶树种，营造油茶林，不仅可以加快造林绿化，提高森林覆盖率，而且具有保持水土、涵养水源、调节气候等功能，能显著改善农村生态面貌和居住环境。有的木本油料树种是发展可再生的生物质能源的原料，有助于确保能源安全（郭书田，2008）。发展油茶产业对于促进社会主义新农村建设，构建资源节约型和环境友好型社会，建设生态文明，都具有十分重要意义。油茶具有良好的经济效益、生态效益和社会效益。

1. 油茶产业增产潜力和收入弹性大，有利于促进农民增收。结合国家退耕还林政策，发展油茶产业，能开发与活跃山区和农村经济、提高农户收入。目前市场上油茶籽的销售价格达每吨6 000 元，毛油价格高达每吨 4 万元，茶油副产品茶枯的价格也达到每吨 1 800 元以上。据专家估算，在渡过 4 年无收获期，到第 8 年进入盛产期后亩产净收益达 1 820 元，而盛产期达 80 年以上，每亩收益是粮田的 4～5 倍，农户种 10 亩优质油茶林，稳产后每年收入可达 2 万元左右，是山区农民脱贫致富的有效途径。低产油茶林只要经过垦复施肥，单产即可翻 1 番；通过高接换冠改造，每亩可产油 20 千克以上。而大面积采用良种造林，亩产油可达 50～70 千克以上，亩创收 2 000 元左右，增产增收潜力巨大（陈永忠，2008）。如果湖南实施 106.67 万公顷高产油茶林建设，按亩产油 30 千克计算，全省茶油年产量将达到 48 万吨。以油菜亩均产油 40 千克计算，相当于增加 80 万公顷油菜，也即相当于置换出 80 万公顷耕地用来种粮食，并可为农民增收 200 亿元（邓三龙，2009）。仅以祁阳县为例，到 2007 年底，祁阳油茶面积达到 2.83 万公顷，年产茶油 1 800 吨，产值约 5 400 万元。其中，4 万亩以上的有 7 个镇，500 亩以上的村有 600 多个，主产区农户年人均收入达 1 200 元，油茶已成为当地农民家庭经济收入的主要来源之一。据安化县林业局林调队抽样调查，目前该县每 667 平方米油菜林可获平均效益 30 元。如按油茶林低改工程项目所定目标每 667 平方米产油 25 千克计算，全县茶油产量可达 8 860 吨，收益达 1.77 亿元，平均每 667 平方米收益 500 元。

我们可以讲油茶与其他经济作物的效益对比分析（表 8.6）。以常规良种油茶每亩年产油 50 千克计算，与国内主要油料作物的油菜和花生比较，种植 1 亩良种油茶，其产油量相当于每年种植 1.15 亩油菜或 0.67 亩花生或 2.3 亩大豆，但产值则相当于 4.2 亩油菜或 1.34 亩花生或 4.63 亩大豆，纯利润相当于 4.8 亩油菜或 1.61 亩花生或 7.3 亩大豆的利润。毛油精炼后，茶油目前市价 40 元/千克，制作成化妆品专用油出口价 8 万元/吨、医药专用油 10 万元/吨。通过综合利用工艺，榨油后的茶枯饼售价已突破 2 000 元/吨，制作成专用肥料每吨增值到 2 万元以上、提取茶皂素出口价 9 万元/吨。采用良种的油茶林综合经济效益每亩可达 3 000 元以上。

表 8.6　油茶与主要经济作物投资收益对比分析

植物种	产品	产量/千克	产值/元	生产成本/元	净利润/元	投入产出比
油茶	良种毛茶油	50.0	2 000	650	1 350	1∶3.08
油菜	菜籽油	43.2	475.2	215.4	259.8	1∶2.20
花生	花生油	74.6	1 492	716.2	775.8	1∶2.08
大豆	豆油	21.8（油）	187.5	262	169.9	1∶1.64
		87.3（豆粕）	244.4			
水稻	稻谷	450.9	739.73	454.66	285.1	1∶1.63
玉米	玉米粒	423.6	510.64	375.7	134.9	1∶1.36
柑橘	橘子	3 500	4 500	2 000	2 200	1∶2.10
苹果	鲜果	3 700	5 610	2 050	3 560	1∶2.74
葡萄	鲜果	1 153.5	3 330	1 516.4	1 813.6	1∶2.20

2. 发展油茶产业有利于保障粮食油料战略安全。作为 13 亿人口大国，粮食安全一直是国家战略安全重中之重，近几年来，中国的粮食自给已得到基本保障，且出口开始大于进口。相比之下，食用油却一直过度依赖进口，依存度高达 60%以上。据国家粮油信息中心统计资料，中国出现了以食用油、猪肉为明显特征的结构性物价上涨，已凸显中国食用油的战略安全隐患。每亩油茶的产值约为 4.2 亩油菜或 1.34 亩花生的产值。新造高产油茶林第三年可投产，第八年进入盛产期，盛产期每亩产值超过 1 000 元。如果湖南实施 106.67 万公顷高产油茶林建设，按亩产 30 千克计算，全省茶油年产量将达到 48 万吨；以油菜亩均产油 40 千克计算，相当于置换出 1 200 万亩耕地用来种植粮食，并可为农民增收 200 亿元。它不与粮棉争地，且具有数倍于粮食作物的经济效益。利用丘岗山地发展油茶林，可缓解草木油料作物占用耕地的矛盾。如果全国低改油茶林 333.5 万公顷，使茶油单产达到 375 千克/公顷，就能腾出 133.4 万公顷草本油料耕地，可解决近 5 000 万人口的粮食问题。因此，因地制宜发展油茶产

业，不但可以保护耕地“红线”不受侵占，而且对于发挥土地的边际效应具有重要意义。

3. 发展油茶产业有利于林业的可持续发展和构建现代生态文明。生态与产业是互相依存、互相促进的关系。只有抓好生态建设，建立起完备的生态体系，才能为发展林业产业提供坚实的物质基础；只有抓好林业产业，建立起发达的林业产业体系，才能为生态建设提供资金保障，更好地加快生态建设。近几年，联合国粮农组织和许多国家把发展非木质林产品视为保护天然林资源、发展林区经济和林业可持续发展的重要途径。我国是个多山国家，特别是南方低山、丘陵和岗地，有利于发展木本油料植物，向山地要油，发展木本食用油料是可行的出路。油茶是多年生木本植物，一年种植、多年收益。发展茶油产业是还是制止水土流失、改善生态环境、增加林木覆盖率，实现可持续发展的科学选择。油茶根系发达，枝叶繁茂，花卉美观，耐干旱瘠薄，适生范围广，可以吸收二氧化碳、释放氧气、涵养水源、保持水土，既有生态功能，又有景观功能。能绿化荒山、改善农村生态面貌。加快恢复森林生态系统。通过科学恢复森林植被，全省2009年森林覆盖率要增长0.57个百分点，达到56.43%；森林蓄积量净增1 200万立方米，达到3.78亿立方米；蓄竹增加0.5亿株，达到16.6亿株。因此，油茶有显著的生态效益。大力发展油茶产业，既要追求经济利益，以此调动各方面的积极性，又要注重生态保护，绝对不能以牺牲生态效益为代价换取油茶的经济效益。

4. 贸易和创汇。挖掘国内茶油生产潜力，不仅可以弥补油脂市场缺口，还将为国家节省大量外汇。茶油的出口贸易可上溯至20世纪初，海关记录了我国1912—1937年共出口油茶原油33 557吨，平均每年1 312吨。新中国成立后也将茶油作为一个出口创汇产品，改革开放后，茶油及其副产品的价值得到了重新认识，通过企业自身运作，茶油出口欧、美、日、韩和东南亚国家的数量在不断扩大，还有茶枯、茶皂素等综合利用产品。特别是我国加入WTO以后，作为我国特色产品的茶油不但不易受到国外油料的冲击，还能利用这个机会扩大出口，开拓和占领国外食用油的高端市场。如湖南金浩植物有限公司通过出口茶油和茶粕年创汇达78万美元；湖南永顺茶油工业有限公司所生产的精炼茶油不但占有广州市场上很大份额，而且浸提后的茶粕主要提供东南亚市场；湖南优仕油茶开发有限公司已与美国客商签订了总值1.2亿元的精炼茶油出口合同。从仅仅的原材料出口提升到精加工产品的出口，提高了技术含量，增加了产品附加值。

5. 促进农业结构调整，走产业化、专业化的道路。湖南省近80%的人口在农村，调整农业结构，带动农村经济发展和农民致富，发展油茶产业是一条较好的路子。大力发展油茶是解决资源不足的有效选择。湖南省人多地少，资源严重不足制约了经济发展。因此，必须在现有常规资源的基础上，开发新的优质资源，向生产的深度和广度进军。而油茶作为优质食用油，正是优选的重点目标。油茶产业化进程的健康良性发展，是帮助广大山区和丘陵地带农民增收致富的一个极好产业，也是解决返乡农民工就业问题的重要途径，将成为我省农村经济发展新的增长点和突破口。

6. 加工增值有利于农村加工业发展。作为工业原料也具有开发价值。巨大的市场需求是油茶加工业发展的保障。产业链条很长，加工后的茶油效益更加明显。每百千克油茶籽可炼25～28千克毛油，每百千克油茶籽成本400元，剩余的残渣收入可抵上加工费用，每千克毛油的净成本在16元左右，市场上销售价一般都在36～40元/千克，扣除品牌效应、销售能力等因素以外，生产加工环节利润相当可观。专家预测，如果茶油也以精品形式打入国际市场，售价可超过250元/千克。油茶通过精深加工，附加值可以提高数十倍。用土法压榨的茶油，市场价为每千克25元，而精制成有机纯茶籽油，价格高达280元/千克；茶籽榨油后的枯饼，以前收购价每吨为300多元，因可精深加工提取残油、生产精油、皂素、茶粕等系列产品，现在原料收购价提高到1 900元/吨；素来不值钱的茶壳，由于可以加工提取糠醛、栲胶和木糖醇等，收购价已升至400元/吨；用茶籽壳加工成医用活性炭出口，价格高达7 000元/吨。

（三）茶油产业弱质性明显

按照国家林业局油茶产业发展规划，到2020年，力争茶油的产量达到250万吨左右。但是，目前我国300万公顷油茶林，全国年产茶油仅20多万吨，油茶林亩产茶油只有4～5千克。从20万吨到250万吨，我国油茶产业任重道远。

1. 分散经营，商品率低，油茶籽原料供应严重不足。湖南省大多数油茶林属于老龄林、残次林、低产林，每亩产油量只有3～5千克。油茶产量仍很低。在油料作物中，大豆、油菜和花生的产量通常是450～750千克/公顷。木本油料中油棕产油为3 150千克/公顷，油橄榄产鲜果6 000千克/公顷、含油1 200千克/公顷，椰子也能产油450～750千克/公顷。反观油茶的整体产量，水平仍很低，主产区湖南全省平均产量66～83千克/公顷。由于产量低造成原料不足已成为制约企业扩大生产的一大因素。

（1）现阶段油茶处于低产量、低商品率状态。中国17个省（区）1 100多个县（区）有油茶资源，涉及丘陵山地面积上亿亩，2亿多农民，基本上处于个体、分散经营，按公司化运作的油茶生产基地寥寥无已，其中油茶林经营周期长，而林地、林权的稳定性差和流转难是主要制约因素之一。大部分县油茶林分散在农户承包的山地之中，所产茶油主要用于农民自食，解决当地农民的食用油问题。而油茶因受“当年”、“背年”自然生态的影响，产量很不稳定。粮油经营放开后，农民自产茶籽一般送当地油榨作坊土榨，茶油自己食用，很少进入市场，因而商品率较低。据有关资料，湖南省茶油产量相对要高一些，年产量达到

10 万吨，也处在加工方式由作坊式土榨炼油向机榨和浸炼提油方式转变的进程中。

（2）经营管理水平粗放，成林油茶老化严重。油茶生产经营方式落后，资源分散。目前油茶生产经营还处于传统的小农经济模式，由每家每户独立经营，自发和随意性很大，大多数农户以保证自家食用油为主。基本不作任何投入，大面积老油茶树得不到有效改造，油茶籽品质和产量无法提高，严重制约了油茶产业的发展。目前省内成林油茶老化严重，普遍在 30 龄以上，趋于老化，产量低；管理粗放和无力管理，导致油茶林长期得不到管护，处于野生状态，很少进行垦复、修剪、施肥、补植换种、引蜂授粉、防治病虫害；布局不合理，低产林改造工作滞后。长期忽视木本粮油的开发利用，个别地方还出现了砍伐油茶林的现象，造成了油茶低产量、低商品率“两低”的后果。油茶树老品种多，产量上不去，产值出不来，效益低下，严重影响群众种植的积极性。缺少规模经营、集约经营、商品化生产，油脂加工企业的资源难以保证，茶油加工企业难以做大做强。

（3）周期长，投入大，农民和企业积极性不高。新造油茶林和低产林改造周期都较长，茶树苗种下后 5 年才结籽，8 年后才到盛产期；接穗品改的，最短也要 3 年才有收获。农民对低产林进行改造或营造新的丰产林，不仅 3～5 年的时间内无法从油茶种植上取得收益，而且，每年还要投入一定的资金。经权威机构试验测算，农民新造油茶林，从栽植当年到进入稳产期，每亩需累计投入 1 660 元左右；低产林改造连续三年施肥、垦复，每亩需累计投入 800 元左右。营造新林，清山需 200 元/亩，机械整地挖穴 520 元/亩，种苗 230 元/亩，基肥 150 元/亩，栽植费用 60 元/亩，苗木栽种下地每亩就要花上 1 160 元。以后几年还要对幼林进行施肥、病虫害防治、整型修剪、翻土、除草、灌溉等多项抚育工作，抚育费用平均每年需资金 108 元/亩。如果是企业或社会组织通过租地造林，算上租地费用和人员工资等，每亩前期投入约 2 100 元。油茶低改和新造林的前期一次性投入大，限制了油茶基地的发展。据调查，油茶新造和低改的前期一次性投入很大，只有高投入才能高产出。一般农户根本承受不了这么大的投入。目前，虽然湖南省有些市县地方政府对造林、品改都给予了一定的补助，但鉴于财政困难，这些补助虽然在一定程度上鼓励了农民或企业造林与品改的积极性，但与农民、企业的前期投入相比，相差甚远，农民与企业的积极性还是不高。眼下油茶产量低，企业的核心任务应当是扩大种植面积、提高产量，并控制上游资源。可实际上企业在油茶种植上并没有形成竞争局面。

（4）良种造林比例小。湖南省约有 50%以上的油茶林是新中国成立之前就存在的，属于多代萌生，品种混杂，产量极低。从 20 世纪 70 年代末开展的油茶丰产林基地建设，到 90 年代以来的油茶低产林改造，全省使用良种更新造林的油茶面积不足 10 万公顷，仅占全省油茶面积的 9%左右，油茶品种的优良率极低。而且良种的推广应用还处于不规范的自发状态，严重阻碍了油茶良种推广。如果没有大面积优良油茶品种更新换代，油茶潜在的资源优势是不可能转化为产业优势的。

2. 科技投入不足，油茶综合科技开发利用不够。

（1）开发工艺和技术滞后，综合利用率低。据国家林业局官员介绍，我国油茶设计加工产能的利用率整体约在 30%。油茶主要加工茶油，生产组织方式落后，基本上是按产区分布，作坊式生产，生产效率低，劳动强度大。目前，国内茶籽油的生产加工的工艺和技术更是十分落后。据调查了解，目前我国生产精制油茶籽油的企业并不多，大多数加工企业的油茶籽油，都是以毛油的形式出售，难以满足市场和消费者对高品质油脂的需求；而在开发高品位的食用油茶籽油、化妆品级油茶籽油和副产品的综合开发、利用方面，由于技术限制，目前国内只有少数企业在进行有限的生产和开发；就连以油茶饼粕为原料提取和生产茶皂素方面，国内加工企业的生产工艺和技术也十分落后，多数企业仍主要是以溶剂提取法来生产油茶皂素。大部分茶粕没有综合利用，直接当作燃料和肥料，资源浪费大。在食用油上，在高等级的保健茶油开发、化妆品茶油的炼制深加工、茶枯提取茶皂素、茶壳的综合利用等技术工艺上还处在起步阶段。没有形成油茶产业链，比较效益不高。目前省内还没有一家进行全面综合利用的厂家，许多副产品都被浪费了。

(2) 种植方式和技术落后。主要是农业生产技术开发和服务不到位。目前油茶种植方式和技术比较落后，仍呈小农经济形态。没有统一规划，没有连片开发；种植管理粗放，没有引进现代科学技术进行管理；多数油茶属于农民自发生产，品种杂，树矮小，缺乏科学的护理，广种薄收。加上基层油茶种植和护理技术服务不到位，没有农业产业化龙头企业带动，油茶新产品的开发研究跟不上发展的需要，经济效益不高。经过提纯、复壮、嫁接和品改的高产油茶树，树冠矮但果实丰满，亩产油可达 50 千克。目前全省良种推广应用处于不规范的自发状态，运用现代科技手段经营也远远不够，产品精深加工的竞争力也不强，严重阻碍了油茶产业发展的质量和效益。

3. 产业化发展落后，品牌建设落后。

(1) 油茶产品市场化不足，缺乏特色品牌。油茶产量和市场占有率仍处于很低的水平。当前茶油产品生产、销售企业已有 100 多家，但大多规模偏小、资金不足，技术投入不够，产品大多局限于常规精炼的水平，部分还不能达到国家新颁布的一级油的标准，产品档次和科技含量低，综合利用不足，竞争力不强、销售渠道不畅，难以开拓新市场。

(2) 种产销一体化企业太少，缺乏油茶龙头企业的推动，难于全面促进油茶产业链的升级，形成规模经济。全国大约有 150 多个茶油生产企业，但大多数企业缺少技改能力与投入，普遍实力不强，新产品开发滞后，产业链短，产品附加值低，品牌不响、辐射不强、市场占有率不高等。没有龙头企业的推动，要使油茶产业上规模效益困难重重。

（3）油茶经营加工企业品牌意识淡薄，经营加工企业分散难以形成品牌规模效应。这种情况在大小作坊众多的中小企业表现尤为明显。品牌建设投资非常有限。2008 年末，我省林业行业管理办公室统计在册的具有一定规模的油茶加工经营企业有 176 家，其中年加工量在 1 000 吨以下的有 159 家，占到登记总数的 90％多。尚未统计在册的民间小油坊还有近 2 000 家。众多的小油坊、小企业，经营加工规模小，技术装备差，出油率低且产品杂质多，导致企业成本高、收入低、利润少，无法投入足够的品牌建设资金。在我省 2 110 多家油茶加工企业中，年销售额过亿元的仅有“金浩”等区区几家。企业销售额不高，用来品牌建设的投资也就自然不多。缺少知名大品牌，品牌市场认知水平低，市场开拓能力弱，缺乏核心竞争力。目前，茶油商标名称很多，大约有近 30 个已经注册产品商标的近二十家。全省茶油加工企业达到 2 000 多家，呈现明显的散而弱局面。茶油生产企业品牌意识淡薄，虽然有“九道湾”、“美津园”、“金浩”、“金健”、“福临门”、“金拓天”、“邦尔泰”等品牌出品精制或者调和茶油，但总体来看，专业的、强势的茶油品牌不多，缺少全国知名大品牌。目前，我省油茶加工企业分布在全省的 14 个市州，每个县市平均有 1.44 家，最多的一个县达 39 个。这一事实表明，在我省油茶产业发展过程中，地方保护主义、“大而全”与“小而全”、重复建设现象较为严重，无法形成规模效应和协作关系，优势资源无法集中加以合理配置，难以形成品牌实力。

4. 组织协调油茶产业的工作缺乏。从事油茶产业的单位和工作者很多，良种繁育、种植、初加工、精加工、科研、贸易、设备和质检等，涉及的面很广。要应付上述所有环节方面的工作，感到力不从心。而且，时有出现内耗和不正当竞争现象。还没有形成高效的联合和联盟，实现各种资源的互补。需要组织来协调政府、企业、农民和科技人员之间的关系，逐步走向规范市场经济，改变目前无序状态，形成既有联合又有竞争的有序局面。国内上市的油茶产品包装上大同小异，大中城市的各大卖场中品牌混杂，价格不一，没有真正的全国知名品牌，甚至有作假产品出现，以廉价的调和油冒充茶油出售，导致各商家打起价格战。

（四）国家和茶油大省实施了财政扶持油茶产业的措施

1. 国家为发展油茶产业提供了强有力的政策扶持。2007 年 9 月，国务院办公厅出台了《关于促进油料生产发展的意见》，明确提出加大包括油茶等特种油料作物在内的油料生产扶持力度。2008 年 1 月，温家宝总理专门就我国油茶产业发展问题作出重要批示；为贯彻落实国务院领导的指示，全力推动油茶产业发展，国家林业局出台了《国家林业局关于发展油茶产业的意见》，明确指出要全面提升油茶产业化水平并决定把油茶生产作为 21 世纪先导工程和林业经济发展方式根本转变的重要内容来抓。2008 年，中央财政设立了现代农业生产发展专项资金，支持各地粮油等优势特色产业发展。据了解，针对目前我国食用油紧张问题，国家发改委正在研究《我国中长期的食用油发展规划》，其中油茶发展作为非常重要的一环被提了出来。贾治邦局长表示，目前我国在湖南、江西示范点上，有示范品种的补贴政策，具体的是 160 元左右。他表示，木本油料应当与粮食油料享受一样的补贴政策。国家越来越重视油料产业的发展，并早已经把发展油茶产业作为新农村建设、促进农民增收的一个重要产业来抓。国家林业局颁布的《全国油茶产业发展规划（2008—2018)》明确，通过对现有低产油茶林改造，以及在宜林荒山荒地营造高产油茶林，到 2018 年，将全国油茶林面积恢复并稳定在 400 万公顷以上，亩均产油量达到 50 千克以上，年产茶油 300 万吨以上，占到全国食用植物油总产量的 25%。

2. 湖南省出台的扶持政策。新中国成立初期，湖南响应国家“开展油茶生产运动”的号召，掀起了油茶垦复高潮。改革开放后，全省大搞油茶科学研究，积极选育良种、营建采穗圃、培育嫁接苗、推广“三保山”造林垦复技术。20世纪80年代中期后，随着联合国粮农组织对湖南油茶低改项目的援助和90年代初开始的国家农业综合开发油茶低改项目在湘的实施，全省油茶产业进入了一个全新的发展阶段。近年来，退耕还林等重点工程的实施和林业政策的进一步调整，油茶丰产林建设规模正在逐步壮大。全省油茶的加工利用向现代方式转变。

湖南省各市州、县市区财政每年从新增财政收入中提取一定的比例用于油茶产业发展。浏阳市财政和林业部门1995年以来投入3 800多万元发展油茶，目前油茶年产值突破了1亿元。在祁阳县，每年由县财政拨付100万元，建立油茶生产补贴基金，对连片50亩以上的油茶低改、新造实行专项补助，低改一次性每亩100元，新造按每亩100元连续补助三年，并免费提供品改所需的种苗和穗条，对按程序报批连片经营老油茶林或新造300亩以上的大户，经林业部门验收合格后，另由财政分别按每亩30元、50元的标准给予一次性奖励扶持。常德市财政每年安排1 000万元用于扶植油茶产业发展。在各级政府的鼓励下，湖南油茶产业一直保持着较好发展势头。长阳模式用5年的时间，建设60万亩油茶，农业产业化龙头企业，宜昌市科力生农业开发有限公司一直积极致力于工厂化育苗，采用国际先进的设施农业技术、生物工程技术、无土栽培技术、绿色食品生产技术、节水灌溉技术等农业高新技术，在以现代设施农业展示、高效农业示范、脱毒种苗繁育、都市观光农业等为主要功能，改变传统的农业生产和营销方式，建立现代农业示范样板方面，走出了一条十分成功的路子。利用产、学、研相结合的优势，服务于农业、农村、农民，大大增强了农业发展的高科技含量。

2008年9月，湖南省政府发布了湖南省人民政府关于加快油茶产业发展的意见，明确了我省油茶产业的发展目标和任务。

要实现省政府提出的油茶产业发展目标，要使我国油茶产业真正成为帮助广大农民增收致富、推动我国新农村建设的支柱产业，首先要解决的就是大力发展油茶种植、解决油茶资源与产业发展的供求矛盾。制定《湖南省 1 000 万亩油茶产业基地建设规划》。加大资金投入，着力支持科研推广和示范基地建设。2008 年，省财政安排专项资金 1 000 万元、非税收入 1 000 万元用于油茶林基地建设。据不完全统计，包括国家安排的 2 400 万元在内，全省投资油茶产业发展的资金已达 4 亿多元。2009 年部门预算中，已安排 1 500 万元用于油茶科研推广和示范基地建设，并将在项目资金整合方面取得实质性进展。邵阳县每年预算不少于 800 万元用于扶植油茶产业发展，2008 年整合退耕还林、以工代赈、扶贫开发、新农村建设等专项资金 1 900 万元用于油茶产业。各地油茶种植大户不断涌现。

三、农业综合开发的宗旨和任务

（一）农业综合开发的宗旨

1. “藏粮于地”是稳定发展粮油生产的根本措施，要充分发挥农业综合开发保障国家粮油安全的重要作用。粮油安全和其他主要农产品供给问题的根本的基础是粮油综合生产能力。提高农业综合生产能力的重点是加强农业基础设施建设，改善农业基本生产条件。在财政支农投入中，农业综合开发是与提高综合生产能力关系最紧密、作用最直接的一项投入，是通过“藏粮于地”建立粮油安全长效机制的重要途径。因此，应当将农业综合开发作为一项既管当前又管长远的支农政策措施，切实加强领导，给予重点支持和保障，充分发挥农业综合开发为国家粮油安全强基固本的作用。

2. 按照健全中央和地方财力与事权相匹配体制的要求，大幅度增加农业综合开发投入。粮食安全始终是关系我国国民经济发展、社会稳定和国家自立的全局性重大战略问题。从国家利益全局看，粮食与能源一样，是当今世界重要的战略资源。在划分中央和地方事权的过程中，应当把粮油安全问题作为重要事项来研究。依据粮油发展的总体目标，按照不同区域的自然和社会经济条件，科学划分功能区，明确功能定位，落实中央和地方分级管理责任，采取差别扶持政策，共同确保国家粮油安全。目前国际粮油贸易量来看，如果我国大量进口粮油，不仅会拉动国际粮油价格大幅上扬，而且会引发严重的国际政治冲突。明显的“大国效应”，决定了中国的粮油安全问题实质就是国家安全问题，应当由中央政府来承担更大保障责任。保障粮油安全的主要事权在地方政府，并承担与之相匹配财力安排，中央财政逐步减少对其发展粮油生产投入；粮油主产区发展粮油生产是对国家粮油安全作贡献，且地方财力不强，中央财政应大力扶持其发展粮油生产。农业综合开发大力扶持粮油主产区建设高标准农田和油料基地，打造全国粮油核心产区，是针对粮油安全事项，建立健全中央和地方财力与事权相匹配体制的着力点和切入点，权责清晰、容易操作、效果明显、影响力大。应该大幅度增加预算，将农业综合开发作为健全中央和地方财力与事权相匹配体制的试点事项。

3. 按照形成主体功能区的要求，进一步集中力量支持粮油主产区建设高标准农田和油料基地。集中力量支持粮油主产区建设高标准农田和油料基地，是一项涉及利益调整的改革，需要以十七大关于建设主体功能区的理论为指导，根据我国粮油生产资源禀赋特点、生产基础条件、粮食增产潜力等因素，编制“农业综合开发粮油核心产区建设规划”，按照“存量资金统筹兼顾，增量资金重点倾斜”的原则，将绝大部分新增资金投入到主产省的主产县，着力打造中国粮油核心产区。

4. 开发与利用并重，实行深度开发，促进土地适度规模经营。只有逐步实现粮油规模化生产，才能提高粮油种植的比较效益，才能增强发展粮油生产的内在动力。农业综合开发建设高标准农田和油料基地后，每个项目区有 200 多公顷连片土地。土地的产出率和资源利用率得到明显提高，愿意从事粮油规模生产的经营者，能够取得合理利润，具备“可以发展多种形式的适度规模经营”的先决条件。今后，农业综合开发要发挥优势，顺势而为，努力创新开发投入机制，采取多种形式，促进适度规模经营发展。一是要实行深度开发，加强项目区“软件”建设，促进提高粮油生产的组织化程度。农业综合开发在项目区完成“硬件”设施建设后，要继续进行深度开发，安排少量资金，培育和启动农机合作社、农业技术应用协会、专用粮食品种生产协会等“软件”组织建设，在维持分户小规模经营不变的情况下，实现统一机耕、统一播种、统一灌溉、统一施肥和统一机收，提高粮油生产的组织化程度。二是要制定明确政策，鼓励实行土地先流转后开发。要探索和鼓励由种植大户和企业直接申报农业综合开发项目，并优先予以扶持。三是要促进产业化经营和土地治理两类项目有机结合，鼓励粮油加工转化企业发展订单农业，甚至直接参与基地建设，促进土地适度规模经营。

（二）农业综合开发在扶持油茶产业中的任务

解决我国“三农”问题，要各地根据自身土壤、气候、生态、植被等各种条件，因地制宜，抓住各种机遇，找准“特色”作为突破口；要加速培育和发展具有特色、有竞争力的产业化链条；要抓好科技介入，培育市场以科普为先导，产业发展以科技进步为依托；要致力于转变各级政府与农民的观念；要对有条件形成特色农业、特色经济支柱的产业给予必要的政策、基金扶持。油茶产业正处于关键的发展时期，龙头企业是动力，科研力量是保证，政策能促进 3 个方面发展，缺一不可。当前尤其迫切的是国家政策的扶持。应把油茶产业作为我国特有的特色产业，作为特殊产业纳入国家退耕还林的大盘子；制定专业的信贷扶持政策，加强油茶产业相关标准的制定；加快土地流转等各方面配套制度的改革。只有各方面的共同努力，才能把我国的油茶产业推向前进。

1. 要站在保障国家粮食安全的高度，重视发展油茶等木本粮油产业。解决我国13亿人口的吃饭问题始终是治国安邦的头等大事。但实现粮油长期供求平衡面临着巨大压力，粮食安全面临的不确定性在增多。粮食安全，实际上是包括食用植物油在内的、广义的食物安全，应当通过广辟食物源来保障食物安全。木本粮油是优质食物源，应当充分发挥木本粮油在保障食物安全中的重要作用。

2. 要站在有效利用国土资源的高度，谋划发展油茶等木本粮油产业。我们不仅要把耕地利用好，而且要树立大农业观念，把草原、大陆架渔场、林地资源用好。要加快山区综合开发步伐，全方位开辟粮油来源。木本粮油，不仅能直接替代和补充粮食，还能够改善食物结构，有益身体健康，提高生活质量。我国山区面积占国土总面积的69％，有近8亿亩宜林荒山荒地，木本粮油发展潜力巨大。发展木本粮油具有不与粮争地的显著特点，不仅不占用耕地，还可以腾出更多的耕地资源来种植其他农作物，从而大大缓解耕地的压力。相当数量的木本食用油，将大大增加我们解决粮油问题的回旋余地。

3. 要站在促进林业又好又快发展的高度，推动发展油茶等木本粮油产业。促进林业又好又快发展，必须着眼于发挥林业的多种功能。发展油茶等木本粮油产业，有利于林业多种功能的充分发挥。从食物功能看，木本粮油是优质食用粮油，具有很高的营养价值和保健作用。从原料功能看，油茶全身都是宝，具有很高的综合利用价值，茶枯饼、茶皂素、茶籽壳及生产茶油的剩余物，可广泛用在日用化工、制染、造纸、化学纤维、纺织、农药等领域。从增收功能看，油茶是一种长寿树种，具有一次种植多年受益的特点，稳产收获期可达80年以上。从生态功能看，油茶生态效益显著。

四、农业综合开发如何扶持油茶产业又好又快发展

（一）提高认识，加强宣传，落实规划

湖南油茶面积分布广、增产提质潜力大、在全国地位突出，发展好油茶产业，可以逐步提高油茶等木本油料的比重，改善我国食用植物油的生产和消费结构，对维护国家油料安全具有举足轻重的作用。并且，因地制宜发展油茶产业，不但可以保护耕地“红线”不受侵占，而且对于发挥土地的边际效应具有重要意义。目前国内多数人对优质山茶油所具有特征和优势并没有足够的认识，把油茶种植和山茶油加工，作为一般传统的农作物和农村小加工业来看待，致使油茶开发未形成产业化。各级政府对油茶规模种植和优质山茶油的产业化开发重视不够。目光过多放在招商引资和发展重点工业项目上，一些地方置本地资源优势于不顾，盲目地寻找或引进已经过时和淘汰项目。要提高到维护国家粮油生产安全的高度来认识；要提高到促进县域经济发展，带动农民兴林致富，推动社会主义新农村建设的高度来认识；要提高到构建现代生态文明的高度来认识。地方要真正把油茶发展作为山区资源开发产业化生产的一个重要支柱、一个主打产品、一条致富的有效门路来看，发挥政府职能为民谋利和促进农村长远发展的大局上形成共识。①建立起群众、政府、社会投资的多元化投入机制，形成政府引导、市场主导、龙头企业带动的发展格局。②要制定规划，确定目标，采取措施发展油茶生产。各地要把发展油茶纳入地方国民经济整体规划和年度发展计划，像抓粮食生产、区域经济发展的主要指标一样下达计划，实行专业化管理和调度，做到年初有计划年中有检查，关键季节要帮助攻坚克难年终有总结、有奖惩。

（二）土地整理，加快油茶良种繁育和高产优质油茶生产基地建设

始终坚持以粮食主产区为投入重点，是农业综合开发的一条重要原则。从全国范围看，农业综合开发资金要进一步向粮食主产省份倾斜，农业综合开发项目要进一步向粮食主产省份集中。从各地区看，资金和项目安排要进一步向粮食主产县（市）倾斜。只有这样，才能集中力量建设一批基础条件好、生产水平高和调出量大的核心产区。同时，要适当兼顾非粮食主产省份、非粮食主产县（市）。二是在资金投向上，要突出以建设高标准农田为重点，兼顾其他任务。农业综合开发的任务主要是，大力支持高标准农田建设，积极推进农业产业化经营，有效促进农业科技进步，切实保护和改善生态环境。在这四项任务中，最重要的是建设高标准农田。通过对中低产田进行改造建设高标准农田，始终是农业综合开发的基本任务，也是评价农业综合开发是否成功的主要标志。必须长期坚持重点支持高标准农田建设，同时兼顾农业综合开发的其他任务。①建设标准化示范基地。立足于湖南省现有油茶资源，制定油茶产业的长远发展规划，建设高标准集约经营油茶良种丰产林基地 100 万公顷。年产茶油 50 万吨以上。以永州、衡阳等主产区为重点，先建设 20 万公顷优良新品种丰产示范林基地。通过示范作用带动社会力量积极参与到油茶原材料基础建设中去。油茶良种繁育基地建设是一个紧迫任务。稳步推进油茶种苗生产供应体系，合理布局，加强油茶良种基地建设；必须尽快建立能满足生产需要的无性系采穗圃。建设高产优质的油茶生产基地能以点促面，启发带动林农。②以油茶生产大县为重点，高标准、高质量抓紧建设好 2 000 亩油茶采穗圃和 4 000 亩育苗基地，切实增强优质油茶种苗生产能力，争取到 2015 年达到年产优质苗木 1.5 亿株以上，基本满足全省油茶良种苗木的需要。2010 年全省要力争供应优质苗木 8 000 万株，实现新造 2 万公顷，高标准垦复低改 6.67 万公顷。③坚持新造与

改造“两手抓”。充分利用低山丘陵地区的宜林荒山及灌丛地、采伐迹地、火烧迹地、雨雪冰冻灾害损毁林地，以及房前屋后、道路两侧、河道沿岸等边际性土地，新造油茶林。三要注重发挥油茶林的生态效益和景观效益，避免造成水土流失。

（三）积极培育扶持龙头企业和良种基地，打造湖南油茶品牌

要把培育和扶持龙头企业作为油茶产业发展的“牛鼻子”来抓，按照“扶大、扶强、扶优”的原则，打破地域、所有制界限，依托现有骨干企业，实行强强联合，发展合作互利、共赢的经济关系，组建湖南油茶产业企业集团。鼓励金浩、优仕、好恰、富园等油茶加工企业，充分发挥各自技术、资金、市场优势，积极开拓国内外市场，在打造国内品牌乃至世界名牌上下功夫。鼓励和支持加工企业参与油茶原料林基地建设，推动以“公司＋基地＋农户”为主要经营模式的产业化经营。进一步解放思想，改善投资环境，制定优惠政策，引进具有产业长期投资眼光、强大资金技术实力和良好市场记录的战略投资者，促进域外投资与本地资本的结合。在重点扶持全国经济林产业化龙头企业湖南金浩植物油有限公司的基础上，再培育一个甚至几个具有强大经济实力和品牌效应、能够有效带动和辐射一方经济发展的大型油茶综合加工企业。①要通过产业化带动，以公司加农户或者建立茶油种植合作社的形式，对茶油基地进行规模生产。②要从机制创新入手，引导企业参与油茶原料林基地建设以具有一定基础和实力的油茶加工和种植企业为主体，引导发展油茶原料林基地建设，推行“企业＋基地＋农户”和股份制合作参与的经营模式，促进油茶生产、加工、市场的有机结合，使企业与农户成为利益共享、风险共担的经济利益共同体。③深化产品精深加工。通过充分运用现代技术手段确保出好油、多出油，延伸产业链，增加附加值，充分发挥油茶开发综合效益。④在全省林业产业化龙头企业中，把油茶生产加工企业、油茶科技服务企业列入其

中，将重点培育和扶植一批产业关联度大、科技装备水平高、经济实力雄厚、牵动力强、辐射面广的农业化龙头企业。认真落实扶持龙头企业发展的政策措施，促进油茶产业链的延伸。⑤努力打造体现各自特色的知名品牌，依靠品牌效益提高市场竞争力。⑥发展油茶专业合作组织。引导林农按照依法、自愿的原则建立多种形式的专业协会和专业合作社。开展联户种植、技术推广、生产资料供应、产品营销等服务，努力提高生产组织化程度，增强规避市场风险能力，促进油茶产业规模化、集约化经营。⑦扶植油茶种植大户。支持有实力、懂技术、善经营的生产经营者兴办油茶林基地，充分发挥种植大户在发展油茶产业上的辐射、示范和带动作用。

（四）大力推广油茶新品种和丰产栽培技术

加快油茶良种选育和推广力度，深入开展无公害栽培技术研究。一要加强新品种、新技术、新产品的研究开发。建立省级油茶良种资源圃和繁育基地，实现油茶苗木生产良种化、标准化和基地化管理。围绕油茶产业链的各个环节，加大科技创新力度，加快高产、稳产、多抗性优良新品种的选育及其栽培技术研究，加强相关配套技术集成创新，加快新产品开发，促进产学研相结合，做到每一个地区都要确定几个最适应、最高产的品种。二要以林业科研院所为依托，以林业科技推广站和林业工作站为推广队伍，以苗圃、农村经济合作组织、科技示范户为推广服务对象，健全油茶科技推广服务体系，集中力量推广普及已确定的优良品种和丰产技术。三是加快油茶产业发展标准体系建设。严格市场准入，加强种苗质量监管；完善供应手续，建立责任追究制度。四是加大对老油茶树的改良改造，促进油茶产业发展。

（五）以农业综合开发资金为平台整合财政资金发展油茶产业

加大项目投入的整合力度，要统筹农业综合开发、退耕还林及后续工程、林业生态工程、财政扶贫、农业产业化、以工代赈、移民专项、土地整理、水土保持、科技研发等投资项目，按照“统筹规划、相对集中、用途不变、渠道不乱、各负其责、各记其功”的原则，安排一部分资金用于油茶林基地和加工项目建设。要创新投入机制，鼓励实行以奖代投、以补代投等方式，带动社会力量参与，充分提高油茶经营和投资效益。鼓励其他经济组织及个人跨行政区域、跨所有制、跨行业，通过租赁、参股、收购等方式，参与油茶林基地建设。

第九章　农业综合开发的国外经验与启示

在积极发展现代农业、扎实推进社会主义新农村建设的关键时期，农业综合开发在“三农”发展中的基础性、公共性和引导示范作用越来越突出。但是，我国农业综合开发工作滞后于“三农”发展的需要，离国外农业投资和开发还有差距。基于此，需要研究国外农业投资政策，借鉴其农业开发的成功经验，创新我国农业综合开发的政策，提高农业开发的综合效益。本文主要介绍和总结美国等典型国家的农业开发的经验，借鉴其开发模式和制度设计，以其推动我国农业综合开发事业进一步发展。

一、发达国家的农业综合开发经验

（一）美国“田纳西流域综合开发规划”：流域治理模式

西部开发之初，田纳西流域是美国最贫穷落后的地区之一。大量砍伐森林，垦殖耕种，造成严重的环境破坏。其中，有526万公顷可耕地中有85%水土严重流失。严重的水土流失引起的洪旱灾害频发，导致土地贫瘠，收入水平低下。20世纪30年代，流域内4个州人均收入还不到全国平均水平的1/10，成千上万的家庭年收入不到100美元。过度的垦殖耕种导致气候异常，灾害频发，农业生产受到不同程度的影响。例如，1934年春季引发了毁灭性尘暴，摧毁了中西部平原上20多个州的庄稼，全国小麦减产34.9%。田纳西流域治理工作就是在这样的背景下发动的。

1933年，美国国会通过《田纳西河流域管理局法》，组建了一个既具有联邦政府机构权力又具有私人企业主动性和灵活性的法人公司——田纳西河流域管理局（简称“TVA”），负责对田纳西河流域的开发和改造进行规划和管理，统筹流域内的水电工程、洪水控制、土壤保护、植树造林、土地休耕、河流净化、通航和旅游，以及多种小工业的建造等事宜，出台了以经济、社会和环境协调发展为宗旨的综合开发政策。立法对“TVA”的职能、开发各项自然资源的任务和权力作出了明确规定。

“TVA”合理规划，因地制宜发展经济。利用区域内的自然资源，着眼长远，制定了长远发展规划，开发从防洪一直到航运、发电、工农业发展等多个项目目标，使区域能够协调发展。在实施过程中，有重点上的区分，使整个开发过程井然有序，目标明确，确保了流域开发的整体性、广泛性和有序性。①对水资源的综合利用开发。“TVA”制定了综合开发利用田纳西河水资源的规划，成立公司负责水资源开发运营工作，并由联邦政府对项目给予拨款扶持，经过10年左右的治理，消除了洪灾隐患，而且为其他产业的发展创造了水资源基础。②因地制宜安排流域内的农、林、牧业。在流域治理的过程中，注重依靠化学化、机械化、电气化对传统农业进行改造，成立全国最大的肥料研究中心，引导农户合理利用土地，改良土壤，并对农户的机械投资以贴息等形式进行补贴。③协调环境保护与旅游业的发展。在综合治理过程中，“TVA”始终坚持环境保护与开发相结合的方针，恢复森林，防止水土流失，对堤坝起到了巩固作用，开发与治理两者相得益彰。流域开发以资源为基础的产业集中于林业和旅游业。④统一规划交通运输等基础设施。“TVA”规划和管理了流域航运业，然后形成了内河航道、高速公路、铁路以及航空组成的立体交通网络，为区域的开发创造了条件。⑤多元化的投融资方式。“TVA”经营上的良性循环主要依靠联邦政府拨款、开发电力等赢利项目积累资金、面向社会发行债券筹集资金三方面的措施来实现。“TVA”1960年开始在全国发行债券，1995年开始面向国际市场发行债券，“TVA”对债券的成功运作促进了电力产业的发展，并使其逐渐成为“TVA”的经济支柱。

（二）日本“土地改良长期计划”：农业综合开发土地整理的核心模式

日本是人均耕地最少的国家之一，人均土地不足0.04公顷。山地和丘陵约占85%，平原少。“二战”以前，日本政府基本上是采取掠夺农业的财政政策，通过高税收从农业部门抽取资金，而用于农业的投资很少，农业的基本建设主要以开垦荒地、增加耕地为主。在“二战”以后，政府越来越重视农业的增长，农业预算急剧上升，基本建设以农田水利建设和土地综合改良为主，着重提高土地的产出效率和综合生产能力，并开展了影响深远的“土地改良运动”。日本政府在1949年就制定了《土地改良法》，1961年颁布了《农业基本法》，并据此制定了“土地改良长期计划”，以后又相继颁布了《水资源开发公团法》、《农用地整备公团法》及有关预算法规。这些法规为日本的土地开发治理和农村环境改善提供了重要的法律依据。根据“土地改良长期计划”，确定了不同时期公共财政对开发扶持的要点（表9.1）。在土地改良长期计划的规划期内公共财政的支持力度比较大。1960年农业预算1 170亿日元，占总预算支出的比重为7.8%，1975年财政农业投资绝对额为13 180亿日元，是1960年的11倍，在国家预算支出中占9.6%。20世纪80年代后，农业预算比重有所下降，但到1991年仍在4.4%的水平上。在每年中央农林水产财政预算中有30%以上的资金要用于加强农业和农村土地开发事业。

表 9.1 “土地改良长期计划”中不同时期公共财政对农业开发扶持的要点

时　　期	公共财政对农业开发扶持的要点
20 世纪 50～60 年代中期	改善农业生产条件和扩大耕地面积，解决粮食自给问题
60 年代中期至 70 年代中期	加强农业基础设施建设，促进农业生产结构优化和实现农业机械化
70 年代后期到 80 年代末	综合建设农村基础设施和生活环境，缓解农村人口向大城市集中进程
90 年代以后直到现在	针对欧美国家要求开放农产品市场的形势，加大农业科技创新力度，降低农业生产成本，增强本国农产品的竞争力

土地改良长期计划实施期间，农业基本建设资金来源由政府和农民共同负担。分担的比例分别是中央政府 45%，地方政府 10%～30%，受益农户为 30%～45%。在农户资金比例负担大的项目中，农户一般可以获得长期低息贷款，贷款期一般为 25 年，前 10 年还息不还本，利息率比国家利息率低 1/3 还多，农户积极性比较高，到期后都能归还借款。在进行土地改良和排灌主干工程建设上，对前期的规划设计一般用 1～2 年的时间完成，建设期按照 6～8 年安排，在农田整治、排灌水利工程建设上采用较高的标准，注重工程质量和长期效益。在项目建成以后，根据设施目的、规模和性质的不同，分别采取委托、转让和“直接”三种主要管理方式。土地整治设施的建设费以财政投资为主，而工程运行管理费则以受益农户自行负担为主，财政适当补助。工程管理费用计收标准，只考虑大修费和运行费，不提取折旧费。按规定使用期满后，工程需要更新改造的则按照原来的投资和分摊比例，由国家、地方政府和农民共同负担建设。多数农户对工程设施管理费用的支付形式采用交赋课金的形式。具体包

括加入金（指非耕地变为耕地时所要缴纳的费用）、建设金和经常维护金等三部分。国家建造设施的管理，国家补贴55%，地方补贴40%；土地改良设施的维护管理、修理保全事业，政府补贴30%。由于日本的工程管理制度健全，具有良好的运行管理机制，管理经费能够得到落实，使工程不仅能够正常运行，而且能够长期发挥效益。

为促进农业生产，日本政府战后制定了大量针对农业开发的法律法规，这些法律法规成为日本战后至今土地开发治理重要的法律依据。《土地改良法》对农用土地排水设施、农用道路保护和必要的设施建设、农用土地的改良设施、农业区划整理、农用地的造地、农用地或土地改良设施的灾后修复等做出了具体规定。《关于农业振兴区域建设法》旨在有重点地推进政府认可的重点农业区域的建设，实现农业的振兴和国土资源的合理利用。其中，特别是规定了确保重点农业区域农用土地的基本方针和建设方针。由于日本推行了扶持农业综合开发的立法，使得日本农业综合开发得到了法律保障，促进了农业的发展和现代化。例如：日本的农产品加工业经过近50年的快速发展，已经成为一个完全成熟的产业，出现了一批大型企业，如日本火腿、日清食品、加藤吉等。2007年，日本食品加工业成为仅次于运输机械和电气机械的第三大产业。日本大米自给率为93%，鸡蛋、蔬菜、水果和肉类的自给率分别为94.5%、84%、49%和55%。2007年，日本存栏肉牛和户均饲养成牛头数已经超过欧盟的平均水平。

（三）韩国“新村运动”：农村综合开发模式

韩国也是人均耕地最少的国家之一。属于典型的多山地丘陵的国家，山地占70%以上；平原不足20%，农用地占21%。20世纪60年代韩国忽视农业，农业年均增长率仅有2.5%。为了解决农村与社会问题，解决人口与资源环境的矛盾，1971年韩国政府投资20亿韩元，启动了“新村运动”的农村地区综合开发。

新村运动是在韩国工业反哺农业的一种手段。政府向农村投入了资源以使农村步入现代化。①政府筹集财物以支援农村。在1971—1978年的政府财政预算中，农村开发项目费用增加了7.8倍，财政投资增加82倍，到1994年政府和民间投资额高达110 000亿韩元。早期新村运动展开都是以财政投资和融资支援为后盾的。在农村基础设施建设上，财政均为直接投资。新村运动10年间，农村基础财政投资多达27 521亿韩元。②政府设置了水利资金、新农村综合开发事业资金等专项资金和促进农业机械化基金等专项基金。此外，民间团体也设置了许多专项基金，政府设置了信用担保基金。

韩国新村运动经历了基础设施建设阶段、增加农民收入阶段和农村工业发展阶段，每个阶段都有明确的目标和任务。第一阶段主要是加强农村基础设施建设。从1970年开始，韩国政府为全国3.5万个村每个村分配335袋水泥，要求开展政府拟定的20项农村基础设施建设，包括改造草屋顶和卫生间、架桥、盖村活动室、在周围山上植树造林、建设供水设施、建设粪肥库、修建小水塘、清理村庄道路和沟渠、修建公共水井、建立公共洗衣设施、控制老鼠等。据统计，1970—1978年，政府向每个村提供了价值约2 000美元的水泥钢筋。第二阶段是在继续加强基础设施建设的同时，着力帮助农民增加农民收入。期间政府推出了“第二次增加农渔民收入计划事业”。通过调整农村产业结构与经济结构，推广新技术，开发新产品，从而促进农民增收和农村发展。第三阶段主要是发展以农产品加工为主的农村工业。到1980年，韩国农村大中型加工企业达到790个。

在“新村运动”初期，采用政府主导型的模式。主要对农村居住环境、生活质量、新村项目开发、工程建设、新村教育等进行投资。在“新村运动”中期，政府把工作重点转移到奖励发展畜牧业、农产品加工业、特色农业、农村保险以及农协组织的建设上，逐步培育社会发展实体。“新村运动”后期，逐步转入国民主导型的发展模式。政府建立和完善全国性新村运动民间组织，政府只是通过制订规划、协调以及提供一些财政、物质、技术、服务等支持等。农业科技、推广、培训组织，农村教育机构、农协、流通、农村综合开发、农村经济研究等组织机构应运而生，推动“新村运动”的自我发展。

（四）以色列和荷兰农业开发：资源节约型环境友好型农业综合开发模式

1. 资源节约型农业开发模式：以色列“节水农业”。以色列位于地中海东岸，以色列是一个自然条件很差、农业资源缺乏的国家。属于干旱半干旱区，耕地面积只有43.5万公顷。水土资源稀缺，尤其是水资源极端贫乏，人均每年可利用的水资源量仅为339立方米，约为世界人均的1/30。可以说，水是事关以色列国家安全和居民生存的战略性资源。以色列农业生产以出口创汇和沙漠农业为主，并在发展农业节水灌溉、农业优质品种和高产田等方面居于世界领先地位。

以色列充分开发利用水资源、发展节水农业的典型做法：①支持农业基础设施建设，改善农业生产条件。以色列政府特别注重国土的治理开发，为农业发展创造条件。土地治理开发的资金来源主要有：征收土地税占50%；地方政府赞助占20%；世界各国犹太人捐款占20%。主要用于支持国土治理、防风固沙、修建水利工程等农业项目。建立全国输水工程，修建了规模宏大的全国输水管道，使水在输运过程中基本不受蒸发和渗漏损失。修建了众多可收集地表径流的水库和贮水池，并成功探索利用微咸水灌溉作物和通过人工降雨增加雨量的有效办法。修建了污水处理厂，75%的废污水被回收利用。修建咸水淡化厂，增加水资源供应量。自1948年至今，以色列耕地面积从16.5万公顷增加到43.5万公顷，农田灌溉面积从3万公顷增加到18.64万公顷。②发展农田节水灌溉，不断改进和研制节水灌溉技术和设备，高效率地利用有限的淡水资源。20 世纪 70 年代后，普遍采用地面灌溉和田间喷灌技术。管道输水和滴灌技术水利用系数 0.95，明显比地面灌溉和喷灌节水；20 世纪 80 年代，约有 80%的灌溉土地推行管道输水和滴灌技术。并能与自动控制、无土栽培及农业技术设施组装配套，达到节肥、节水、节电的目的。据考察了解，以色列的耕地灌水量已从 1949 年的 8 530 亿立方米/公顷下降到目前的 5 000 亿立方米/公顷左右，而同期生产的农产品产值，则从 0.46 美元/立方米上升到 2.04 美元/立方米以上。③合理调整农业生产的产业结构，因地制宜种植经济价值高的农作物，通过出口换回经济价值低、需水量高的农作物。④发展干旱地区的沙漠农业。为充分利用沙漠面积，政府广泛开发水资源，采用最先进的节水灌溉技术，改造和开发沙漠。政府于 1976 年开始在沙漠地区寻找水源，培育沙漠地区生产的农畜产品新品种。同时通过农业科研总结出主要农作物在沙漠地区的最适宜灌水量和施肥制度等，为沙漠农业提供了科学依据。⑤制定严格的用水法律，依法严格管理用水。成立用水管理部门，协调计划和统一分配用水。农业用水基准价格为 0.15 美元/立方米，根据人口数量、耕地面积、种植结构等因素确定农业用水配额、配额 85%以内实行基准价格，另外 15%实行阶梯式价格。

2. 环境友好型农业综合开发模式：荷兰“绿色投资基金”。荷兰一直重视农业的持续发展，注重环境保护和资源的可持续利用以及改善农村的面貌。荷兰政府提倡农村发展旅游业，提供美好优的休闲场所。对农村面貌的改变也非常重视，早在 20 世纪 50 年代就开始了大规模的土地整治运动。20 世纪 60 年代，为了解决日趋恶化的各种环境问题，荷兰政府相继颁发了一系列保护环境的法规，开始运用经济、社会等手段来解决环境问题。“绿色投资基金”于 1992 年由荷兰政府和银行共同建立。其主要内容包括税收鼓励措施、许可证制度和金融鼓励措施。荷兰政府认识到，社会经济的可持续发展，不仅仅是防止污染或减少能源利用，还必须发展新的经济活动，如有机农业、可持续能源等。在目前市场上，这类活动的收益还不足以吸引投资者大规模地参与。荷兰希望引入一种经济措施以降低成本，加速引入和推广这些活动，推动这些活动将来能做到自我支持。在这种情况下，“绿色投资基金”应运而生。“绿色投资基金”体系是由政府发起和引导的。政府不直接投入大量资金，而是采用经济手段鼓励个人投资绿色基金，鼓励企业投资绿色项目，鼓励银行吸纳和使用绿色基金，使环境保护投入形成一个由政府引导、银行操作、企业和个人共同参与的投融资体系，实现了环保投入的良性循环。“绿色投资基金”体系与个人所得税相结合，个人参与“绿色投资基金”项目，可以免征个人存款利息所得税。“绿色投资基金”体系的投入范围仅限于绿色环保项目（如林业、风能、有机农业和自然保护等），鼓励目标明确。“绿色投资基金”体系的运行管理以项目为基础，保证了投入的准确性和有效性。

二、发展中国家的农业综合开发：以印度为例

印度是世界上第二大人口大国，也是一个农业大国，其可耕地面积数量居亚洲之首，达 14 300 万公顷，人均占有耕地 0.16 公顷。1947 年后，农业长期处于落后状态，粮食不能自给。粮食短缺严重制约了印度经济发展和国家安定。因此，从 1966 年起，印度政府实施的三次著名的农业革命（即绿色、白色和蓝色革命）和人民党联盟的第二次“绿色革命”。印度的农业综合开发模式是科技导向的开发模式。

（一）1966—1990 年三次农业革命

印度的三次农业革命为：

（1）为了解决粮食严重短缺，1966 年起，印度政府在 WB 和美国的援助下推行“绿色革命”。这实际上是一项庞大的、以科技为导向的农业综合发展工程，其核心思想是通过推广高产优

良品种、扩大灌溉面积以及发展农业机械等一系列措施，促进农业现代化、集约化发展，实现作物特别是粮食生产的稳产高产。

（2）印度政府还实施了旨在发展牛奶生产的“白色革命”和发展渔业的“蓝色革命”。绿色革命是从以下几个方面推行的：①支持农业合作社的发展。农业合作社是印度政府实现农业发展规划和农民维护利益的重要手段。印度的合作社主要的有农业信用、销售、耕种、牛奶、渔业、农产品加工、消费以及住宅合作社等。②建立农业科技研究、推广、应用和支持“四位一体”体系。印度政府建立了从中央到地方的多层次的农业科教和技术推广网络，并逐步建立起“四位一体”大系统。在中央一级，农业部下设两个专门负责农业教育与科研的机构。作为政府职能机构的农业研究与教育局，负责协调农、牧、渔业各科研院所的研究、教育活动及国内外合作事项；印度农业研究委员会从事基础和实用技术的研究与开发，同时负责农业教育及高新技术的鉴定和推广。印度各邦农业部门领导的 60 多个研究机构组成了地方农业科研系统，经费由地方和中央两级划拨，在税收和用地等许多方面享有种种优惠。③采取了一系列农业扶持政策和措施。政府出资修建全部农村基础设施，同时，还一直强调不断加大农村基础设施建设力度。1969 年印度政府要求每家商业银行至少要在其所在地区的农村开设一家分支机构。1975 年起，在信贷服务薄弱、贫困地区创立了地区农村银行。建立农村社会保障制度。政府对丧失劳动能力的老年农民发放津贴；向无房的贫困农民提供建房补助；中央和邦政府还对贫困子女的教育给予补贴。还有农资价格补贴政策和最低支持价格政策。④促进农村产业结构调整。为了解决粮食增产，农民依然贫困的问题，印度政府大力调整农业产业结构，保持农林牧渔发展的协调；同时提供税收减免优惠努力促进农产品加工业的发展。

经过几十年的努力，印度不仅解决了印度的粮食自给问题，还使印度由粮食进口国成为粮食出口国，还成为糖、畜牧、牛奶、水果和蔬菜等生产大国。可以说，三次农业革命是印度推进农业现代化的重要方式。

（二）2004 年开始的“第二次绿色革命”

印度的农村人口占全部人口的 70%，绝大多数农村人口生活依然贫困。面对这种情况，印度政府采取了一系列举措来发展农业，2004 年开始推行的“第二次绿色革命”：

（1）加大资金投入，并引导社会投资，调整农村产业结构。2004 年中央储备银行公布了在未来 5 年内向农业部门提供总额为 5 000 亿卢比的信贷资金计划，明确规定了从开垦荒地、选育良种到改造农业基础设施、增加灌溉面积、提高粮食加工储藏能力、完善粮食市场流通环节以及鼓励在农业生产中应用新科技等具体环节中的投资导向；政府计划通过向 70%的农民提供低息贷款的方式，指导农民进行产业升级。印度政府设立了农村基础设施投资基金（RIDF），向邦政府、地方议会、自助团体和非政府组织提供农村基础设施项目贷款，用于改善农村的基础设施条件，具体包括农村公路、农村桥梁、小型水利项目、水土保持、防洪、水利灌溉、饮用水、农村教育体制等基础设施。政府采取了一系列投资优惠待遇，吸引印度公司投资和外国投资。

（2）人力资本投资和大力推广采用农业现代科学技术。印度每年有 300 万大学毕业生及数量相当的中等职业人才，是“第二次绿色革命”宝贵的依靠力量。目前，农业专业的毕业生获得经济帮助以建立“农业门诊部”，他们不仅向农民提供指导和传播科学知识，同时还向农民出售必需的农业物资。尤其是，作为软件技术大国，计算机信息技术在印度农村的使用越来越多。为了进一步推进农村计算机化革命，政府还专为农业设立了免费的呼叫中心和广播、电视频道。此外，印度政府进一步加强农业科研，在全国建立一批生物技术研究中心。同时，也进一步完善从产学研结合的农业科技推广体系，指导农民科学施用化肥，向农民传播滴灌等先进灌溉方法，促进旱地农业发展，并把冷藏技术等农产品加工技术传播给农民，促进农产品加工业发展。

（3）大力推行农村社会保障制度，以着重解决农村贫困问题。新阶段的扶贫措施对保持农村社会稳定、鼓励农民参与“第二次绿色革命”将发挥重要作用。因此，在实现本国农产品基本自给并略有剩余的新时期，“第二次绿色革命”是一个以新技术为主导，以政府投资为导向的综合发展战略，既致力于农业产业结构调整，增强农业生产力，也注重了农民增收，农村发展，为解决“三农”问题和实现农业可持续发展提供了有效支持。

三、国外农业综合开发对我国的启示

（一）重视农业综合开发的法制建设，为农业综合开发提供法律保障

1933 年，《田纳西河流域管理局法》颁布，使得“TVA”具有很大的经营自主权，保证其在区域综合开发规划中的权威性。美国 2001 年出台新农业法案，增加了对农业的投入和补贴。日本政府从 1949 年相继颁布了《土地改良法》、《水资源开发公团法》、《农用地整备公团法》及有关预算法规，为日本的土地开发治理和农村环境改善提供了重要的法律依据。而我国的农业综合开发在法制建设方面的相对滞后，到目前还没有一部全国性的相关法律，影响了开发绩效。

（二）“流域综合”开发和后续综合性管理是农业综合开发的重点之一

可以借鉴美国流域治理的经验和模式，打破现有行政区域的限制，强调流域开发的整体性、综合性，成立项目法人机构，按流域范围因地制宜统一规划和管理。要进一步推进“综合”力度，提高资源的整合程度和开发的综合效应。借鉴日本制定土地改良的长期规划，确定不同时期公共财政对农业开发的建设要点，并适时调整扶持要点。借鉴日本在土地改良建设和维护管理

中，强化受益农户对设施建设后管理的责任。目前我国土地治理项目设施建成运行之后，由于管理维护缺位、项目管理不到位，造成了建易管难、造成一部分设施失修、提前老化或者破坏，甚至废弃，不能充分发挥作用。

（三）坚持走科技兴农之路，我国农业综合开发实现“两型”化目标

根据印度农业综合开发的历程可知，科技导向是国外农业发展的共同趋势。因此，必须支持农业科技创新和技术推广，建立网络化的农业科技服务体系，把握中国农业区域专业化发展途径和模式，继续加强农业综合开发区域结构的调整，实现“两个转变”。综观以色列和荷兰现代农业资源节约和环境友好农业发展的历程，我国农业综合开发要朝着“两型”目标迈进。干旱、半干旱地区的节水农业发展可以借鉴以色列的经验，在引导节水农业上加大公共财政支持力度，加大基础设施建设，发展高效节水灌溉技术。注重农业科技在节水、节土、良种等方面的应用。制定严格的用水法律，加强对水资源的保护。同时，加强绿色投资，防止污染或减少能源利用，实现农业可持续发展。

（四）农业综合开发需从以“小结合”为主向“大结合”方向发展

目前，我国农业综合开发集山、水、田、林、路治理于一体，把改造中低产田和生态环境建设结合起来，实现农业的高产、优质、高效和可持续发展，是中国一项重要的绿色投资。社会主义新农村建设为农业综合开发创新提供了新的机遇和思路。根据韩国的“新村运动”经验，新农村建设也是公共财政惠及农村的具体体现。公共财政应继续加大农业基础设施的支持力度，作好生产、生活基础设施总体统筹规划。我国农业综合开发在政策定位和导向上可将农业综合开发转向农村综合开发，逐渐转向以生产设施与生活设施规划相结合，转向土地治理与环境治理相结合，转向农业发展与农村发展相结合。但是，农业基础建设和

农业综合生产能力仍然是主要投向。

（五）加大农业综合开发的公共财政投入力度，发挥财政的杠杆作用

纵观印度农业开发的历程，政府财政支出政策是最能反映政府政策和政府投资的“指向针”。我国农业开发工作要遵循突出重点、集中投入、“有所为有所不为”的思路。日本土地改良长期计划的成功经验，也给我国农业综合开发创新机制、强化管理提供了借鉴：实行与市场经济、公共财政相适应的管理机制和投资政策，在土地治理项目设施建设资金来源上以国家和地方政府财政投资为主；在土地治理项目设施管护资金来源上，国家和地方财政补助，受益农户适当负担，强化受益农户对设施建设后管理的责任，并可以考虑财政补贴、对受益农户实行长期低息贷款，提高他们对农业综合开发土地治理项目设施维护管理的积极性。借鉴荷兰的经验，建立新的投入机制以吸引更多的银行贷款、农民自筹资金和其他社会资本投入到农业综合开发项目。

第十章　农业综合开发的主体及其选择

一、主体选择对农业综合开发的影响作用

农业综合开发需要相关主体的共同配合和协调，同时，还受市场及贸易等因素的影响。为此，必须合理确定各部门的职责，正确选择开发主体，以确保农业综合开发中各项资源投入的有效利用，不断提高综合开发的水平和效果。农业综合开发主体是在综合开发中起主导作用的组织或农户。主体的选择和确定对农业综合开发的影响作用主要表现在三个方面：

（一）影响农业综合开发的效率和效果

农业综合开发的效率和效果主要反映在：①进程和速度，即从开发规划到具体的计划、组织和实施，并最终达到综合开发目标的整个时间期限；②投资的有效利用率，即投资总额中，直接用于具体的开发项目的营运资金所占的份额；③资金的聚合力，即综合开发投入的资金所能吸引和带动参与综合开发的其他资金的总量及其比例；④投资的资源开发力，即单位投资所能开发的资源数量及其结果，或开发单位资源及其产品所花费的投资额。这四个指标都是正指标。由于条件差异及其利益取向，不同的农业综合开发主体会采取不同的策略和行为，因而也表现出不同的主动性和积极性，这直接影响综合开发的效果。

（二）影响农业综合开发的规模

开发规模就是农业综合开发中的资源实际开发利用量及所取得的资源产品总量。不同的主体受其筹资能力、技术水平、组织管理能力、对市场的适应能力、信息来源等的影响，其预期的资源开发规模有较大的差异。

（三）影响农业综合开发的综合效益

农业综合开发的效益实际上是体现为一种以经济效益为中心的，包括社会效益、生态效益和环境效益在内的综合效益。不同的开发主体虽然在直接经济效益的追求上具有共性，但在对其他效益的认识、态度和具体行为上确有较大的差异，因而不同开发主体及其构成所获得的微观效益与在宏观上表现出的综合效益有可能完全不一致。

二、农业综合开发主体现状评价及选择比较

（一）政府或其职能部门作为农业综合开发的主体：现状评价

从“政、技、物”相结合的项目承包主体看，我国目前农业综合开发的主体主要是县级涉农主管部门或乡级政府，作为主体而存在的其他组织较少，农户也很少成为真正的开发主体。这种综合开发的主体结构，在开发活动的初期曾起到了积极的作用。但随着体制转轨的加快，这种主体结构已难以适应新的要求。

1. 政府或其职能部门作为开发的主体，难以实现“责、权、利”的有机统一，容易导致农业综合开发的低效率。由于政府及涉农主管部门在农业综合开发活动中并不是开发利益的直接获得者，也没有取得与其活动相符的利益。如果说行政机构代表国家取得了宏观经济效益的话，参与开发活动的其他的技术和物资部门则不是利益的直接获得者。同时，由于行政机构往往包办农业综合开发的计划、组织、管理、投资以及项目的验收等主部管理

活动，从某种意义上讲，剥夺了具体从事开发活动的劳动者及其组织的经营自主权，不能从根本上调动他们参与农业综合开发的主动性和积极性。

2. 政府或涉农主管部门作为开发主体，不符合农业市场化的基本要求。政府主体虽然有利于把政、技、物等部门结合在一起，做到优势互补。但问题是农业综合开发的运行机制无法得到根本转变。通过行政管理方式以行政的强制替代经济的诱导来实施农业综合开发计划和具体开发项目，农业综合开发最终变成了政府行为，限制了经济组织和农户参与开发活动的积极性。

3. 农业综合开发主体缺乏有效的监督者。农业综合开发还应当具备完善的监督控制系统，以保证综合开发活动顺利进行。但现有农业综合开发中的行政机构主体，集监督者和经营者的双重身份于一体，这就决定了它不可能有效地行使监控职能。

总之，农业综合开发工作的基本方式仍处在比较单纯的“政府行为”阶段，即：政府安排项目投资，政府编报项目计划，政府组织实施项目工程建设，政府管理项目资金，政府组织建后管护工作等等。这种状况在计划经济向市场经济转轨的初期，确实也发挥了一定的积极作用。但是，以基层政府或涉农主管部门作为农业综合开发主体所依赖的体制基础已消失。随着改革的深化和农业市场化程度的提高，主体移位就成为一种必然趋势。

（二）可选择的农业综合开发主体及其利弊分析

农业综合开发的主体应该是在农业综合开发活动中能够独立地开展生产经营活动，行使经营者职能，责权利有机统一的，开发活动的直接组织者、参与者或劳动者。可选择的农业综合开发主体主要有：企业、组织或农户，等等。

1. 以农户为开发主体的利弊分析。按照市场经济的要求，农户理应成为综合开发的主体，因为农户是农业综合开发的直接劳动者和开发活动的直接受益者，因而能够从物质利益上关心开发活动的成败，充分发挥其生产积极性。但在当前条件下，选择农户作为主体的主要难点是：农户的科技文化素质和市场经济知识素质的制约；主体微观效益与其他产业比较相对不足，弱化了对农户的激励作用；大量分散的农户单独成为主体，其行为很难统一，要想在宏观上组织起大规模的综合开发活动，进行说服、引导、协调的成本上升，影响开发的效益。从今后相当一个时期来看，我国农民收入水平过低的状况难以迅速从根本上改变，不可能担当农业综合开发的投资主体。

2. 以农民自组织为开发主体的利弊。农民自组织是指农民为适应市场经济发展需要，在自愿互利和平等协商前提下，为达到一定的经济目的而组织成立的各种专业（技术）协会。以农民自组织为开发主体，有利于密切农户之间的联合与协作，并能促进小生产与社会大市场的衔接，也有利于综合开发向规模化发展。但当前农民自组织发育不足，从而导致组织的影响力下降，甚至瓦解。

3. 以合作经济组织为开发主体的利弊。以经济组织为农业综合开发的主体，优势在于它代表了本区域内所有农户的共同利益，因而也是直接受益者，取得了与开发活动相符的利益。它能以行政和经济双重手段对广大农户的行为产生影响，易于组织广大农户投入。不过，其对农户的具体生产经营活动行为没有必然的约束，制约了合作经济组织的影响力。

4. 涉农企业作为开发主体的利弊。企业参与农业综合开发活动是农业产业化发展的一个基本趋势。有利于密切产、加、销的关系，把农业、农民和市场有效地连接起来，从而增强对市场的适应能力和抗风险能力；也有利于统筹考虑综合开发的方向、开发的规模以及资金的合理利用，这对提高项目开发效益、开发水平、增加农业的产业关联效应有积极意义。但是，企业往往从经济利益的角度来审视农业综合开发，因而很容易导致短期行为。

5. 农业中介组织作为开发主体的利弊。农业中介组织是为农业生产和农业开发提供咨询和服务，密切农业生产各环节的经济组织和机构。以农业中介组织作为开发主体，对开发所需的各种人财物有积极的推动作用，也有利于市场的开拓及加强与外界的合作。但农业中介组织往往并不直接参与生产活动，主要扮演组织者、策划者的角色，从长期看难以实现责权利的有机统一。

三、坚持农业综合开发中农民的主体地位

农业综合开发一直提倡确立农民的主体地位。1994 年国务院办公厅转发《财政部关于农业综合开发若干政策的通知》[国办发（1994）72 号] 以及 2002 年国务院办公厅转发《财政部关于农业综合开发若干意见的通知》[国办发（2002）13 号] 两份文件都把农民是农业综合开发的投入主体表述的非常明确。其实质在于：农民既是投入主体，也是经营主体，又是受益主体等，它体现在多个环节、多个方面。在政策的执行过程中，国家农业综合开发办公室（以下简称“国家农发办”）一直坚持农民是农业综合开发的主体观念，不断强化农民的主体地位。尽管如此，农业综合开发的一些工作却没有充分体现农民是开发主体这一要素。那么，如何理解和体现农民在农业综合开发中的主体地位，以充分发挥农民主体地位的作用，成为当前农业综合开发工作中一个需要迫切解决的问题。

（一）农民是农业综合开发主体的理论依据

新阶段的农业综合开发工作必须落实到农民是农业综合开发的主体上，要把农民的主体地位的思想贯穿到项目管理的全过程，从项目的前期准备、项目的实施、项目的竣工验收和建后管护，都要充分体现农民的主体地位，只有这样才能从根本上调动农民参与农业综合开发的积极性，真正实现由“要我干”到“我要干”的转变。《中华人民共和国宪法》、《中华人民共和国土地管理法》和《中华人民共和国农村土地承包法》奠定了农民是农

业综合开发主体的法律基础。农业综合开发是党中央、国务院加强农业的一项重大决策，是国家支持和保护农业的重要举措，因此，要体现农户家庭承包经营的市场主体地位，就要在农业综合开发的实际工作中，不断强化农民的主体地位观念。

1. 经济增长理论、公共投资理论和我国农业的特征，决定了农民在农村经济发展中的主体地位。资本、技术和劳动力是决定经济增长的主要因素。我国农村经济的发展同样决定于资本、技术和劳动等基本要素。目前，资本的投入显得更为必要和迫切。目前，我国农业的投资格局还是以农民和政府为主，据初步统计分析，用于农业方面的投资中，农民和政府的投资仍占绝大部分（其中，农民自筹占 80%左右）。公共财政体制的建立及财政农业投资机制的转变，决定了在农业综合开发过程中，财政对农业投资必须符合 WTO“绿箱”的规则，以示范、带动、引导农民的投资或社会资金的投入。“农业综合开发资金，一部分搞公益性建设，一部分用于引进‘三资’、‘四资’，参股龙头企业，带动更多的农民”（金人庆，2004）。农业综合开发资金是政府财政投资的组成部分，应该为农业的发展创造条件，应该为农户的农业生产活动创造条件，示范、带动、引导农户的投资行为。从农业的特征来看，财政投资农业是符合公共财政理论一般要求的。需要建立一个以农民投资为主体，国家财政性投资为引导，信贷资金为支撑，外资和证券市场资金等资金为补充的多元化的农业综合开发融投资体系。

2. 农民市场主体地位的脆弱性，对促进农民主体地位的形成提出了要求。从经济学的角度看，农户的市场主体地位是十分明确的。但是，家庭联产承包制带来了一系列新的问题：农户经营规模过小，经营手段和经营方式落后；由分散、各自为政的农户直接进入初级市场，难以回避交易成本过高的问题。而且，农民的集约化和组织程度低，决定了农民在交易过程中处于不利地位。这样，小规模经营与大市场的矛盾，使得农户这一市场主体在市场竞争中始终处于较为被动的地位，农民利益在市场竞争中难以获得保证。由此，农户作为市场主体所应具有的独立性和自主性是不明确的，农户作为市场主体在市场经济中的竞争力是较弱的。针对这个问题，中央“一号文件”对政府加强农民市场主体地位，发挥市场机制作用，引领农民增收，提出了指导性的意见。根本目的就是尽快形成农民的市场主体地位，从源头上解决农民增收难的问题。

（二）农民是农业综合开发的客观主体

在上面的论述中，我们分析了农民主体地位的理论依据，并得出了在解决农村问题时，政府的行为要充分体现农民的主体地位，强化农民的主体地位，这样才能从根本上调动农民生产的积极性和解决农民增收难问题。那么，农业综合开发工作中农民的主体地位具体体现在哪些方面？

1. 农民是农业综合开发的投资主体。农民群众是农业综合开发的投资主体，尤其是占农业综合开发财政资金 70%的土地治理项目，更能体现农民的主体概念。从农业综合开发投入结构看，财政资金占到了 2/3，农民自筹资金为 1/3。那么，从数据的表面现象看，农民自筹资金不是投入的主体，但在我国公共财政体制逐步完善和财政农业投资机制转变的情况下，值得思考的是财政资金算不算农民群众的主体性投入，答案应该是肯定的。中共中央提出的“多予、少取、放活”的方针，是基于我国农业和农民在国民经济的分配体系中长期处于付出和贡献的地位，基于我国国力的增强，基于公共财政体制建设逐步完善等因素，所做出的重大决策。补偿性的政府补助一旦人格化，其主体就随着资金运动的易位而发生了质的变化——由属于政府的财力而变为农民群众的建设资金。所以说，各级财政补助的无偿资金，最终的主体确认就是被补助的农民群众。可见，确立农民群众是农业综合开发投资主体的政策前提和经济前提都很明确。

2. 农民是农业综合开发项目的产权主体。农民群众是农业综合开发的产权主体，这一结论是农民群众作为投资主体的题中应有之义。既然农业综合开发的投资主体是农民群众，那么所有投资形成的固定资产的产权理所当然是农民群众。长期以来，人们对农业综合开发的产权归属问题，往往以“混合所有制”待之。这种主体多元化的形式推理根本上还是对农民投资主体地位的确定性存在着模糊认识。在农业综合开发的实际工作中，投资的来源应该是两部分，即财政资金和农民自筹资金。投资主体不明晰必然导致产权主体不明晰，而产权主体不明晰就给农业综合开发建成工程的管护工作出了一道难题。因此，农民群众是农业综合开发的投资主体因而也是产权主体。

3. 农民是农业综合开发项目的利益主体。农民群众是农业综合开发项目的利益（收益）主体，这也是农业综合开发的宗旨所在。但是，利益主体的真正保障不仅仅来自工作的目标要求，利益主体地位是由投资主体和产权主体地位所决定的，同时也是政府财政投资目标决定的。这种符合经济规律和市场法则的利益机制是最可靠的保障机制，是人民群众根本利益所在，也是农民群众在开发前期自愿投入，开发中期严格监督，开发后期认真管护的内在动力。这一由长久的、实在的利益机制驱动的工作热情显得更加持久、可靠、积极，真正从根本上解决农业综合开发的内在动力机制问题，也是保证项目成功的关键。

综上所述，农民群众是农业综合开发事业的投资主体、产权主体和利益主体。投资主体是基础，产权主体是体现，利益主体是动力和目的。

四、农业综合开发主体选择和优化的基本思路与建议

（一）农业综合开发主体选择和优化的基本思路

由于各地区所处社会、经济和环境条件差异，农业综合开发

主体的选择并不具有一致性，各地应根据具体的情况，恰当地选择主体。从总体上讲，农业综合开发主体选择和优化的基本思路是：以转变政府行政机构职能为条件，以能充分调动有关各方的积极性，实现农业综合开发持续、稳定、高效运行为基本目标，把合作经济组织或农户作为基本的开发主体，同时大力发展多元开发主体。

1. 从公共财政理论的角度看，农业是国家财政重点支持和保护的弱质产业。作为构成我国农业支持政策主体的农业综合开发政策，其投入机制的选择，应该是以国家财政为主体，不能把政府理当承担的职责推卸给农民。基层政府或涉农主管部门应切实转换职能，把其职责转变到规划、指导、监督、检查和协调服务等方面，为农业综合开发创造便利条件。

2. 始终把合作经济组织和农户作为农业综合开发的基本主体或终极主体。在我国现阶段和今后较长时期内，把合作经济组织和农户作为基本的开发主体有特别的意义。家庭承包经营是当前和今后相当长一段时期内农业生产的主要经营模式，因此，农民是农业综合开发的最重要主体。

3. 针对不同地区和区域的实际以及农业综合开发的具体目标要求，积极发展多元开发主体。一般说来，在经济相对发达的地区，二、三产业发展较快，经济基础相对较好，市场、信息和劳动者素质条件较好，农业综合开发的主要目标是上规模、上档次、上水平。发展涉农企业作为开发主体，形成“企业＋农户”或“公司＋农户”的综合开发模式，不断提高农业综合开发水平。相反，在经济相对贫困或落后的地区，资源条件相对较好，但其他条件较差。因此，强化政府的引导，培育农民自组织，促进农业中介组织参与开发显得尤为重要。

（二）改进目前农业综合开发工作的建议

1. 政府的职责在于“示范、引导、带动、促进”。政府不应全过程包办代替，而主要立足于充分调动农民生产积极性，为农业生产创造有利的条件，这是由中国农业生产的现状和特点所决定的，这就要求政府在选择建设内容上下功夫，解决建什么、怎样建的问题。现阶段在我国，农业生产是一种生产规模比较小的特殊企业行为。但无论怎样解释它的特殊性，农民也应该是农业生产投资的主体。现行的农业综合开发资金的构成中，从调查的数据看，农民实实在在拿出的资金并不多，政府投入仍占大头。这虽然与农民现有收入水平不高有关，但也不能完全归于此，从农民踊跃集资办乡镇企业的情况看，问题的根源不在这里，而在于农业综合开发的投入机制尚未完全解决好调动农民的积极性问题，即农民如何通过农业综合开发，尽快提高收入。我们在定位农业综合开发的投入政策时，不仅要考虑国家的需求，更要调动农民的积极性。调动农民的积极性，最重要的一点就是保证农民收入的增加。国家的需求要通过农民需求的实现来达到，而不应停留在一般号召上。因此，正确的理念应该是通过充分调动农民的生产积极性，从而实现农产品的充裕供给，农民收入的增长，来保证国家的需求，只有这样，国家需求的保证才是最牢固的。

2. 要促进农民充分发挥其主体作用。各级政府和部门都应尊重农民的意愿和首创精神，不能横加干涉，违规违法。从长远考虑，农业综合开发应把工作重点放在增强农民自我发展能力上。“引导”就是要强化农民的市场观念，帮助农民根据市场需求来调节生产，改变过去那种广种薄收、粗放经营的生产模式，通过产业化经营项目和经营性开发项目的实施，逐步实现农业生产的集约化、专业化、产业化。“服务”就是建立健全社会化服务体系，补充农民生产经营环节中的不足，服务要向产前、产后延伸。在项目实施过程中，尤其需要确立农民的监督主体地位。

3. 积极推进“经营性开发”工作。“经营性开发”创新了农业综合开发的思路，是农业综合开发中农民主体地位的具体表现。“经营性开发”是指政府作为出资者，将国有资本金投入到农产品生产、加工、流通、经营服务等以赢利为主要目的的领域，进入商品和劳务生产经营过程的活动，以增强农产品市场竞争力，带动农民增收，促进农业规模化经营为目的，并运用产权手段对国有资本金的运行过程实施管理，对国有资本金收益在国有资本金的所有者和经营者等利益主体之间进行合理分配，所进行的组织、协调、监督和控制等活动的总称。农业综合开发实行“经营性开发”，最迫切需要解决的问题是政府对一个企业究竟投入多少资本金为适量。按照博弈论的理论，最优的组合是政府拿出一定的资本金，使政府、企业、农民三者能够形成纳什均衡，即三者的利益都达到最大化，只有这样的一种制度安排，才能够发挥效力，否则这种制度安排便不能成立。第二个问题是政府的资本金数额要足以影响企业的行为。政府资本金的数额由企业的资本总额决定，应做到相对控股。还要加强国有资产收益分配管理，引导企业重视自身积累和长远发展，使企业具有追求长期效益的内在动力。

4. 塑造、尊重和增强农民的市场主体地位，以市场经济关系为基础形成新型的产业组织形式和生产经营方式。现阶段调整农业生产关系的重点在于，通过农业产业组织形式创新，改造传统的农业生产方式，由小农经济向大农业经济发展，由粗放经营转变为集约经营。实践证明，发展农村合作经济组织，是适应市场经济体制下巩固和完善以家庭承包经营为基础的统分结合的双层经营体制，促进农业生产力发展的有效形式。发展农村合作经济组织，有利于确立农户市场主体地位，是具体落实“尊重农户的市场主体地位，推动农村经营体制创新”的一项重要措施。无论哪一种经营模式，农民都是经营服务的主体，也是市场的主体。农业产业化之所以能在我国健康的发育和发展，最重要的一点就是注重了培育市场主体，农户与企业的社会服务体系的关系就是主体与载体的关系。企业与农户共兴衰、共命运、共风险，保证了农民的市场主体地位。

第十一章　推进湖南省农业综合开发事业的政策措施

一、农业综合开发的基本思路、目标、基本原则和重点工作

（一）农业综合开发的基本思路

根据新形势、新任务和中央、省委省政府的要求，今后一个时期，湖南省农业综合开发的基本思路是：以邓小平理论和“三个代表”重要思想为指导，全面落实科学发展观，认真贯彻党的十七届三中全会和全国农业综合开发工作会议精神，解放思想，积极探索农业综合开发的新思路、新模式、新机制，坚持“两个着力、三个提高”（着力加强农业基础设施建设，着力扶持农业产业化龙头企业；提升土地治理水平，提升农业产业化经营水平，提升项目和资金管理水平），贯彻落实“两个聚焦”（资金安排向高标准农田建设聚焦，项目布局向粮食主产区聚焦），实现科学开发。充分利用湖南的各种农业资源，以提高农业综合生产能力、建设现代农业为重点，以建设高标准农田、扶持农业产业化龙头企业为抓手，搞好农业综合开发与农业产业结构调整、可持续发展和农业科技进步的三个结合；实现由外延开发为主向内延开发为主，由增加农产品产量为主向提高农产品质量为主的两个转变。着力增加投入，严格规范管理，创新工作机制，推进科学开发、规模开发、和谐开发，提升开发水平，提高整体开发效益，实现

农业增效、农民增收两大目标。为推进新农村建设、实现富民强省作出新的贡献。

（二）农业综合开发的目标

不同农业发展阶段，有不同的目标和任务，工作重点和着力点也有所不同。党的十七届三中全会确定的到 2020 年我国农村改革发展的基本目标任务主要是：现代农业建设取得显著进展，农业综合生产能力明显提高，国家粮食安全和主要农产品供给得到有效保障；农民人均纯收入比 2008 年翻一番，消费水平大幅提升，绝对贫困基本消除；资源节约型环境友好型农业生产体系基本形成，农村人居和生态环境明显改善，可持续发展能力不断增强。农业综合开发面临光荣而艰巨的任务。农业综合开发应根据党的十七届三中全会确定的到 2020 年我国农村改革发展的基本目标任务和农业综合开发自身的特点特色，明确到 2020 年农业综合开发的工作目标和基本任务。目标有：把农业综合开发项目区建成旱涝保收农业区。把农业综合开发项目区建成“三高”农业区，农村小康区，科技示范农业区和生态农业区。

1. 围绕国家粮食战略工程，明确农业综合开发在全国新增千亿斤粮食生产能力建设中应该承担的比重；明确农业综合开发在湖南省新增 46 亿斤粮食生产能力建设中应该承担的责任。

2. 围绕农业基础设施建设，明确到 2020 年农业综合开发应该完成的中低产田改造任务、高标准农田建设任务和中型灌区节水改造任务。

3. 围绕农民增收翻一番的目标，明确农业综合开发的重点扶持的优势、特色产业及带动项目区农民增收的数额。

（三）农业综合开发工作坚持的基本原则

1. 促进农民增收的原则。农业综合开发工作必须以增加农民收入为前提，以农民是否满意为标准。要积极引导龙头企业，通过订单农业、保护价收购、股份合作和二次分配等多种方式，与农民结成利益共同体，形成“风险共担，利益均沾”的利益分配机制，千方百计增加农民收入。如果企业只是一味地追求自身的利益，而不能带动农民增收，这样的企业即使发展前景再好也不能扶持。

2. 先易后难、突出重点的原则。农业综合开发资金是非常有限的，不可能包打天下。我们不能把农业农村工作的中心任务，简单地等同于农业综合开发所要完成的任务。在农业综合开发资金的安排使用上，要突出重点抓关键，找准农业综合开发的工作重心。农业综合开发必须逐年安排，分步实施。合理确定农业综合开发资金的投向。以农业主产区，特别是粮食主产区为开发重点。坚持对水土资源丰富、投入产出比较效益高，地方财政配套资金能力强、农民群众自觉投资投劳重视支持，对国家贡献大的项目或地区优先开发。

3. 可持续发展的原则。指坚持开发利用农业资源与保护节约农业资源并举，优化生产要素组合，保护农业生态环境，促进农业资源持续利用，实现可持续发展的轨道。

4. 因地制宜、差别发展的原则。指坚持在农业资源开发利用上，从各地实际情况出发，发展粮棉油肉糖等农产品的生产。在改善生产条件上，充分利用现有农田不利基础设施，进行配套、修复和完善，缺什么、补什么。要注重发挥各地的资源优势和比较优势，大力发展具有区域特色的优势农产品，重点培育富有竞争力的区域经济增长点，使资源优势变为具有竞争力的经济优势，走出一条立足区域优势和主导产业带动现代农业发展的新路子。重点扶持优质水稻、油茶等优势农产品产业化发展。

5. 规模开发的原则。要按照农业产业化经营的要求，集中连片开发，形成具有规模优势的主导产业。所有位于优势农产品区域规划内的农业综合开发县，都要按照优势农产品产业化发展规划的要求，围绕 1～2 个优势产业，统筹安排各类农业综合开发项目，减少项目个数，扩大项目规模，效益。要加强优势农产品产业化综合示范区建设，力争在 2～3 年内取得明显成效。

6. 产业取向的原则。实现从分散的项目建设目标向产业建设目标的根本转变。要克服以往项目缺乏连续性，后续工作跟不上，开发效率得不到充分发挥的弊端，围绕优势农产品产业，统筹项目安排，将土地治理和产业化经营项目有机结合起来，把改善农业生产条件，推进产业结构调整，实行集中扶持、连续扶持，发挥规模提高农业科技含量，加强和改善生态环境，融入到优势产业建设之中，形成一批有规模、有特色，有市场、有效益的优势农产品产业群。

7. 采取有偿与无偿相结合的投入方式。原则上投入公益性的财政资金实行无偿使用，投入非公益性的财政资金实行有偿使用。根据各类项目公益性的大小，分别确定中央财政资金无偿投入与有偿投入比例。土地治理项目全部无偿投入；产业化经营项目采取有偿投入与无偿投入相结合、财政资金投资参股和中央财政专项贴息三种投入方式。

（四）农业综合开发的重点工作

当前和今后一段时期国家农业综合开发工作的主要任务是：大力支持高标准农田建设；积极推进农业产业化经营；有效促进农业科技进步和切实保护和改善农业生态环境。湖南省农业综合开发以促进现代农业发展为目标，进一步明确工作重点：

1. 以粮食主产县为重点，打造湖南省粮食核心产区。粮食核心产区是农业综合开发的重点，对我国粮食生产和农业发展具有重大贡献。2006 年全国农业综合开发工作会议明确提出“打造全国粮食核心产区”。经过几年探索，粮食核心产区建设成效明显，得到了中央有关部门、地方政府和理论界的肯定。2008 年中央“一号文件”首次明确提出，“实施粮食战略工程，集中力量建设一批基础条件好、生产水平高和调出量大的粮食核心产区”，标志着粮食核心产区建设已经成为保障国家粮食安全的新的战略举措。通过农业综合开发的理论研究和实践证明，粮食核心产区就是最适宜种粮食的地区，是基础条件好、生产力水平高、商品量大的粮食产区，是粮食生产的主体功能区，是粮食产业发展最有潜力的地区，是永久可靠的大粮仓。建设粮食核心产区就是要在国家规划的粮食核心产区内，集聚各类资金，加强农业基础设施建设，改善农业基本生产条件，扶持粮食加工龙头企业，做大做强粮食核心产区的粮食产业。农业综合开发要成为大规模改造中低产田的主力军，应当成为建设高标准农田的先锋队，应当成为打造粮食核心产区的开拓者。因此：

（1）进一步加大对粮食主产县的资金投入力度。要根据耕地面积、粮食产量、粮食商品率、农业综合开发规划编制水平、工作绩效、开发积极性等因素，对粮食主产县予以重点支持，集中力量打造湖南省粮食核心产区。要逐步提高投资标准和建设标准，按流域或灌区统一规划，规模推进，综合治理，把中低产田改造成为旱涝保收、稳产高产、节水高效、耕作先进、科技覆盖的高标准农田，实现农田建设水利化、集约化、机械化和生态化。加强中型灌区节水改造。稳步推进中型灌区节水改造，改善项目区骨干灌排工程条件，实现“上游”工程与“下游”工程联动，发挥整体效益。

（2）加强两类项目有机结合，提高种粮效益，充分保护和调动粮食核心产区种粮抓粮的积极性。粮食核心产区为国家粮食安全做出了巨大贡献，实际上是以输出丰富的自然资源、廉价的劳动力资源来实现的。如果农民种粮的比较效益不能得到有效提高，种粮务农和地方政府的积极性也难以长期保持下去。因此，今后要紧紧围绕推进粮食生产来安排产业化经营项目，必须让粮食增效，让种粮农民得到更多实惠，保护和调动农民种粮和地方政府抓粮的积极性。一要大力发展优质粮食生产，创出核心产区的优质粮食品牌。二要积极扶持粮食深加工企业，带动农民持续增收。三要大力支持粮食核心产区畜禽养殖基地建设。

2. 以龙头企业为重点，提升农业产业化经营水平。扶持农业产业化经营，推进现代农业产业体系建设，为农民提供稳定增收的产业平台，是农业综合开发的一项重要任务。要按照我省《优势农产品区域布局规划要点》和《特色农产品发展规划》的要求，以带动农民增收作为重要前提，采取贴息、补助、以奖代补、以奖代投等多种方式，集中资金，连续扶持，提升产业化经营水平。

（1）对已有较大规模的优势特色产业和龙头企业，继续重点扶持，加快产业提升，真正形成规模大、竞争力强、辐射面广的大产业和龙头企业，打造我省农业的大品牌。特别要支持粮食主产县做大做强粮食产业，加大粮食产业建设项目扶持力度，实现粮食增产、农民增收、财力增强的目标。

（2）对规模较小、成长型的产业和加工企业，积极立项给予扶持，加快形成特色优势明显、联系农户紧密的区域主导产业或特色品牌，实现由以往的“多头分散”向“一县一业”转变，使优势更优，特色更特，大幅度提升农业的经济效益和综合竞争力。

（3）加大对农民专业合作社的扶持力度，积极支持农民专业合作社申报农业综合开发土地治理和产业化经营项目，扶持其开展技术培训、技术推广、农产品营销等服务活动，推进农业区域化布局、专业化生产、集约化经营。

3. 以整合项目和资金为重点，全面推行规模开发。以农业综合开发项目区为平台，整合支农项目和资金，集中力量办大事。

（1）科学规划。要按照建设高标准农田、发展现代农业的要求，认真编制好农业综合开发规模开发3～5年总体规划；要组织专家对规划进行认真评审，提高规划编制水平，真正体现中央“两个聚焦”的指导思想，充分发挥规划的引导作用，通过规划来促进规模开发。对高标准农田建设，强调上规模；对农业产业化经营，强调上档次；对农村基础设施建设，强调上水平。

（2）切实搞好“三合”。切实搞好“综合、整合、结合”；要坚持“统筹规划、渠道不乱、用途不变、优势互补、各记其功、形成合力”的整合原则。围绕改善农村生活和人居环境上拓展农业综合开发外延，农村的道路建设、小型安全饮水工程、小型环境治理工程、小集镇基础设施建设工程等，都可以纳入农业综合开发范围，给予扶持。

（3）充分发挥县级人民政府的主导作用。成立由县（市）委书记或者县（市）长任组长、各支农部门一把手为成员的规模开发领导小组及其办公室，加强领导，搞好协调，明确任务，落实责任，严格考核，奖惩兑现。2008 年湖南省土地治理财政投资额 500 万元以上的开发县有 57 个，占国家开发县总数的 63%，有 10 个重点开发县土地治理财政投资额 1 000 万元以上。作为按照项目区实行区域治理来说，资金投入是集中而且大额度的，完全可以作为载体来进行整合支农资金。

4. 以依法行政为重点，加强标准化管理。规范农业综合开发项目和资金管理，是农业综合开发事业健康发展的保证。

（1）提高依法开发水平。要进一步健全制度建设，使农业综合开发各项工作有章可循，做到用制度管权、按制度办事、靠制度管人。贯彻执行《湖南省农业综合开发条例》等法规制度，使农业综合开发各项工作真正做到依法、依规、依程序，公开、公正、公平。

（2）提高管理水平。要认真执行项目县动态管理制度，建立竞争和退出机制。要大力加强以选准项目为核心的监管，实行专家评审、竞争立项、公开立项，主动接受社会监督，进一步健全项目评审责任制。要全面推行招投标制、工程监理制、项目和资金公示制等 10 项制度。要加强资金监管，加强财政监督，严格实行规范的财政报账制和国库集中支付，确保农发资金安全高效运行。

（3）加强绩效考评。要完善绩效评价体系，严格奖惩兑现，严肃查处项目和资金管理中的违纪违规问题。要利用信息化手段，提高项目和资金的科学化、精细化管理水平。

5. 加强“两型农业”建设。农业综合开发工作必须以尊重自然规律，有利于保护和改善生态环境为前提，走集约、节约开发农业资源的新路子，促进农业可持续发展。同时，又要尊重经济社会发展规律，注重经济效益、社会效益和生态效益的统一。农业综合开发要科学规划农业综合开发项目，创新农业综合开发机制，着力提高农业资源集约开发利用水平，走出一条符合湖南实际的资源节约型、环境友好型的农业综合开发新路子。农业综合开发工作要力求做到“三个结合”：注重农业基础设施建设与农业结构调整、农作制度创新相结合。大力发展设施农业、循环农业、精准农业、有机农业等高效生态的农业生产模式。做好秸秆养畜等示范项目建设，支持发展循环农业、生态农业和有机农业，提高农业可持续发展能力。重点支持生态农业、节水农业、全程农机化和科技等 4 个高效农业示范区建设。

6. 加强队伍建设，为农业综合开发事业发展提供保证。按照新形势、新任务要求，必须与时俱进，铸造一支政治坚定、业务精通、廉洁高效、作风优良的农业综合开发优秀团队，为实现农业综合开发事业更好更快发展提供有力的智力支持和人才保证。一要树立正确的政绩观。要用全面的、发展的、群众的观点看待农业综合开发政绩。农业综合开发工作者要淡泊名利，不要一味追求个人荣誉。要时刻想着为农民群众把事办好。农业综合开发工作必须大兴求真务实之风，坚持一切从实际出发，察实情、办实事、求实效。二要善于学习。要主动学习、善于学习。既要在工作中学习，更要在学习中工作；要深刻理解中央政策的精神实质，要从基层丰富的实践中总结普遍性规律；要成为资金和项目管理的行家里手。三要大兴调查研究之风。各级农发办要紧密联系工作实际，要调查研究，深入基层、深入群众、深入实际，重点研究农业综合开发工作中全局性、战略性和前瞻性问题，提出有指导意义的思路和措施。四要加大宣传工作力度。充分利用各种媒介和渠道，加大对农业综合开发的成绩的宣传报道，让更多地人了解我们农业综合开发事业。同时报道农业综合开发的典型项目及工作经验，宣传先进个人的感人事迹。

（五）新时期农业综合开发的基本要求

1. 以科学发展观为统领，树立科学开发新思路。全面掌握、深刻领会、认真贯彻科学发展观，在工作方式上做到科学开发，尊重自然规律和经济发展规律，科学规划，科学论证，科学选项，科学实施，科学管理，围绕提高农业综合开发能力、促进农民增收致富这个中心任务，合理有效地开发农业资源，做好统筹协调、可持续发展的大文章。农业综合开发将实现“五树立、五转变”。即树立规模开发观念，实现由单项开发向综合配套开发转变；树立品质农业观念，实现由低层次开发向高水平开发转变；树立现代农业观念，实现由常规农业开发向农业产业化发展转变；树立比较效益观念，实现由单一数量型向品牌规模效益型开发转变；树立科学管理的观念，实现由粗放型管理向规范化、制度化管理转变。湖南省作为农业大省，更要把农业发展置于发展现代农业和新农村建设总体规划中来，解决农业农村发展中的薄弱环节，科学规划农业综合开发项目，创新农业综合开发机制，着力提高农业资源集约开发利用水平，走出一条符合湖南省实际的资源节约型、环境友好型的农业综合开发新路子。

2. 农业综合开发要实现“三个突破”。

（1）要在规模开发上有新的突破。规模开发是创新开发模式、提升农业综合开发整体水平的需要。规模开发的核心，就是“三合”：综合，整合和结合。综合就是综合运用水利、农业、林业、农机、科技、生态等措施，对山水田林路进行综合治理，农林牧渔综合开发，实现经济社会生态效益有机统一。整合就是整合各类支农资金和项目，充分发挥各类资金互相支持、相互配合的聚合效应。结合就是实行生产和生活相结合，土地治理和产业化经营相结合。进一步加大对粮食主产县的投入力度，努力打造粮食生产核心区。重点支持《国家优质粮食产业工程建设规划》中的41个粮食主产县和省定的10个农业主产县，新增农业综合开发财政资金安排用于粮食主产县的部分达到80%，土地治理项目资金用于中低产田改造项目的投入达到90%以上，并坚持按流域或灌区统一规划，集中投入，连片开发，提高中低产田改造的规模效益。积极推进农业综合开发规模开发，把加强农业基础设施建设、保障国家粮食安全与推进农业产业化经营、稳定增加农民收入有机结合起来。开展农业综合开发资金与相关支农专项资金相互配合。

（2）要在龙头项目带动上有新的突破。根据省委、省政府的决策，围绕五大产业链（粮油棉麻、肉奶水产、果蔬茶、竹木林纸、烟草），突出两大重点（粮食和生猪），抓住八大特色（柑橘、茶叶、油茶、肉牛、淡水产品、苎麻、竹木林纸、其他地方特色），发展高产、优质、高效、生态安全农业，大力推进农业产业化经营。根据“扶大扶优扶强”的原则，采取贴息、投资参股、有偿无偿相结合等灵活多样的方式，集中资金重点扶持50家与农户联系比较紧密，辐射带动作用大，科技含量比较高，市场竞争力比较强的国家级和省级农业产业化龙头企业，大力发展农产品加工业。积极稳妥地开展投资参股经营试点，进一步建章立制，规范管理，精心操作，大胆创新，确保投资参股经营试点工作取得成功。

（3）要在系统管理上有新的突破。探索完善“奖罚分明、优胜劣汰”管理机制。进一步完善“能进能出、结构优化、奖优罚劣、充满活力的开发县管理机制。进一步完善土地治理和产业化经营两类项目统筹安排、相互促进的良性发展机制。继续探索支农资金整合方式，完善形成合力的机制。加强监督检查，提高科学化精细化管理水平。

3. 农业综合开发要实现“四个结合”。一是注重农业基础设施建设与农业结构调整、农作制度创新相结合。大力发展设施农业、循环农业、精准农业、有机农业等高效生态的农业生产模式。二是注重土地治理与农业产业化经营相结合。围绕产业建基地，扶强龙头带基地，建好基地促龙头。在中低产田改造、小流域治理中推行土地经营权流转，促进农业适度规模经营和农业产业化经营。三是注重农业综合开发项目与新农村建设等其他类项目结合。搞好项目整合的整体规划与配套实施，实现投资效益的最大化，努力把项目区建设成为现代农业示范区和新农村建设先行区。四是注重开拓创新与严格管理相结合。在探索新开发体制机制的同时，切实加强项目和资金管理。严格管理、规范管理、科学管理，做到依法、依规、依程序管理。

二、推进湖南省农业综合开发工作的政策建议

当前和今后一个时期农业综合开发的主要任务是准确把握当前经济财政形势，这是做好农业综合开发的基础和前提。省委省政府高度重视“三农”工作，要把保持农业农村经济平稳较快发展作为首要任务。

（一）树立一个全新的农业综合开发观

所谓全新的农业综合开发观，就是具有时空确定化、载体乡村化、核心田园化、内容农业化、层次美学化、质量标准化、依托科技化、目标效益化和开发综合化等特征的农业综合开发观。农业综合开发始终是财政支持“三农”工作的重要组成部分。我们要用用公共财政理念来谋划农业综合开发，要抓好的六项工作：集中力量建设粮食核心产区，探索建立公共财政保障国家粮食安全的长效机制；大规模改造中低产田，率先启动高标准农田建设示范工程；积极探索公共财政支持农业产业化经营的有效途径；坚持机制创新，不断增强农业综合开发活力；加强监督检查，努力提高科学化、精细化管理水平；贯彻落实科学发展观，不断提升为“三农”工作服务的能力。始终把以农民为本、为农民解难、为农民谋利、为农民造福作为农业综合开发的出发点和立足点，紧紧围绕老百姓的根本利益，在农业基础设施建设、产

业化经营、结构调整等方面，努力增加农民收入。

（二）创新投入机制，探索建立农业综合开发投入稳定增长机制

1. 加大财政资金投入力度。社会对农业综合开发的呼声越来越高，现代农业和新农村建设给农业综合开发提出的标准和要求也越来越高。各级财政要加大对农业综合开发的投入，建立农业综合开发财政资金投入稳定增长的长效机制。中央财政要根据实际任务需要、广大群众的要求和财力增长情况，进一步加大农业综合开发专项资金投入，使得农业综合开发资金占财政支农资金的比重达到5％以上，并保持与中央财政支农资金的增长幅度同步。对于像湖南这样的粮食主产省份，中低产田改造任务繁重，粮食比较效益不高，农民收入偏低，确保国家粮食安全责任重大。中央财政应该对粮食主产区扶持政策要倾斜；完善地方财政资金配套保障机制，地方财政要增强自身对“三农”的扶持力度，保证及时足额落实地方财政配套资金；同时，争取地方政府的土地出让金，更多地用于农业综合开发，以体现土地出让金“取之于田，用之于田”的资金使用原则。

2. 创新群众自筹机制。充分尊重农民意愿，完善民办公助机制，调动广大农民群众参与农业综合开发、自觉自愿筹资筹劳的积极性。逐渐降低农业综合开发群众自筹资金的比例，控制在中央财政资金的30％以内。创新资金自筹机制包括：①实行竞争立项的方式，引导农民筹资投劳。凡是农民群众开发积极性高、自筹资金能够足额落实或者承诺落实的地方，优先立项进行开发；②实行群众个人投资入股的方式，按照“谁入股、谁受益”的原则实行合股经营。把农民利益与项目建设结合起来，鼓励个人投资开发，或者联户投资买断所有权和使用权，国家财政资金无偿部分作为补助资金，投放给个人，扶持农民建设项目；个人投资作为自筹资金用于开发建设，把群众的积极性充分调动起来；③可以积极协调小额贷款，通过补助、贴息、奖励等方式

帮助农户取得发展资金，投入农业综合开发项目建设。

3. 充分发挥财政资金引导作用，通过贴息、补贴等方式，引导信贷资金、社会资金投入农业综合开发。整合部门资源和社会资源，变政府开发为社会开发，形成多元化的投入机制。做好经营性开发试点工作。①对部分土地治理项目实行“先建后补”机制。这是提升土地治理项目建设水平、加快农业基础设施建设步伐的一种有效形式。对专业大户、家庭农场、农民专业合作社，可以对其承担的土地治理项目实行“先建后补”。要按照“公退民进、民投民有、民有民营、共同受益”的原则，明确产权民营化，工程社会化、受益公众化的开发经营思路，避免以往项目工程存在的重建轻管，只建设不经营的弊端，使项目工程设施由公有财产变为民营财产。通过推行“民办公助、先建后补”的投入机制，可以吸收更多的农户和企业参与农业综合开发，可以把主动权交给农民，让农民群众真正成为农业综合开发的主体。这样也是最大限度调动农民群众的积极性，使农民群众主动参与项目建设管理，抓好工程质量，节约工程成本，真正体现农民由“要我开发”为“我要开发”的转变。②对产业化经营项目实行补助、贴息、“以奖代补”、“以奖代投”机制。为了进一步扩大财政资金的杠杆作用和引导作用，可以考虑实行补助、贴息、“以奖代补”、“以奖代投”的方式，来吸引金融资本、社会资本投入农业综合开发产业化项目建设，以充分发挥财政资金“四两拨千斤”的作用，同时也便于资金管理。对于像湖南这样的粮食主产省份，农业产业化起步较晚，农产品加工企业规模不大、实力不强。因此，必须安排不同类型的产业化经营项目进行扶持，并以无偿资金补助、“以奖代投”、“以奖代补”的方式为主，以贴息方式为辅。关键环节有：一是严格按照计划批复进行项目竣工验收，确保建设内容的真实，防止以旧抵新、张冠李戴等虚假行为发生；二是对计划批复的建设项目，进行工程造价审计，确保造价的准确；三是结算时直接进行转账支付，不允许现金支付；四是拨付方式可以视项目建设进度，分段验收，分期拨付，以促进项目实施。

（三）推进机制体制创新，不断增强农业综合开发工作的活力

机制创新是农业综合开发适应新形势、解决新问题、增加新活力的必然选择，管理是农业综合开发工作成败的关键。

1. 创新开发机制。党的十七大明确提出："要按照形成主体功能区的要求，完善区域政策，调整经济布局。遵循市场经济规律，突破行政区域政策，形成若干带动力强，联系紧密的经济圈和经济带"。农业综合开发应该积极贯彻落实这一精神，结合自身工作实际，按照区域或流域建立若干农业综合开发大区，真正打造我国粮食生产核心区，为粮食安全作出更大贡献。围绕区域开发，创新开发机制：

（1）按区域或流域建立农业综合开发粮食大产区，打造我国粮食生产核心区。根据党的十七大精神，农业综合开发应按区域或流域建立若干农业综合开发大区，真正打造我国粮食生产核心区，为国家粮食安全作出更大贡献。湖南省农业综合开发要提高投资标准和建设标准，提升土地治理水平，把农田建设成为田地平整、土壤肥沃、路渠配套、林网适宜、旱涝保收、高产稳产、节水高效、免耕先进、科技覆盖的高标准基本农田，打造湖南省粮食生产核心区，提高粮食综合生产能力。就湖南来说，可以建立环洞庭湖农业综合开发区。洞庭湖区发展粮食生产具有得天独厚的自然条件和现实基础。近几年来，中央和省加大对洞庭湖区水利建设、农业综合开发、土地整理、环境治理、转移支付资金等支持力度，环洞庭湖区经济发展取得明显成效，粮食生产连续五年丰收，为国家粮食安全作出积极贡献。建立环洞庭湖农业综合开发区符合国家主体功能区建设的要求，符合环洞庭湖生态环境治理建设的需要，也具有规模开发的集聚效应。一是要加大统筹规划的力度。尽快开展建立环洞庭湖农业综合开发区的前期论证工作，拟定环洞庭湖农业综合开发区总体建设方案。二是要加

大扶持的力度。中央财政要安排环洞庭湖农业综合开发区建设专项资金，省级财政也要配套安排。要加大区内中低产田改造力度，建设高标准基本农田，提高粮食综合生产能力，将其打造成粮食生产核心区。要加大税费减免扶持，对洞庭湖区一些农产品加工龙头企业、农民专业合作组织、农村科技服务团体所从事的生产、加工、流通等经营活动，要适当减免相关税费和进行信贷扶持。三是加大对洞庭湖的治理力度。加快启动洞庭湖第三期治理。

（2）按区域优势特色提升大产业，打造我国农业的大品牌。要对已有较大规模的优势特色产业和龙头企业继续给予重点扶持，加快提升，真正形成规模大、竞争力强、辐射力广的大产业和大龙头，形成在全国乃至全世界都有较大影响的知名品牌；对规模较小、成长型的产业和加工企业，要积极立项给予扶持，促进其发展壮大，由以往的“多头分散”向“一县一业”转变。提高农业生产的专业化、规模化、集约化和标准化水平，推进现代农业产业体系建设。

要提升大产业，打造大品牌，形成“一县一业”的发展格局，就要做好：一是科学布局，合理规划。以《湖南省优势农产品区域布局规划要点》、《湖南省特色农产品发展规划》为指导，研究本地资源特点和区位优势，科学分析国内外市场需求变化，找准产业发展的切入点，积极扶持具有明显竞争优势和辐射带动作用的产业化经营项目，促进优势农产品基地建设和农产品加工升级，带动农民增收致富。制定产业发展总体规划，明确产业发展目标、发展思路、发展重点和保障措施。二是要创新体制。加强龙头企业、农民专业合作组织与农户的连接，采取“龙头企业＋农民专业合作社＋农户＋基地”的形式，加强四者之间的协作和配合，完善其利益联结机制，形成产前、产中、产后有机结合的产业链，以及一、二、三产业协调发展的产业体系。三是加强品牌建设。顺应现代农业发展趋势，整合优势资源，选准主导产品，走专业化、规模化、品牌化路子。实施科技入户工程，为产业发展提供技术支撑。加强基地认证，开展标准化生产，确保农产品质量安全优质，树立品牌形象，发挥品牌效应，不断提升优势特色产业的竞争力；四是培育新型农民，为产业发展提供人才保障。以现代农业、市场营销、法律知识、实用技术为重点，多渠道、多形式开展农民和农村人才培训，培养有文化、懂技术、会经营的新型农民和农村实用人才，造就一批新农村建设的带头人。五是集中资金，连续扶持。采取非均衡发展战略，集中资金对选定的优势特色项目进行连续扶持，帮助其做大做强，整合各类资金，联合相关部门，集中优势兵力，实现重点突破，提高规模效益。

(3) 完善项目区土地流转机制，实现农业规模经营。促进土地流转，为农业生产的规模化、标准化、集约化构筑平台。要在稳定和完善农村土地承包关系的基础上，采取转包、出租、转让、互换、股份合作等有效方式，加快土地集聚，引导土地向企业和生产能手转移，提高农业生产的规模效益。要建立农村土地承包经营权流转信息网络平台和农村土地流转市场，以及一系列保障机制，包括金融信贷支持机制、土地流转审查机制、土地流转风险保障机制等。省、市财政应设立农村土地流转扶持资金，专项用于扶持具有一定规模、合法有序从事粮食生产的农村土地流转。对于具有稳定的土地流转关系，在一定流转期限以上，单宗土地流转面积在一定规模以上的新增土地流转项目，财政按照一定标准对土地流出方给予一次性奖励。合理有序的土地流转，可以加速农业结构的调整和优化，实现农业生产规模化、农业管理标准化、农业经营集约化，促进项目区农民增收，是充分发挥项目区工程效益的有效举措。

(4) 创新扶持农民专业合作组织机制，提高农民进入市场的组织化程度。我省的农民专业合作经济组织尚处于起步阶段，需要财政有效的扶持。一是财政可设立“农民专业合作组织专项支持资金”，以无偿拨款的方式，支持农业专业合作组织的发展。二是发挥财政杠杆作用，以财政贴息为主要手段，吸附社会资金注入，积极将民间资金、金融性资金用于农民专业合作社建设。为了引导投资者积极投入农民专业合作组织的生产经营，对符合条件的投资者的银行贷款，财政给予一定的利息补贴，以减轻投资者的利息负担。三是对农民专业合作组织的基本建设及农产品加工等项目，财政要重点给予政策性低息贷款扶持和税收减免。四是进行项目扶持。重点扶持以产品或产业为纽带组织起来的农民专业合作经济组织。允许具有法人资格的农民专业合作经济组织作为项目主体申报农业综合开发产业化项目，对符合立项条件的项目，要一视同仁乃至优先扶持。扶持的条件是：优势产业明显，具有法人资格，又符合“民办、民管、民享”原则的农民专业合作经济组织章程，运行3年以上，经营管理规范，与会员建立起紧密型的利益联结机制，带动农户200户以上。对在项目区为农民提供公益性服务的农民专业合作经济组织，可以探索从土地治理项目科技经费中列支资金，用于组织引进、推广新品种、新技术，购买检测设备和无公害农产品、绿色及有机食品认定、认证等方面的补助办法，帮助组织科技人员到农民专业合作经济组织中进行科技培训、开展科技咨询服务，不断提高会员的农业科技水平，加速农产品流通，带动农民增收。

2. 创新管理机制。

（1）建立绩效评价机制。开展农业综合开发绩效评价是为了顺应绩效预算管理改革的发展趋势而提出的全新管理理念。目的是反映农业综合开发的经济、社会和生态效益，并对不同项目、不同区域间资金绩效结果进行比较，适时调整资金投向和政策，不断提高财政资金使用效益。就我省而言，农业综合开发绩效评价机制的创新应从四个方面入手：一是引入群众评判机制。对年度农业综合开发项目建设和资金使用情况，按照“满意”、“一般”、“不满意”三个标准，由项目区农民打分给予评判，将评分结果作为项目验收的指标之一；二是完善检查监督机制。从内部监督和外部监督两个层面，从事前、事中、事后三个阶段，建立一套完整科学的项目和资金管理工作监督机制，彻底改变“运动员”、“教练员”、“裁判员”三位一体的状况；三是坚持验收考评机制。对年度农业综合开发项目建设和资金使用情况，要进行严格的竣工验收和工作考评；四是实行严格的激励约束机制。根据检查、验收、审计和考评的结果，将激励机制与约束机制紧密结合，加大对违纪违规现象和工作落后单位的处罚力度，加大对项目建设标准高、资金管理严、开发成效显著的单位的奖励，做到奖惩并举、奖罚分明，可以在农业综合开发系统形成一种你追我赶、积极向上的良性竞争态势，可以显著提升农业综合开发项目和资金管理水平，提高财政投资效益；五是推行末尾淘汰制和行政问责制。根据年度检查、验收、审计、考评结果，在保持项目县总数不变的前提下，采取末位暂停的办法，对少量项目县进入或者退出，实行奖优罚劣，动态管理。对目标考核分数低的市，实行末位警示，并根据财政资金因素分配法，适当调减规模。对因项目和资金管理中存在违纪违规问题，造成重大损失或者恶劣影响的项目县，要视情节暂停或者取消其项目县资格。在市内也要进行末位淘汰制度。要明确农业综合开发工作的问责范围，规范问责程序，加大责任追究力度。凡是发现违反农业综合开发政策规定，项目和资金管理中存在的违纪违规问题，造成重大损失或者恶劣影响的项目县，都要对有关行政责任人进行问责，绝不姑息。对那些科学合理实施项目开发，对当地农村经济社会发展起到明显促进作用的行政负责人，要提拔重用。

(2) 建立工程建后管护机制。一是尽快出台农业综合开发工程建后管护实施办法，以规章制度的形式对开发工程建后管护进行规定，依法依规保护项目工程设施。对破坏工程设施的单位和个人给予处罚，对管护监督不力的，严肃追究有关责任人的失职、渎职行为；二是要明晰项目产权。在产权明晰的基础上，可以按照农业综合开发资金投入的数额和比例，明确产权构成。在产权管理上，属于国有资产的，委托乡镇人民政府或村委会进行管理；属于集体资产的，由村集体经济组织管理；属于工商业主投资开发的，由经营者管理；属于农户家庭资产的，由农户直接进行管理。这样，通过层层明确产权实现管护主体的明确；三是建立健全管护组织，强化制度建设。项目区乡镇、村要建立工程建后管护领导小组，负责组织协调、监督管理等工作，制定和落实农业综合开发项目建成后管护的制度、办法、规程和细则。同时，明确管护人员及其责任，做到管护工作责、权、利的有机统一；四是要设立管护基金，保障管护经费渠道通畅。运行管护经费等筹措渠道不畅，后者根本没有管护经费，已经成为机耕路、排灌渠道、林网等公益性项目损坏的重要原因。财政要拿出部分资金成立工程管护基金，对因自然灾害造成的农业综合开发项目区损毁工程，给予适当补助，或对建后管护比较好的项目区，采取以奖代补方式给予奖励。市县农业综合开发办公室可以通过招投标和工程造价审计节余中，挤出一部分资金用于见后管护。对工商企业投资农业综合开发项目的资金，可参照投资参股的有关办法，鼓励其将获取的股金分红投入到建后管护。这样可以实现国有资产的保值增值，又可以解决一部分管护资金。

（3）建立项目分级管理体制。为了适应行政审批制度改革，减少行政审批环节，提高工作效益，明确工作责任，农业综合开发必须建立项目分级管理体制。单个土地治理项目中央财政投资500万元以上的，由国家农业综合开发办公室负责审批，500万元以下的，审批权下放到省级农业综合开发办公室，报国家农业综合开发办备案。重点农业产业化经营项目由国家农业综合开发办负责审批，一般农业产业化经营项目由省级农业综合开发办负责审批，报国家农业综合开发办备案。强化中央和省一级的监督检查职责。省级农业综合开发办公室主要负责项目评审、计划批复、竣工验收、检查指导、绩效考评；市县农业综合开发办公室主要负责项目规划设计、考察申报、组织实施、资金报账、竣工工程移交及管护等。

3. 建设项目群，建立支农资金整合机制。农业综合开发事业是由不断的项目和项目群做为载体，可持续地对推动我国农业发展做出贡献。农发办作为项目管理的工作组织，管理着许多项目。各级农发办是一个负责项目群管理的常设机构。项目组织是为某一个具体建设项目而形成的具有项目管理职能的临时组织，这是项目管理成败的关键。项目群建设进一步加强了项目间的综合度，避免了投资的分散和重复建设，提高了资金利用率。也有利于降低了工作成本，提高了工作效率。以综合治理山水田林路电的农业综合开发为平台，围绕涉农项目资源和资金，努力提高财政支农资金的整体使用效益。按照农业综合开发模式对支农资金进行整合，集中财力办大事，形成规模出效益。首先要明确整合的范围。积极探索农业综合开发与土地整理、扶贫开发、农业生态建设建设、农村中小型基础设施建设等其他支农资金相互配合，统筹安排的投入机制。如围绕道路建设，把农业综合开发的生产机耕路与“村村通”工程结合，有效地解决了村庄道路的硬化问题；围绕水利建设，把农业综合开发的田间浇灌等水利设施建设同“人畜吃水”工程整合，实现农村生活用水安全化；围绕绿化建设，把农业综合开发农田防护林建设同生态林业建设和绿化造林等工程整合，改善和美化群众生活环境；将农业综合开发与扶贫开发相整合，提高农业综合生产能力和加快贫困人口脱贫致富；将农业综合开发与水土保持相结合，促进生态环境建设；将农业综合开发与山区开发建设相结合，推进山区经济的发展；将农业综合开发与土地整理相结合，加快中低产田改造等。具体运作上，应该从四个方面来把握：一是地方各级政府特别是县级人民政府要把规模开发纳入当地农业农村工作的重要议事日程，建立规模开发联席会议或者市县办公会议机制，发挥政府的组织协调作用；二是地方财政部门应该发挥归集、调配、监管支农资金的职能作用，尽可能地将支农资金整合到规模开发上来，各涉农、支农部门应该积极配合、参与规模开发；三是各级农业综合开发部门要充分发挥主观能动性，承担起规模开发的牵头和示范作用；四是应该制定规模开发总体规划和分年度实施计划，并与当地经济社会发展规划相衔接。

4. 与时俱进推进农业综合开发创新。农业综合开发坚持与时俱进，从以提高粮棉油肉等大宗农产品产量为目标到将增产增收结合起来，从实现“两个转变”到坚持“两个着力、两个提高”，再到现阶段围绕建设社会主义新农村的目标和要求，大力发展现代农业，为新农村建设提供强有力的产业支撑。农业综合开发始终成为我国农业和农村经济工作的重要组成部分，成为财政支农的强有力手段。

（1）从数量开发向质量开发转变。开始走的是一条数量开发的发展路子，必须要实现从数量性开发向质量性开发的转变。深化开发内涵，增加投入总量，科学统筹开发。

（2）从分散开发向集中开发转变。实行集中投入，提高开发标准，逐步减少农民自筹。

（3）从单一开发向综合开发转变。要把改善生产条件与改善生活环境结合起来。把土地治理项目与产业化经营项目有机结合起来。把科技开发与提高农民综合素质紧密结合起来。综合运用工程、科技、生物等措施，真正对项目区的山水田林路进行综合治理，提高治理开发的标准和档次。

（4）从单个部门开发向多个部门整合开发转变。科学规划，整合资金，激活农民投入。

（四）要加快农业综合开发立法，实行依法开发

目前已经有黑龙江、吉林、湖南等 3 个省颁布了本省的农业综合开发条例。湖南省 2006 年 12 月 1 日颁布实施《湖南省农业综合开发条例》以来，全省农业综合开发管理体制得到理顺，资金和项目管理更加规范，开发效益更加明显，

开发工作水平进一步提高。根据经验，应该从国家层面保障农业综合开发健康发展，必须进行农业综合开发的立法，建立农业综合开发的法律法规支持保护体系，做到依法开发，依法管理，推进农业综合开发向规范化、法制化、科学化的轨道迈进，同时，确保农业综合开发财政资金投入持续稳定增长。用国家层面的法律法规来统筹省级相关的法律法规，避免地方之间法律法规的冲突和矛盾。

参 考 文 献

[1] 包林之，沈宏观．农业综合开发与现代农业产业体系构建．农业开发研究，2007（6）．

[2] 丁声俊．勇于创新促进我国油茶产业大发展．中国油脂，2009（3）．

[3] 杜玉红，黄小舟．财政资金农业支出与农民收入关系研究．统计研究，2006（9）．

[4] 樊继红，李友华，贾利，郭东清．中国农业综合开发投资趋势分析[J]．东北农业大学学报（社会学科版），2007（4）．

[5] 樊继红等．农业综合开发投资绩效评价初探．农业经济问题，2006（5）．

[6] 冯梅．湖北省农业综合开发投资绩效研究[D]．华中农业大学硕士论文，2007.

[7] 高永珍．构建农业综合开发资金绩效评价体系．中国财政，2006（10）．

[8] 苟 勇．对我国食用植物油安全问题的思考．粮食问题研究，2008（5）．

[9] 国家农业综合开发办公室．发挥财政职能作用全面推进农业综合开发．中国财政，2009（1）．

[10] 韩国良．农业综合开发投入产出效果的地区差异．农业技术经济，2005（2）．

[11] 胡光辉．新时期农业综合开发投资和项目管理机制的选择[J]．现代经济，2008（9）．

[12] 胡汉荣，康煌．推进农业综合开发 促进“两型社会”建设．农业开发研究，2008（5）．

[13] 胡建红等．关于发展吉安县油茶产业的几点思考，江西农业学报，2009（7）．

[14] 湖南省林业厅．充分发挥计财职能作用倾力推进油茶产业发展，2009（2）．

[15] 湖南省农业综合开发干部职工　共同谱写三湘田野镂刻辉煌，2008.

[16] 湖南省农业综合开发工作会议召开　李友志厅长作重要讲话，2009.

[17] 湖南省人民政府关于加快油茶产业发展的意见．湖南林业，2008（10）．

[18] 湖南省统计局．湖南统计年鉴 2008［M］．北京：中国统计出版社，2008.

[19] 黄非．农业综合开发投资及绩效研究［D］．南京农业大学博士论文，2006.

[20] 回良玉．全力推进油茶产业建设　促进林业又好又快发展．湖南林业，2008（10）．

[21] 贾治邦．纵论油茶产业（为国家林业局局长贾治邦在全国油茶产业发展现场会上的讲话，原题为《解决突出问题把住关键环节 积极稳妥地推进油茶产业又好又快发展》）．中国林业产业，2008（10）．

[22] 李伟．基于因子分析与 AHP 法的农业开发项目环境影响评价研究．安徽农业科学，2008（36）．

[23] 李湘阁，阂庆文等．南京市农业资源开发效益的评估．南京气象学院学报，1997（1）．

[24] 梁雨祥．试谈我国油茶和优质山茶油的产业化开发．宏观经济研究，2006（1）．

[25] 林仁金等．中国农业综合开发的可持续发展内涵．福建农业大学学报（社会科学版），1999（2）．

[26] 罗伯特·S. 平狄克，丹尼尔·L. 鲁宾费尔德．计量经济模型与经济预测．机械工业出版社，2006.

[27] 彭国富，张玲芝．模糊综合评价优选法在河北省农业综合开发产业化经营及龙头项和典型项目优选中的应用．河北经贸大学学报，1999（4）．

[28] 冉茂文．加快农业综合开发项目区现代农业发展步伐．贵州日报，2008-3-25，第 011 版．

[29] 孙忠．茶油产业能否助推民族油企“逆势飞扬”．黑龙江粮食，2009（3）．

[30] 孙文军. 主体选择：提高农业综合开发效果的关键. 天府新论，1998 (1).

[31] 汤晓文等. 我国油茶产业发展现状及对策——湖南、浙江调研报告. 林业经济，2008 (7).

[32] 唐乔生. 浅谈农业综合开发土地治理项目的投资控制 [J]. 农村财政与财务，2007 (4).

[33] 王昕. 略论农业综合开发与经济效益评价. 农业经济，1993 (7).

[34] 王建国. 沿着中国特色农业现代化道路大力推进农业综合开发工作——在财政部司处级干部学习贯彻党的十七大精神轮训班上的交流发言. 经济研究参考，2008 (1).

[35] 王金安. 加入 WTO 与我国农业综合开发制度优势分析. 商业研究，2005 (14).

[36] 王征. 关于农业综合开发的理性思考. 中国财政，2008 (8).

[37] 王主力. 中国农业综合开发之路. 农业开发研究，2007 (4).

[38] 文小才，周劲松. 我国财政投资农业产业化的若干思考. 经济研究参考，2009 (69).

[39] 奚如春，邓小梅. 我国油茶产业化发展中的现状、要素及其优化. 经济林研究，2005，23 (1)：83-87.

[40] 肖焰恒. 关于农业综合开发理论的探讨. 乡镇经济，2000 (1).

[41] 谢峻峰. 农业综合开发投入分析与研究 [D]. 南京农业大学硕士论文，2004.

[42] 姚小华. 我国油茶产业化现状及发展思路. 林业科技开发，2005 (1).

[43] 易丹辉. 数据分析与 Eviews 应用. 中国人民大学出版社，2008.

[44] 张晓峒. Eviews 使用指南与案例. 机械工业出版社，2007.

[45] 张熠. TOPSIS 法在农业综合开发项目评价中的应用. 安徽农业科学，2005 (33).

[46] 中国财政杂志社. 中国财政年鉴 2008 [M]. 北京：中国财政杂志社，2008.

[47] 中国农业综合开发年鉴编辑委员会. 中国农业综合开发年鉴 2008 [M]. 北京：中国财政经济出版社，2009.

[48] 周学武. 农业综合开发投资创新研究 [D]. 华中农业大学博士论

文，2005.

[49] 朱湖根．新阶段中国农业产业化经营的财政支持政策体系研究．华东经济管理，2007（8）．

[50] 朱湖根．中国财政支持农业产业化经营项目对农民收入增长影响的实证分析．农业经济问题，2007（12）．

致　谢

农业综合开发是一个闪光的主题，研究和赞誉它的人很少。我接触农业综合开发并立刻为其的贡献和管理的先进性所吸引，于是开始关注和研究农业综合开发问题。而真正认识和理解农业综合开发是得益于朱铁辉先生和龚次元先生的指导和引路。在最近的研究中，课题组对湖南省的农业综合开发有了一个阶段性的认识。我们将研究报告出版成专著，也算是一个抛砖引玉，希望更多的人来研究农业综合开发，关心农业综合开发。

感谢湖南省农业经济重点学科、湖南省农村发展研究所、湖南省“三农”问题研究中心的资助，感谢国家社会科学基金（项目号：09CJY055)、财政厅课题、湖南省青年骨干教师培养计划、湖南农业大学人才引进等课题的资助。

感谢我的博士生导师、中国人民大学汪三贵教授，他一直关心我的工作和生活，一直鼓励我脚踏实地做学问、老老实实做人。感谢湖南农业大学副校长曾福生教授，不断鼓舞我，指引我，且为我慷慨作序。感谢湖南农业大学经济学院院长李明贤教授，为我提供了优越的科研条件和平台。感谢经济学院各位关心和支持我的同仁！

我要感谢我的课题组，是他们与我一起奋斗，经历了构思、撰写、讨论、修改和校对等环节，使得本书不断走向完善。感谢硕士研究生李飞和曾小溪在本书校对中所做的贡献。

书中许多理论和观点还存在不成熟之处，敬请学界专家和同行们批评指正！

匡远配

2010 年 7 月于湖南农业大学